MARXISMUSSTUDIEN · SIEBTE FOLGE

Im Auftrag der Marxismus-Kommission der Evangelischen Studiengemeinschaft

herausgegeben von Heinz Eduard Tödt

MARXISMUSSTUDIEN

Siebte Folge

DAS HUMANUM ALS KRITERIUM DER GESELLSCHAFTSGESTALTUNG

Beiträge von

HELMUT FLEISCHER · ULRICH DUCHROW · VLADIMÍR HORSKÝ
HELMUT SIMON · MARTIN STÖHR · RODOLFO STAVENHAGEN
LEOPOLDO NIILUS · TILEMANN GRIMM · GAJO PETROVIĆ

herausgegeben von

HEINZ EDUARD TÖDT

1972

J. C. B. MOHR (PAUL SIEBECK) TÜBINGEN

Printed in Germany

Satz und Druck: Buchdruckerei Eugen Göbel, Tübingen

Einband: Großbuchbinderei Heinr. Koch, Tübingen

ISBN 3 16 832961 4

Vorwort

Vor zwei Jahren erschien die sechste Folge der Marxismusstudien unter dem Titel „Weltreligionen und Marxismus vor der wissenschaftlich-technischen Welt", 1969. In seinem Vorwort hat *Ludwig Landgrebe* darauf hingewiesen, daß von allen Mitgliedern der Marxismuskommission, ob sie nun aus sozialistischen oder westlichen Ländern kommen, der Humanismus als Grundprinzip menschlicher Gemeinschaft bejaht wird. Aber welchen Inhalt, welchen Sinn und welche Verbindlichkeit hat die Beschwörung des Humanismus, wenn man sich nicht auf die Diskussion universaler Werte und Zielperspektiven beschränkt, sondern Verwirklichung und Defizit von Humanität in den eigenen oder in anderen Gesellschaftssystemen konkret analysiert?

Diese Fragestellung bestimmt die Sitzungen der Marxismuskommission seit dem Jahre 1969[1]. Der Titel der hier vorgelegten siebenten Folge der Marxismusstudien „Das Humanum als Kriterium der Gesellschaftsgestaltung" versucht sie aufzunehmen. Die ersten drei Beiträge behandeln das Thema aus philosophischer, theologischer und marxi-

---

1 Es wurden seit dem letzten Bericht (vgl. Marxismusstudien 6, S. VII) folgende Referate behandelt: Das ethische Problem in der gegenwärtigen Humanismus-Diskussion (*Gulian*, Bukarest); Die philosophische Begründung der Humanität im Marxismus (*Fleischer*, Berlin); Die Idee des Humanismus zwischen dem ideologisierten Marxismus und dem politisierten Christentum (*Bošnjak*, Zagreb); Die Frage nach dem neuen Menschen in theologischer und marxistischer Anthropologie (*Duchrow, Horský*, Heidelberg); Gegenwärtige Tendenzen ökumenischen Rechtsdenkens (*Simon*, Karlsruhe); Technik und Humanisierung in Lateinamerika (*Stavenhagen*, Genf); Conscientisacion und Humanität (*Niilus*, Genf); China nach der Kulturrevolution (*Grimm*, Bochum); Technik und Humanisierung in der kapitalistischen Welt (*Schmidt*, Frankfurt); Bericht über die Verhandlungen zur weltweiten Verletzung und zur Durchsetzung der Menschenrechte auf der Vollversammlung des Lutherischen Weltbundes in Évian 1970 (*Tödt*, Heidelberg); Der bürokratische Sozialismus (*Petrović*, Zagreb); Herrschaftsformen des Marxismus (*Dombois*, Heidelberg); Verhinderung der Humanisierung der Gesellschaft durch das kapitalistische Wirtschaftssystem (*Prager*, Wien).

stisch-anthropologischer Sicht; die übrigen untersuchen Kriterien und Defizite des Humanismus in konkreten Auseinandersetzungen und Handlungszusammenhängen, wobei drei Kontinente besonders berührt werden. *Helmut Fleischer* hält es für methodisch unangemessen, die humanistische Tendenz des Marxismus aus den einschlägigen Quellentexten zu belegen und die gedankliche Konsistenz und geistig-praktische Respektabilität eines solchen „marxistischen" Humanismus darzulegen; ihm geht es vielmehr darum, die historisch-materialistische Theorie der Humanität auf die Analyse der humanen Konstitution der sozialistischen Praxis anzuwenden. Von den westlichen Kritikern marxistischer Humanitätsauffassungen erwartet er, daß sie nicht Belangloses – nämlich die Theorie eines sozialistischen Humanismus – einfordern, sondern ihre kritische Aufmerksamkeit den relevanten praktischen Ansätzen möglicher Humanisierung zuwenden.

Die Frage nach dem „neuen Menschen" wird von *Ulrich Duchrow* und *Vladimír Horský* in Referaten behandelt, die direkt aufeinander bezogen sind. *Duchrow* beschränkt sich nicht auf den Nachweis, wie die Frage nach dem neuen Menschen den Fundamenten der abendländischen Philosophie- und Theologiegeschichte entspringt und unter den Bedingungen der modernen Welt weiterwirkt; vielmehr zeigt er, wie Marxens Gegensatz zum Christentum weitgehend auf der Setzung des Menschen als eines sich selbst erzeugenden Gattungswesens beruht. Der daraus sich ergebende Emanzipationsbegriff durchkreuzt das Verständnis für die Begründung christlicher Freiheit und Verantwortung im Empfangen neuschaffender Gnade Gottes und verstellt zugleich den Blick auf die nun einmal vorgegebenen naturgeschichtlichen Bedingungen endlicher Existenz. Die Konsequenzen, die Marxens Auffassung vom Durchsichselbstsein der Natur und des Menschen haben, werden an neueren gesellschaftlichen Selbsterfahrungen des Menschen – z. B. nach Aufhebung des Privateigentums an Produktionsmitteln – geprüft.

Nach *Horský* fand Marx auf der Suche nach dem Menschen statt eines abstrakten Wesens konkrete gesellschaftliche Strukturen und analysierte sie politisch-ökonomisch, wobei das anthropologische Interesse vielleicht ein wenig zu sehr in den Hintergrund trat. Von den Marx-Interpreten, besonders auch den theologischen, aber wird dieses oft einseitig überbelastet. Das gilt auch für die Interpretation des Marxismus mit der Kategorie des „Eschatologischen". *Horský* hält es für illegitim, die bisherige Praxis der Ostblockländer kritisch gegen den Marxismus und Sozialismus zu wenden, da hier bisher „eigentlich nur die negative, destruktive Seite, nicht jedoch die positive, schöpferische Seite der ‚revolutionären Mission' verwirklicht worden" sei. Die christliche Frage nach der Spannung von superbia und humilitas bekommt eine potenzierte Bedeutung angesichts dessen, daß „sich der Mensch der Zukunft schrittweise einigen Eigenschaften nähern dürfte, die als Prädikate Gottes gelten", nämlich Allwissenheit, Allmächtigkeit. Ihnen müßte Selbstbeschränkung und Selbstbeherrschung zur Seite treten. Aber dieses humane Desiderium dürfte nicht nur dem christlichen, sondern auch einem marxistischen Verständnis von Transzendenz erreichbar sein. Aus dieser Perspektive ergeben sich Ansätze zur Infragestellung der theologischen Kritik am Marxismus; sie sind nicht unbedingt darauf angewiesen, dem Christentum sein historisches Defizit in der Dimension gesellschaftlicher Realisierung des Glaubens vorzuhalten.

In die ökumenische Dimension des Humanismusproblems führen zwei Beiträge. *Helmut Simon* gibt in seinem Referat „Humanität und Recht im ökumenischen Denken" einen kurzen Aufriß rechtstheologischer Probleme im Zeitraum zwischen den Weltkirchenkonferenzen von Oxford 1937 und Uppsala 1968. Erwartungen gegenüber Recht und Gerechtigkeit werden entscheidend durch anthropologische Grundvorstellungen geprägt. Die ökumenische Bewegung, repräsentiert durch den Weltrat der Kirchen in Genf, versucht zwischen einer skeptischen und einer optimistischen Beurteilung des Menschen einen Mittelweg zu suchen, indem sie den Gerechtigkeitsgedanken auf die eschatologische Gerechtigkeit des Reiches Gottes bezieht. Absolute Gerechtigkeit ist demnach sowohl unverfügbar wie unerreichbar; jedes menschliche Recht muß als vorläufig und verbesserungsbedürftig gelten und durch die Frage nach der besseren Gerechtigkeit des Reiches Gottes in Bewegung gehalten werden. Damit wird die produktiv-verändernde Bedeutung des Rechtes betont, seine Zuordnung zum sozialen Wandel vollzogen. *Simon* diskutiert diese Einsichten konkret an den Problemen der Rechtsentwicklung in der Bundesrepublik Deutschland; durch eine Fülle drängender Probleme der Eigentumsordnung, des Bodenrechtes, der sozialen Teilhaberrechte entsteht für einen sozialen Rechtsstaat die Nötigung zu tiefgreifenden Rechtsneubildungen.

Martin Stöhr untersucht an Hand des theologischen Denkens von J. L. Hromádka einen profilierten Versuch, unter Voraussetzung eines sozialistischen Gesellschaftssystems die „Gemeinsame humanistische Verantwortung von Christen und Marxisten" zu begreifen. Hromádka hat auf die Prager Christliche Friedenskonferenz (CFK) entscheidenden Einfluß gehabt und dabei Voraussetzungen geschaffen für eine virulente Verbindung christlicher Gruppen aus vielen Ländern. Er setzte für die Kooperation von Christen und Marxisten keine gemeinsame Axiologie, kein Wertsystem voraus und verkleinerte nicht die Distanz, welche durch den marxistischen Atheismus gewährleistet wird. Aber im Dialog der Praxis, in der Kooperation wurde ihm deutlich, welcher Beitrag zum Weltethos vom sozialistischen Humanismus einzufordern ist. In der Leidenschaft für das Konkrete, für den bedrohten und leidenden Menschen, drängte sich Hromádka die Frage auf, „ob irgendeine idealistische Philosophie dem christlichen Glauben und der christlichen Botschaft nähersteht als eine materialistische Methode des Denkens und Erklärens".

Im Referat von *Rodolfo Stavenhagen*, neuer Titel „Entwicklungsprozeß und soziale Struktur in Lateinamerika", wurde die weitverbreitete These bestritten, daß die Technisierung des unterentwickelten Subkontinentes über kurz oder lang auch zur Humanisierung führen werde. Unter den gegebenen konkreten Bedingungen, die vor allem durch den kapitalistischen Einfluß der USA und anderer Industriestaaten bestimmt sind, produziert die Technisierung des Landes vielmehr mit Notwendigkeit die sogenannten marginalen Gruppen; sie müssen außerhalb der Gesellschaft und ohne Wert für sie leben, während die Profite relativ kleinen herrschenden Schichten zufallen. Unter diesen Umständen ist keine der klassischen revolutionären Theorien für Lateinamerika brauchbar und eine Wendung nur durch eine neuartige Allianz verschiedener Gruppen zu erreichen.

Leopoldo Niilus' Referat über Conscientisacion und Humanität nimmt *Stavenhagens* Überlegungen auf. Bei den marginalen Gruppen, die in einigen urbanen Gebieten bereits 30 % der Bevölkerung ausmachen, kann man nicht von Lumpenproletariat im Marxschen Sinne sprechen; es handelt sich eher um neue Mehrheitsgruppen der landlosen Bevölkerung, die verkümmern muß, wenn es nicht gelingt, sie mit Mobilisierungsstrategien zu aktivieren. Diesem Ziel dient die von Paolo Freire u. a. entwickelte Conscientisacion, bei der die marginalen Gruppen in einen Lernprozeß eintreten, der sie fähig macht, auf sich und ihre Umwelt zu reflektieren und selbst – ohne ideologische Programmierung – Schritte zur Lösung ihrer Probleme zu tun. Bildung, Partizipation und Revolutionierung greifen hier so ineinander, daß solche Bewegungen einem „orthodoxen" Marxismus verdächtig erscheinen müssen.

Zeigt die Lage in Lateinamerika bereits, daß marxistische Ideen in andersartigen realen Kontexten nur durch tiefgreifende Umschmelzungsprozesse virulent werden und daß sie dabei neue Allianzen eingehen – z. B. in Lateinamerika zum Teil mit einer „Theologie der Liberation" — so liegt die Vermutung nahe, daß der chinesische Kommunismus, der auf ganz spezifische kulturelle Voraussetzungen auftrifft, den Marxismus noch tiefergreifenden Verwandlungen unterzieht. Das Referat „Technik und Humanisierung im Blickpunkt des chinesischen Kommunismus" von *Tilemann Grimm* geht davon aus, daß vielen Chinesen der Maoismus als der wahre Vertreter eines aktuellen Marxismus in der Welt gilt und die Kulturrevolution als Realisierung des im Marxismus ausstehenden Humanisierungsprozesses, wobei auch dem Reformkommunismus westlicher Provenienz eine scharfe Absage erteilt wird. Die Umrisse eines maoistischen Humanitätsbegriffes werden vielleicht sichtbar, wenn man eine in der Propaganda vorherrschende Reihe von Gegensatzpaaren beachtet: Massenlinie vor Individuum; Gemeinwohl vor Eigennutz; Produktion vor Markt; Mensch vor Technik; politische Arbeit vor Berufsarbeit; Praxis vor Theorie. Dabei handelt es sich nicht um eine simple Ablehnung z. B. von Technik, sondern darum, daß technokratischer Ideologie und der Ausbildung einer eigengewichtigen technischen Intelligenz keine Handhaben geboten werden. In China wird der Mensch in den Mittelpunkt gerückt, freilich nicht als Individuum, sondern als Gruppe, als in brüderlicher Gleichheit lebende Gemeinschaft. Die Masse mit ihrer unerschöpflichen Schaffenslust soll durch den Maoismus inspiriert werden, die Natur zu humanisieren, die neue Gesellschaft zu gestalten. Nähe und Distanz zu Marxens Denken, insbesondere in seiner Frühzeit, ist schwer einzuschätzen. Am ehesten könnte man vielleicht vom Maoismus sagen: „Ein indigener Marxismus, der als solcher ansprechbar bleibt, wenn man die Versuche, Herrschafts- und Machtverhältnisse aufzulösen, die die Technik fortlaufend neu institutionalisiert, ernst nimmt."

Es ist reizvoll, daß dieser Charakterisierung des maoistischen Marxismus ein Referat unter dem Titel „Der ‚bürokratische Sozialismus' und das Problem der Humanität" von *Gajo Petrović* aus Zagreb zur Seite tritt. Petrović destruiert zunächst kritisch die geläufige Sequenz sozialer Ordnungen: Kapitalismus, Diktatur des Proletariats, Sozialismus, Kommunismus; sie ist durch Marxens „Kritik des Gothaer Programms" angeregt, von Lenin zusammengestellt, von Stalin kanonisiert worden. Sozialistisch ist eine Gesellschaft nur in dem Ausmaß, „in welchem sie die Möglichkeiten für eine freie schöpferische Entwicklung jedes Einzelnen eröffnet". Darum ist für *Petrović* bürokratischer Sozialismus ein hybridischer Begriff aus unvereinbaren Elementen – unbeschadet ihres Zusammentretens in der gesellschaftlichen Realität. Länder mit einer Vorherrschaft bürokratischer Strukturen können überhaupt nicht als sozialistisch gelten. Auch Marx hat nicht auf eine Verstaatlichung, sondern auf eine Vergesellschaftung der Produktionsmittel und der Planung gerechnet und eine Assoziation freier Produzenten im Auge gehabt. Die spätere Fehlentwicklung mit der Verstaatlichung der Produktivkräfte und der Konstituierung einer Bürokratie beginnt bei Lenin und hat ihre Gründe in objektiven Bedingungen und subjektiven Schwächen der Parteiführungen. Überwindung der dominierenden Rolle des Staatsapparates und damit des Bürokratismus im gesellschaftlichen Leben ist nach der Auffassung jugoslawischer Marxisten nur durch die Selbstverwaltung der Produzenten in den Basisbetrieben bei gleichzeitiger Ermöglichung der Selbstverwaltung im allgemeingesellschaftlichen Maßstab möglich – eine Perspektive, die sich mit Intentionen der Kulturrevolution in China zu berühren scheint.

Die sechste und siebente Folge der Marxismusstudien hat eine außerordentliche Ausweitung des Blickfeldes und eine starke Verschiebung der Fragestellung gebracht. Wie *Ludwig Landgrebe* im Vorwort zur sechsten Folge bemerkte, ist es nötig, den Marxismus künftig nicht mehr als Problem Europas zu behandeln, sondern die Differenziertheit und Zersplitterung der kommunistischen Bewegungen in den verschiedenen Kontinenten ins Auge zu fassen. Sie an den Theorien von Marx, Engels und Lenin zu messen und die Diskussion mit dem heutigen Marxismus etwa nur als theologisch-atheistischen Grundlagendisput zu führen, wird immer unzureichender. Wie der spezifische regionale Kontext, die Praxis und die Theorie sich in vielfältigen Varianten miteinander verknüpfen, so begegnen sich auch Christentum und Marxismus heute in einer Fülle nicht aufeinander reduzierbarer Varianten. Das macht die große Schwierigkeit der gegenwärtigen Diskussionslage aus und erfordert eine sensible Offenheit für neue Konstellationen. Ihnen nachzugehen, empfindet die Marxismuskommission weiter als ihren Auftrag. Daß die gemeinsame Verantwortung für eine human qualifizierte Fortführung der menschlichen Geschichte genug Evidenz hat, um Marxisten und Christen aller Kontinente und Richtungen in streitbarer Solidarität kooperieren zu lassen, ist eine Hoffnung, der mehr als nur subjektive Bedeutung zukommt.

H. E. Tödt

Inhaltsverzeichnis

Zum marxistischen Begriff der Humanität*

von

HELMUT FLEISCHER

Noch immer ist strittig, ob und mit welcher näheren Qualifikation der Marxismus als ein Humanismus anzusehen ist. Seitdem unter dem Banner eines Marxismus, des sowjetischen, überaus schwerwiegende Akte der Inhumanität verübt worden sind, hat man die humanistische Dignität der marxistischen Bewegung immer wieder angefochten und verschiedentlich gemeint, der tiefste Grund für die inhumanen Effekte der kommunistischen Praxis müsse in der mangelnden humanistischen Integrität der marxistischen Theorie beschlossen liegen. Diese Kritik ist auch dann nicht verstummt, als im Einzugsbereich des Sowjetmarxismus nach dem Ausgang der Stalin-Ära eine Erneuerung einsetzte, deren Sinn nicht zuletzt darin bestehen sollte, das humanistische Erbteil des Sozialismus wieder ins Blickfeld zu rücken und praktisch zur Geltung zu bringen. Mit diesen erneuten Manifestationen eines marxistisch-sozialistischen Humanismus[1] war den hartnäckigeren unter den Kritikern jedoch keineswegs Genüge getan. Sie befanden, daß der marxistische Humanismus kein „unmittelbarer" (oder „ethischer"), sondern ein geschichtseschatologisch mediatisierter, erst für eine mehr oder weniger ferne Zukunft geltender sei[2]. Die gesamte Konstruktion der Marxschen Geschichts-Anthropologie wurde nach Positionen abgesucht, in denen sich die Inhumanität einnisten und aus denen sie theoretische Legitimationen gewinnen könnte.

---

* Schriften von Marx und Engels sind in diesem Beitrag nach der Ausgabe der Werke im Dietz-Verlag (MEW) zitiert.

[1] Einen Querschnitt bietet der von E. Fromm herausgegebene Sammelband: Socialist Humanism. An International Symposium, New York 1965.

[2] Vgl. *George L. Kline,* Was Marx an Ethical Humanist?, Referat zum XIV. Internationalen Kongreß für Philosophie, Wien 1969. Gedruckt in Band II der Kongreßakten. Ferner *F. Mordstein,* Ist der Marxismus ein Humanismus?, Stuttgart 1969.

Dieser ganze Disput ist der Problematik, wie mir scheint, in mehrfacher Hinsicht unangemessen, insbesondere auch dem Marxismus unangemessen, dessen materialistischer Geschichtsauffassung. Das Medium des Disputs bilden *Ideen,* seien es nun Theoreme oder normative Prinzipien, ideell gefaßte Handlungsmaximen; und man geht von der Annahme aus, daß diese Aussage-Elemente der Theorie als „Anleitungen zum Handeln" von kausativer Bedeutung für die marxistisch-sozialistische Praxis seien – eine Annahme, die sich nicht nur bei Kritikern, sondern auch bei Bekennern und Verteidigern des marxistischen Humanismus findet[3]. Danach hat man die theoretischen Prämissen des Marxschen Welt-, Menschen- und Geschichtsverständnisses daraufhin zu prüfen, welche „praktischen Konsequenzen" sich aus ihnen ergeben, was einer wollen und tun muß (bzw. nicht wollen und tun kann), der solche Lehrmeinungen akzeptiert hat. Ihr humanistischer Rang soll sich darin offenbaren, was für ein Verhalten gegenüber Menschen sie ermutigen, erlauben oder untersagen. Der Marxismus soll sich als eine humanistische Konfession bewähren, die ihre Anhänger an Prinzipien bindet.

Als Humanität oder menschliche Würde gilt dabei die prinzipielle und praktische Anerkennung eines jeden Menschen als einer eigenständigen und selbstzweckhaften Person; wie jeder in seinen Aktivitäten *er selbst* (und nicht Instrument eines anderen) zu sein hat, so hat er in den ihn betreffenden Aktivitäten anderer als Zweck *für sich selbst* (und nicht als Mittel für andere Zwecke) zu fungieren.

Nun finden sich im Werk von Karl Marx fraglos zahlreiche Aussagen – beginnend mit jenem „kategorischen Imperativ", alle Verhältnisse umzuwerfen, in denen der Mensch ein entrechtetes und geknechtetes, verachtetes und verlassenes Wesen ist –, die sich in eindrucksvoller Weise zu einer humanistischen Konfession zusammenfügen lassen. Und es ist ebenso möglich, die humanistische Integrität der marxistischen Sozialtheorie und -programmatik zu prüfen, die Vereinbarkeit der humanistischen Absichtserklärungen mit den theoretischen Konstruktionen des historischen Materialismus wie mit den strategischen Projektierungen der marxistischen Revolutionstheorie. Der Marxist braucht einer solchen Prüfung nicht auszuweichen, ich möchte sogar behaupten, daß sie den Kritikern des marxistischen Humanismus unrecht gibt,

---

[3] So *A. Schaff,* Marx oder Sartre? Versuch einer Philosophie des Menschen, Wien 1964, S. 132, 134, 152.

sofern man ihnen in den entscheidenden Punkten falsche oder willkürlich verkürzte Interpretationen, gravierende Unterlassungen, ungerechtfertigte Deduktionen und ein pharisäisches Ausspielen von Aporien vorwerfen kann, mit denen sie selbst ebensowenig fertig werden. Soweit überhaupt theoretische und programmatische Deklarationen und ihre Axiomatik in Betracht kommen, läßt sich aus den marxistischen Quellentexten und aus den kompetentesten Bekundungen des gegenwärtigen marxistisch-sozialistischen Humanismus unmittelbar oder abgeleitet alles gewinnen, was die Kritiker von einem authentischen Humanismus billigerweise verlangen können; und was an Aporien bleibt, wiegt nicht schwerer als der Aporiengehalt jedes anderen Humanismus in unserer Zeit.

Mit meinem Beitrag möchte ich indessen nicht den Disput um die konfessionellen Gehalte des marxistischen Humanismus auf der schiefen Ebene fortsetzen, auf der er sich noch immer bewegt, d. h. als Untersuchung von Prinzipien und Theoremen, in denen sich eine humane Intention des marxistischen Sozialismus ausspricht und deren Konsistenz oder Inkonsistenz in Frage steht. Vielmehr sei hier ein Versuch gemacht, die marxistische Konzeption der Humanität und Humanisierung auf einer völlig anderen kategorialen Ebene zu erörtern, nämlich als ein *theoretisches* Problem. Bevor der Marxismus eine eigene praktisch-konfessionelle *Idee der Humanität* zur Geltung bringen kann, bedarf es eines historisch-anthropologischen Interpretationsrahmens für jene gesellschaftlichen Verhältnisse, auf die sich die Titelbegriffe des Humanen und Inhumanen beziehen. Erst im Lichte dieser theoretischen Interpretation gewinnt auch die eigene humanistische Entschiedenheit der marxistischen Bewegung ihre geistig-praktische Transparenz. Bei dieser theoretischen Durchdringung des Humanitätsproblems ist, wie ich meine, eine fundamentale Einsicht des materialistischen Geschichtsverständnisses zur Geltung zu bringen: daß man die Manifestationen des „gesellschaftlichen Bewußtseins“ (so auch die Proklamation von Normen des Humanen) nicht in ihrer ideellen Abstraktion, sondern in ihrer realen Konkretion als Korrelate eines bestimmten gesellschaftlichen „Seins“, der Verfassung des wirklichen Lebensprozesses der Menschen, zu betrachten hat. Die Forderungen der Humanität sind danach (auch soweit sie zum Phänomen der marxistisch-sozialistischen Bewegung gehören) von vornherein nicht einfach als autarke Gehalte einer Doktrin zu nehmen, gar noch in der Meinung, ihnen käme als solchen bereits kausative Kraft für das wirkliche Handeln zu. Vielmehr hat man sie daraufhin zu prüfen, welches ihr wirkliches soziales Substrat ist, welchen gesellschaftlich-praktischen Ort sie einnehmen.

Zur Genesis des Humanitäts-Motivs bei Marx und Engels

In ihren Anfängen haben Marx und Engels sehr bewußt an die humanistische Tradition angeknüpft, ihr Programm als einen „realen Humanismus" tituliert und Feststellungen über Menschlich-Wesensgemäßes und Wesenswidriges (Entfremdetes, Unmenschliches) in ganz traditioneller Manier aus Axiomen einer normativen Anthropologie abgeleitet und geltend gemacht – wie etwa in der Kantischen Traditionsform eines „kategorischen Imperativs", der sich mit seinem Vorbild auch inhaltlich deckt[4]. Daß alle Verhältnisse umzuwerfen sind, in denen der Mensch ein geknechtetes und verlassenes Wesen ist, erscheint darum als geboten, weil der Mensch seiner essentiellen Bestimmung nach das frei, universell und gemeinschaftlich produktiv-tätige Wesen ist. Menschen – das sind geistige Wesen, freie, keinem Herrn untertane Bürger eines demokratischen Gemeinwesens zur Verwirklichung der höchsten menschlichen Zwecke[5]. Über Herkunft und Legitimation solcher Wesensnormen haben sich Marx und Engels zunächst nicht viel Gedanken gemacht. Ihnen war sichtlich mehr darum zu tun, sie praktisch und konkret in die Kritik der bourgeoisen Gesellschaft einzubringen.

Die Frühschriften bis 1845 mit ihrem Pathos der „menschlichen Emanzipation" sind nun zwar für die Kodifikation eines sozialistischen Humanismus recht ergiebig, ihr theoretischer Bezugsrahmen erwies sich jedoch für Marx und Engels sehr bald aus guten Gründen als unbrauchbar. Wohl war es ihnen weiterhin praktisch um Emanzipation zu tun, doch erschien ihnen dieses ihr Projekt nunmehr in einem anderen Begründungszusammenhang. Mit dem abschließenden Schritt zur materialistischen Geschichtsauffassung (1845–46) wird ein universaler Normbegriff des menschlichen Wesens überhaupt hinfällig; die Menschennatur erscheint als eine geschichtliche Variable mit einem inhaltlich nur minimal bestimmten Fundus an Naturkonstanz. Schließlich will die Theorie jetzt nicht mehr *Ideale* proklamieren, sondern eine *wirkliche Bewegung* aufweisen, die sich aus den bestehenden Voraussetzungen ergibt[6]. Der Titelbegriff „Humanismus" kommt außer Gebrauch. Wenngleich

[4] MEW Bd. 1, S. 385.
[5] MEW Bd. 1, S. 338–339.
[6] MEW Bd. 3, S. 35.

„Emanzipation" nach wie vor als der Richtungssinn der „wirklichen Bewegung" gilt, so hat doch die Theorie weniger den Auftrag, die Desiderate dieser Emanzipation bewußt zu machen, als vielmehr in aller wissenschaftlichen Nüchternheit von den realen, namentlich den harten materiellen Möglichkeitsbedingungen aller gesellschaftlich-geschichtlichen Realisationen Kenntnis zu nehmen. In der Tat schien es an diesem Wendepunkt wichtiger zu sein, die *real-praktische Effektivität* als die *humane Dignität* der anstehenden verändernden Praxis theoretisch zu bedenken.

Die Historisierung, die der Begriff des Menschen erfahren hat, betrifft naturgemäß auch die Urteile über „Menschliches" und „Unmenschliches". Sie werden in doppelter Weise auf die konkreten geschichtlichen Situationen hin relativiert: inhaltlich und zudem ihrem funktionalen Stellenwert nach. Zum ersten: als Generalprämisse hat zu gelten, daß sich die Menschen jeweils so weit befreit haben, „als nicht ihr Ideal vom Menschen, sondern die existierenden Produktivkräfte ihnen vorschrieben und erlaubten". Das sogenannte „Unmenschliche" ist ebenso wie das „Menschliche" ein Produkt der gegebenen Verhältnisse: „Der positive Ausdruck ‚menschlich' entspricht den bestimmten, einer Produktionsstufe gemäß *herrschenden* Verhältnissen und der durch sie bedingten Weise, die Bedürfnisse zu befriedigen, wie der negative Ausdruck ‚unmenschlich' dem durch dieselbe Produktionsstufe täglich neu hervorgerufenen Versuche entspricht, diese herrschenden Verhältnisse und die in ihnen herrschende Weise der Befriedigung innerhalb der existierenden Produktionsweise zu negieren." Hier klingt bereits ein zweites an: offenbar geht es nicht nur darum, *was* im jeweiligen Rahmen als menschlich etabliert ist und als unmenschlich denunziert wird; es geht auch um die spezifische Form, in der etwas als *„unmenschlich"* angefochten wird. Deutlicher heißt es dazu im Text: das sogenannte Unmenschliche sei „die auf keiner neuen revolutionären Produktivkraft beruhende Rebellion gegen die auf den bestehenden Produktivkräften beruhenden herrschenden Verhältnisse und die ihnen entsprechende Weise der Befriedigung der Bedürfnisse" [7].

An diesem unredigierten Manuskript-Text ist wenigstens zu erkennen, daß Marx und Engels in einer betont theoretisch-distanzierten Manier über Menschlichkeit und Unmenschlichkeit sprechen, ja sogar mit einer herben Kritik an der gedanklichen Form dieser Beurteilungskate-

[7] MEW Bd. 3, S. 417–418.

gorien. Die Art, etwas als „menschlich“ zu fordern oder als „unmenschlich“ zu denunzieren, ist Ausdruck einer – zumindest temporären – Hilflosigkeit: die auf keine neue Produktivkraft gestützte, darum in der bestehenden Produktionsweise befangen bleibende, zu bloßer Rebellion verurteilte Protesthaltung. Unausgesprochen scheint dahinter die Ansicht zu stehen, daß praktisch wirksame Schritte der Befreiung, die sich auf neue produktive Kräfte der Individuen gründen, sich gedanklich-kategorial auch anders als in den Beschwörungsformeln „menschlich – unmenschlich“ artikulieren werden. Was diese kategorial andere Form angeht, so ist sie im Text mit dem Begriff der *Bedürfnisse* angezeigt: alles liegt darin beschlossen, wie sich auf den jeweiligen Stufen menschlicher Produktivität die soziale Bilanz der Bedürfnisentfaltung und Bedürfnisbefriedigung gestaltet und umgestaltet.

So kann es den Anschein haben, als könne ein Begriff von Menschlichkeit in der ausgereiften Marxschen Theorie gar keinen affirmativen Status mehr beanspruchen, allenfalls eine ideologische Ausdrucksfunktion jenseits der Theorie. Was die ideologischen Kategorien „menschlich – unmenschlich“ intendieren, wäre demnach in andere, nicht nur bestimmtere Kategorien zu fassen, sondern auch in deskriptive statt in appellativ-denunziatorische. So ist es die Ansicht von L. Althusser[8], doch mir scheint fraglich zu sein, ob ein derart radikaler Schnitt das letzte Wort marxistischer Theorie in dieser Frage sein kann. Gegen einen gänzlich „ideologiefreien“ Theoretizismus wäre geltend zu machen, daß doch auch die praktischen Intentionen nach einem gedanklichen, theoretisch kultivierten Ausdruck verlangen, ob man das nun in einem strengen Sinne „Theorie“ nennen mag oder theoretisch fundierten „praktischen Diskurs“. Und zum anderen erscheint es sowohl im praktischen als auch im deskriptiven Gebrauch (ob man eigene Handlungsabsichten deklariert oder fremde Handlungen beschreibt) kein begründetes Veto dagegen zu geben, daß man die konkret-historischen Bilanzen der Bedürfnisbefriedigung und der Beziehung zwischen Menschen auch noch unter allgemeinere sozial-anthropologische Charakterisierungen subsumiert. Humanität und Inhumanität können solche Charakterisierungen sein, indem man damit – einer Konvention folgend oder aus sachlichen Gründen – die solidarisch-kooperativen Verhaltensweisen, in denen Menschen einander fördern und achten, als die „huma-

---

[8] Vgl. die Abhandlung über Marxismus und Humanismus in dem Sammelband: Für Marx, Frankfurt 1968.

nen" gegen die kompetitiven, oligokratischen und destruktiven Beziehungsformen absetzt. Ein solcher Begriff von Humanität und Inhumanität müßte übrigens nicht voraussetzen, daß man einen unveränderlichen normativen Gattungscharakter des Menschen annimmt, sondern er ließe sich sehr wohl einer historisch dimensionierten Anthropologie wie der Marxschen eingliedern. So sprach Marx selbst davon, daß die materielle Produktionstätigkeit künftig in Formen stattzufinden habe, die der menschlichen Natur würdig seien [9] – und er meinte damit sicher die konkret-historisch modifizierte Menschennatur im Möglichkeitshorizont moderner Produktivkraftentwicklung.

Schließlich müßte auch nicht a priori ausgemacht sein, daß die Rede von Humanem und Inhumanem immer nur Ausdruck von Ohnmacht ist, wie es die (in einem bestimmten Zusammenhang vorgebrachte) Marx-Engelssche Kritik suggeriert. Es käme eben ganz darauf an, wie reflektiert oder bloß-expressiv diese Titelbegriffe im betreffenden Fall eingesetzt werden.

Menschennatur und Humanität

In schwierige, wenngleich nicht sonderlich gewichtige Kontroversen führt uns die Frage, wie nach marxistischer Auffassung der spezifisch humane Beziehungstypus dem allgemeinen Artcharakter des Menschen zuzuordnen sei. Wie ja schon die Wortbildung die Ansicht nahelegt, das Humane sei das „eigentlich" Menschliche, solidarische Kooperation der menschlichen Grundnatur in höherem Grade angemessen als destruktive Rivalität, so finden wir auch bei Marx und Engels – und noch nach der Abkehr vom anthropologischen Essentialismus der Frühzeit – verschiedentlich Reflexionsansätze, die dieser Ansicht entgegenkommen. Engels meint einmal, der „Kampf ums Einzeldasein" gehöre einer tierischen, vormenschlichen Existenzweise an [10], und ebenso reserviert Marx den Titel „menschliche Gesellschaft" für die Formation jenseits der sozial-antagonistischen Stufen der „Vorgeschichte" [11]. Indessen sind solche Zuordnungen unter historisch-materialistischen Prämissen nicht ganz leicht zu legitimieren. Wie sehr es eine Naturkonstante sein mag, daß Menschen nicht von ihresgleichen unterjocht, ausgebeutet, aus ihrem Lebensbereich vertrieben oder getötet werden wollen, so gehört doch

---

[9] MEW Bd. 25, S. 828.

[10] MEW Bd. 20, S. 264, 324.

[11] MEW Bd. 13, S. 9.

auch die Verhaltensweise, die das alles im Gefolge hat, nicht minder zu den Äußerungen der allgemeinen Menschennatur in einer ihrer bestimmt-konditionierten historischen Modifikationen. E. Bloch dürfte die Tendenz der historisch-materialistischen Begriffsbildung in dieser Frage richtig bezeichnen, wenn er erklärt: „Dem Marxismus gilt das Humanum als historisches Ziel, nicht als apriorisches Deduktionsprinzip, es ist das utopisch Unvorhandene und Geahnte, nicht das ahistorisch Zugrundeliegende und Erzgewisse."[12] Etwas „Zugrundeliegendes" – nicht ahistorisch, sondern transhistorisch, in allen Formationen auftretend – wird man allerdings sehr wohl einräumen müssen, eben jene elementare Selbstaffirmation des menschlichen Lebens. Problematisch wird es aber, wenn marxistische Autoren die allgemeine Grundnatur des Menschen so bestimmt fassen, daß Humanität als ihr direktes und eindeutiges Implikat erscheint. So meint G. Mury darauf rekurrieren zu können, daß die Geschichte der Menschengattung einen vom „Entwurf" des Menschen her determinierten Sinn habe. „Es genügt, den Menschen den Entwurf des Menschen zu enthüllen. Nur wenn man vom fundamentalen Entwurf unserer Rasse ausgeht und ihn in den Zusammenhang unserer heutigen Welt setzt, ist die Zukunft des Menschen zu erkennen." Kernstück des menschlichen Entwurfs ist nach Mury das Arbeiten in sozialer Gemeinschaftlichkeit. Die Ausbeuterklassen haben „Verrat" an diesem Entwurf begangen, indem sie sich der Arbeit entzogen und die Einheit der Gesellschaft auflösten; die „objektiven menschlichen Beziehungen" seien damit „in verkehrte Bahnen geleitet" worden. Die arbeitenden Klassen hingegen hätten den fundamentalen Entwurf festgehalten[13]. Das Humane erscheint so als das Anthropine schlechthin, das Inhumane als seine bloße Privation, und dies festzustellen ist Sache eines Erkenntnisaktes.

Will man auf der Plattform einer kritischen Anthropologie, wie Marx und Engels sie mit ihrer Abkehr vom normativ-anthropologischen Dogmatismus ihrer „vorkritischen" Phase umrissen haben (ohne sich später immer ganz konsequent daran zu halten), eine anthropologische Einordnung des Humanen vornehmen, so wird vor allem folgendes zu sagen sein: Humanität ist nicht die Affirmation einer menschlichen *Wesens-Totalität,* sondern eher die einer bestimmten, selektiv gefaßten Wesens-*Partialität.* Sie ist nicht direkt und vollständig ein Implikat der

---

[12] Naturrecht und menschliche Würde, Frankfurt 1961, S. 219.

[13] Im Referat zur Salzburger Tagung der Paulus-Gesellschaft, gedruckt in: Christentum und Marxismus – heute, Wien – Frankfurt – Zürich 1966.

allgemeinen Menschennatur, sondern eine konkrete, bedingte, sehr voraussetzungsreiche und möglicherweise kontingente Ausformung der historisch modifizierten Menschennatur. Schließlich dürfte Humanität nicht im Wege der Erkenntnis, sondern vielmehr einer praktischen Affirmation zu etablieren sein. Die theoretische „Deduktion" der Humanitätsnormen erweist sich somit als eine recht komplexe Aufgabe, weil Humanität keine einfache Qualität darstellt, sondern der resultative Effekt einer vielgliedrigen und vielstufigen praktisch-geschichtlichen Synthesis ist.

Die geschichtliche Dimension der Humanität

Die Zurückhaltung, die sich die historisch-materialistische Theorie bei der anthropologischen Einordnung des Humanen auferlegen muß, erstreckt sich naturgemäß auch auf die geschichtsanthropologische Fragestellung, wie die Geschichte – das Werden des Menschen – in einem bestimmteren Sinne als Humanisierung der menschlichen Daseinsweise zu begreifen sei. Auf eine Generalformel von der Geschichte als Fortschritt zu höherer Humanität hat sich die marxistische Geschichtstheorie eigentlich nie festlegen wollen. Die humane Bilanz erscheint als eine höchst abhängige, vielfältig vermittelte und darum sehr wechselreiche Variable des allgemeinen Produktivkraftfortschritts, so sehr von konjunkturellen Konstellationen abhängig, daß von der Akkumulation einer nicht mehr auflösbaren humanen Kernsubstanz eigentlich nicht die Rede sein kann. Wenn Marx gleichwohl von der bisherigen Geschichte als einer „Vorgeschichte" der im eigentlichen Sinne „menschlichen Gesellschaft" spricht, so braucht hier durchaus keine historische Teleologie der fortschreitenden Humanisierung im Spiel zu sein. Der Begriff „menschliche Gesellschaft" kann zunächst als ein deskriptiv-nominaler Titel fungieren, der in erster Linie den *Umfang* der künftigen post-kapitalistischen Formation bezeichnet, dies nämlich, daß sie erstmalig alle Menschen des Erdkreises zu einer integrierten und organisierten Einheit zusammenschließen wird; und zum anderen, daß mit der Auflösung der sozialen Klassenunterschiede die Menschen nur noch unter einem allgemeinmenschlichen Rechtstitel an der Gesellschaft teilhaben, und nicht wie bisher ganz vorwiegend unter sozial partikulären Rechtstiteln. Über weitergehende Inhaltsbestimmungen des Humanen braucht mit dem Marxschen Begriff der „menschlichen Gesellschaft" nichts vorentschieden zu sein.

Namentlich nötigt diese Marxsche Begriffsbildung nicht dazu, eine fundamentale anthropologische Differenz zwischen den „Vormenschen“ jener „Vorgeschichte“ und den eigentlichen Vollmenschen der menschlichen Gesellschaft aufzureißen. Bei Th. W. Adorno klingt so etwas an, wenn er meint, die Menschen – keiner ausgenommen – seien noch gar nicht sie selber, sie seien es erst der Möglichkeit nach[14]. Das gibt den Kritikern des marxistischen Humanismus sogleich wieder einen Ansatzpunkt. Daß ‚der Mensch‘ eine erst noch herzustellende, durch die Aufhebung der Klassen zu ermöglichende Person sei, bedeutet nach F. Mordstein, daß man auf „Humanität“, die ja noch gar nicht „ist“, konsequenterweise keine Rücksicht zu nehmen brauche[15]. Seit langem konzentriert sich die Hauptkritik darauf, daß die marxistisch verstandene Humanität ihren Bezugspunkt in einem Zukünftigen habe. Kann es da für die jetzt lebenden Menschen schon die volle menschliche Dignität geben? Sind sie in einem solchen Konzept der werdenden menschlichen Gesellschaft nicht doch nur dienende Glieder eines geschichtlichen Produktionsprozesses, der über ihre Lebenszwecke hinwegschreitet und erst an seinem Endziel zu Menschen führt, die Zweck für sich selbst sind[16]?

Die Argumentationen der Kritiker, die in dieser Weise auf den Zukunftsbezug des marxistischen Humanismus abzielen, sind meines Erachtens in mehrfacher Hinsicht verfehlt, auch in prinzipiell-methodologischer Hinsicht. Philosophisch orientierte Kritiker machen sich im allgemeinen nicht die Mühe (oder sie haben kein Organ dafür), die Gesamtheit der gedanklichen Vermittlungen in Rechnung zu stellen, die im Marxismus den Weg von der allgemeinen Geschichtsphilosophie und ihren Antizipationen bis zum „praktischen Diskurs“ der politischen Aktionsplanung bezeichnen. So kommt es buchstäblich zum „Kurzschluß“, die Verknüpfung geschichtstheoretischer Sätze und praktischer Handlungsanweisungen wird gewalttätig, die Philosopheme erlangen einen Stellenwert, den sie im geistig-praktischen Raum der Politik so gar nicht haben können. Zur Sache nur soviel: Natürlich fungiert für den Marxisten die kritische Feststellung, daß der Mensch seine volle (und selbst seine elementare) Dignität heute weithin noch nicht habe,

---

[14] Negative Dialektik, Frankfurt 1967, S. 272.

[15] Ist der Marxismus ein Humanismus?, aaO, S. 135. Mordstein zitiert aus einem Essay von P. Hacks.

[16] Vgl. *L. Landgrebe*, Das Problem der Dialektik, in: Marxismusstudien, 3. Folge, Tübingen 1960, S. 61–63.

niemals als eine Legitimation dafür, daß man sie ihm weiterhin vorenthalten dürfe. Genau das Gegenteil davon macht den praktischen Sinn jener Feststellung aus.

Überhaupt ist es falsch, den Zukunftsbezug der Marxschen Theorie und ihres Humanismus in der Weise zu aktualisieren, wie es die Kritiker tun. Mit Recht hat M. Merleau-Ponty darauf aufmerksam gemacht, wie wenig die marxistische Aktion durch das „Bewußtsein eines Ziels", sondern vielmehr durch die „Feststellung einer Unmöglichkeit, nämlich der als Widerspruch und Zerfall begriffenen Welt von heute" bestimmt sei, während die Zukunft als die Perspektive erscheint, in der sich die Linien der gegenwärtigen Aktion fortsetzen[17]. Marx und Engels waren keine Fetischdiener einer Menschheits-Zukunft, der die jetzt lebenden Menschen Opfer zu bringen hätten. Wo im zeitgenössischen Sozialismus eine solche Lesart auftauchte, da haben Marx und Engels es mit sarkastischer Polemik quittiert[18]. Für falsch halte ich die Kritik von G. L. Kline, der in Marx den Wortführer eines zukunftsorientierten „Humanismus der Ideale", nicht aber eines gegenwartsorientierten „Humanismus der Prinzipien" sieht: „Er offerierte ein humanistisches Ideal für die Zukunft, aber er verwarf humanistische Prinzipien für die Gegenwart." [19] Gewiß hat der sozialistische Humanismus seine Problematik, seine Aporien (wie jeder andere nicht minder). Sie liegen jedoch nicht in seinem Zukunftsbezug beschlossen, sondern in der Gegenwartsdimension eines *kämpferischen Humanismus,* als der er agieren muß: wie die Dinge in der Klassengesellschaft liegen, kann man nicht allen etwas geben, ohne einigen etwas zu nehmen. Nicht daß die jetzigen Menschen generell etwas, alles und sich selbst hinzugeben hätten, damit es künftigen Generationen zum Heile gereiche, ist hier die Kalkulationsebene. Vielmehr geht es um eine Neuverteilung dessen, was alle jetzt schon haben bzw. haben könnten. Die intersubjektive Bilanz der Gewinne und Verluste in den verschiedenen Bereichen menschlicher Selbstverwirklichung ist ganz und gar im *Gegenwärtigen* lokalisiert und findet darin ihre Legitimationskriterien. Auch die möglicherweise entstehenden „Opfer" sind nicht solche auf dem Altar der „Zukunft", sondern – als Risiken des eigenen Engagements – solche für die Mitstreiter, die Mitlebenden, und im Grenzfall die Überlebenden.

---

[17] Humanismus und Terror, Frankfurt 1966, Teil 2, S. 32.

[18] MEW Bd. 4, S. 15.

[19] Was Marx an Ethical Humanist?, aaO, S. 70.

Wo innerhalb der sozialistischen Bewegung der Zukunftsbezug dominant oder gar penetrant wird, haben wir es mit einer Ideologisierung (oder Klerikalisierung) zu tun, die sich außerhalb des Koordinatensystems marxistischer Theorie bewegt. Dahinter steckt entweder eine extreme Schwäche der wirklichen Bewegung, die zu heroischen Mystifikationen verleitet, oder die ideologische Mystifikation einer bürokratisch deformierten Praxis des „sozialistischen Aufbaus", d. h. die Gebrauchsideologie eines zur Herrschaft über die Gesellschaft avancierten ehedem „dienenden" Regierungsapparats, der nun seinerseits die Gesellschaft und das ehedem herrschende Proletariat in eine dienende Menge umgewandelt hat.

Alles in allem ist zu sagen, daß die *geschichtsphilosophische* Sinnbestimmung eines marxistisch-sozialistischen Humanismus nicht von so hoher Aktualität ist, wie es sich den Kritikern darstellt.

Die praktische Konstitution der Humanität

Wir verlassen jetzt die Erörterungen, die den Marxismus als eine humanistische, aktiv an Humanisierung interessierte Theorie betreffen, um uns zu vergegenwärtigen, in welcher theoretischen Perspektive das gesellschaftlich-geschichtliche Phänomen der Humanität unter historisch-materialistischen Prämissen erscheint. Um einen theoretischen Begriff der Humanität zu gewinnen, der sich nicht in einer praktisch-konfessionellen Prinzipienerklärung erschöpft, wird es vor allem nötig sein, das reale Substrat wie auch den realen Affirmationsmodus des Humanen – zum Unterschied von seinem definitorisch faßbaren „Wesensgehalt" – zu analysieren.

Humanität, als qualitativer Index nicht nur eines bestimmt situierten Einzelverhaltens, sondern einer gesellschaftlichen Gesamtverfassung genommen, erweist sich als der resultative Ausdruck recht heterogener Komponenten des menschlichen Sozialverhaltens. Es dürften vor allem zwei unterscheidbare Impulse sein, die zu einem synthetischen Gesamteffekt beitragen: zum einen die Bereitschaft von Menschen, aus freundlicher Anteilnahme am Wohl und Wehe anderer *aktive Solidarität* ihnen gegenüber zu üben; und zum anderen das *Einfordern von Achtung und Rücksichtnahme* dort, wo sie von anderen aus freien Stücken nicht gewährt werden, die Abwehr aktueller und potentieller Übergriffe von Menschen gegen Menschen durch die Betroffenen und Mitbetroffenen.

Soweit wir es überschauen, hatten die Verhältnisse freier Solidarität bis jetzt immer nur eine sehr begrenzte soziale Reichweite. Innerhalb der Gesamtbilanz gegenseitiger Achtung und Mißachtung des Menschen durch den Menschen war die positive Seite immer ganz überwiegend durch die Gegenmacht gewährleistet, die man gegen die Willkür der Selbstherrlichen aufzubieten vermochte. *Positive Humanität* der freisolidarischen Kommunikation und *humanisierende Gegenmacht* sind miteinander verschränkt, einander ebenso ergänzend wie kontrapunktierend.

Jede Gesellschaftsformation weist eine spezifische *humane Bilanz* auf, die in der Hauptsache durch den Typus des Grund-Produktionsverhältnisses bestimmt ist und sich in vielfach differenzierter Weise auf alle übrigen Kooperations- und Subordinationsverhältnisse erstreckt, indem jeweils festgelegt ist, was Personen überhaupt bzw. Personen bestimmter Kategorien sich herausnehmen dürfen oder zumuten lassen müssen, also welches Allgemeinmaß an gegenseitiger Respektierung verordnet ist und welche besondere Hochachtung bzw. besondere Geringschätzung zu erweisen als normal gilt. Um ein mittleres Normalmaß herum gibt es je nach der Situation der betreffenden Gesellschaft mehr oder weniger große konjunkturelle Ausschläge nach der einen oder der anderen Seite, namentlich in Krisen- und Konfliktsituationen. Angesichts der sozialen Partikularismen einer in Klassen und Nationalitäten gespaltenen Gesellschaft gab es zudem stets ein doppeltes Humanitätsmaß für die Innen- und die Außenbeziehungen. Soweit der generelle Befund, von dem die Theorie auszugehen hat.

Eine historisch-materialistische Analyse der humanen Bilanz wird zuerst die Aufgabe haben, die in einer Gesellschaft geltenden Humanitätsnormen als Momente des *gesellschaftlichen Systems der Bedürfnisse* zu dechiffrieren, und sie wird im weiteren jene Bedürfnisse, die spezifisch für die humane Bilanz sind, auf ihren Zusammenhang mit der Entwicklungsstufe der Produktivkräfte wie mit der Qualität der Produktionsverhältnisse hin zu untersuchen haben. Nach dieser Orientierung im Bereiche der Realität des Humanen wäre dann auch die Frage nach der Idealität der Geltung humaner Normen aufzunehmen.

Daß es, wenn von humanen und inhumanen Tatbeständen die Rede sei, um die jeweils historisch bestimmte Entfaltung und Befriedigung der *Bedürfnisse* gehe, darauf hat das Marx-Engelssche Textfragment aus der „Deutschen Ideologie“ uns bereits verwiesen. Nach Art eines Lehrsatzes könnte man sagen: nichts wird für Menschen zur verpflichtenden Norm, was nicht zuvor ein elementar empfundenes Bedürfnis von Menschen wäre. Anders als Kant, der die „Pflicht" radikal von aller „Neigung" abheben zu müssen meinte, ist der historische Materialist vielmehr auf ihre innere Verknüpfung bedacht. Die Transformation des Bedürfnisses in eine Norm, des „Wollens" in „Sollen", geschieht durch die gesellschaftliche Vermittlung, die intersubjektive Synthesis. Anthropologisch konkreter gesprochen besteht sie darin, daß Bedürfnisse der einen in die Lebenstätigkeit der anderen frei aufgenommen oder mit Nachdruck eingebracht werden. Wo eine ideale Norm gegen die reale Faktizität steht, da erfolgt die Anmeldung eines Bedürfnisses gegen die Befriedigung eines anderen. Die *Anmeldung* von Bedürfnissen ist ein erster Schritt, auf den die praktische *Durchsetzung* von Befriedigungsmöglichkeiten folgen oder auch nicht folgen kann.

Die „Forderungen der Humanität" können vieles umfassen, was Gegenstand menschlichen Strebens ist, doch im engeren Sinne betreffen sie stets den Modus der sozialen Vermittlung, den man seinerseits als Korrelat von Bedürfnissen eigener Art ansehen kann; dieser eigentliche anthropologische Ort des Humanen und Inhumanen wird in der marxistischen Literatur verschiedentlich unter dem Titelbegriff der „sozialen Bedürfnisse" erörtert, der Bedürfnisse also, die auf die Qualität der gesellschaftlichen Beziehungen gerichtet sind. Es geht hier darum, wie man seinen eigenen sozialen Rang im Umgang mit anderen Menschen manifestiert, sowohl darin, wie man selbst sie behandelt, als auch darin, wie man von ihnen behandelt zu werden verlangt.

Es mag nun eine Schwierigkeit damit haben, derartige Überlegungen in das traditionelle Koordinatensystem materialistischer Gesellschaftstheorie einzubringen. Denn Marx hat seine berühmte Zusammenfassung ihrer Kerngedanken mit dem Satz eröffnet, die Menschen gingen jeweils *notwendige, von ihrem Willen unabhängige* Produktionsverhältnisse ein, die dem Entwicklungsstand der materiellen Produktivkräfte entsprächen. In welcher Weise kann dann davon die Rede sein, daß die Produktionsverhältnisse, welche die Menschen eingehen, durch soziale Positionsinteressen bestimmt sind, durch Bedürfnisse der relativen sozialen Statusdefinition bei den beteiligten Kontrahenten? Ich meine, die Schwierigkeit läßt sich auflösen, wenn man bedenkt, daß Interessen ja nicht Sache des bloßen „Willens" sind (wie sehr ihre Anmeldung und Durchsetzung in willentlichen Akten geschieht), und daß auch die Abhängigkeit der Produktionsverhältnisse von der Produktivkraftentwicklung nicht einfach eine mathematische Korrelation, sondern eine eminent praktische Beziehung darstellt. Daß Marx den Bedürfnissen der sozialen Statusbestimmung eine durchaus eigenständige Bedeutung zuerkannt hat, ist ganz unzweifelhaft, und die diesbezüglichen programmatischen Deklarationen machen den Kernpunkt der ganzen sozialistischen Bewegung aus. Was nach Marx vom Willen unabhängig ist, das ist die reale Durchsetzbarkeit sozialer Interessen, ob sie nun auf die Verfügung über andere Menschen zielen mögen oder umgekehrt darauf, solche Verfügung abzubauen. Die praktische Energie, die Durchsetzungskraft, erweist sich als ein Moment der „materiellen" Produktivkraft, und näher noch des spezifischen Produktivkraft-Anteils der betreffenden Gesellschaftsklasse, der produktiven und formativen Fähigkeiten, die sich in ihr ausbilden können. Die praktische Energie der Interessen (des „Wollens") ist eine wirkliche nur durch ein entsprechendes Können.

In diesem Sinne ist die Humanität einer Gesellschaftsformation, die Bilanz der Maßbestimmungen gegenseitiger Achtung und Mißachtung zwischen den Menschen, eine gesellschaftlich-praktische *Machtfrage*. Sie bemißt sich danach, was sich die einen Menschen auf Grund ihrer produktiven Potenz, die sich im Vollzug wie in der Organisation der Arbeit manifestiert, den anderen gegenüber herausnehmen können, was sie ihnen gewähren müssen und zumuten dürfen, bzw. was diese anderen sich gefallen lassen müssen oder nicht gefallen zu lassen brauchen. Die *Potentiale des Forderns und Durchsetzens* haben jeweils ihre Stärkegradation – vom kraftlosen Wünschen und Sehnen bis zur entschiedensten Aktion. In dieser seiner praktischen Wirklichkeit ist das „Gelten" humaner Normen ein Geltend*machen*.

Geltungsmodus und Geltungsgrund des Humanen

Die radikale Profanität, in welche die Sache der Menschlichkeit durch das eben angedeutete marxistische Konkretionsverfahren versetzt wird, gibt naturgemäß viel Anlaß zu weiteren Überlegungen und kritischen Bedenken. Ist das Gelten wirklich nur ein Geltend*machen* aus divergenten Bedürfnisstrukturen heraus, und wo gibt es da eine Legitimation für das Durchsetzen von Bedürfnissen gegen andere? Muß es da nicht eine vorgeordnete, der Machbarkeit entrückte Instanz geben, die dem Wechselspiel der Subjektivitäten ein objektives Maß setzt? Und liegt nicht ein unheilbarer Defekt des marxistischen Humanismus darin, daß er als eine materialistische, naturalistische Doktrin keinen archimedischen Punkt in einem transzendenten und nur so wahrhaft verbindlichen Geltungsgrund für die humanen Normen anerkennen kann?

Die Begründung aus einem übermenschlich-personalen Gegenüber des Menschen kommt für das marxistische Denken nicht in Betracht, sofern dieses „Transzendente" seit Feuerbach als eine sich selbst mystifizierende Art des menschlich-subjektiven Transzendierens entschleiert ist; dasselbe ist auch von den halb-säkularisierten Derivaten des göttlichen Gesetzgebers zu sagen, heißen sie nun Weltplan, Naturabsicht, Naturrecht oder Wertordnung. Wo man sich im marxistischen Lager zu einer objektiv-gesetzmäßigen Begründung des menschlichen Handelns bekennt, erweist es sich bei näherem Zusehen, daß man (nach Aussonderung sekundärer Objektivitätsmomente wie nicht beliebige Mittelwahl u. dgl.) schließlich doch wieder auf ein Konzept der praktischen Subjektivität zurückkommt. Wie E. Metzke mit Recht hervorgehoben hat, bewegt sich der Marxismus auf der Traditionslinie der neuzeitlichen „Metaphysik der Subjektivität" [20]. Gegebenheiten der Objektwelt sind zwar überall als „Objektives" in Rechnung zu stellen, die Gesetzgebung im „Reich der Zwecke" ist jedoch in ihrem Kern eine Sache des Subjekts Mensch selbst, sie ist *Selbstgesetzgebung*. Nun meinte Metzke ferner, daß im Marxismus die gesamte Wirklichkeit – einschließlich des Menschen – unter „Absage an alles Vorgegebene" zum „Material technischer Planung und Herstellung" würde [21]. Was die technische Weise des Umgangs von Menschen mit Menschen angeht, so war sie in der Tat als ein Faktum bisheriger Geschichte zu konstatieren. Doch schon hier bemerkte Marx die Elemente einer frei-kommunikativen, nichttechnischen Vergesellschaftung, und er hegte die Erwartung, daß solche Gemeinschaftsformen im Zuge der sozialistischen Revolution dominant würden. Gänzlich unzutreffend ist es jedoch, Marx eine „Absage an alles Vorgegebene" zu unterstellen. Genau umgekehrt geschieht alles

---

[20] Mensch und Geschichte im ursprünglichen Ansatz des Marx'schen Denkens, in: Der Mensch im kommunistischen System. Tübinger Vorträge über Marxismus und Sowjetstaat, Hrsg. W. Markert, Tübingen 1957.

[21] J. Habermas meint, Marx habe die geschichtliche Selbstkonstitution der Menschengattung auf theoretisch-kategorialer Ebene nur nach dem Modell der „Synthesis durch Arbeit" gedeutet, obgleich er in der inhaltlichen Durchführung seiner historisch-politischen Analysen sehr wohl auch die kommunikative Synthesis in ihrer Andersartigkeit berücksichtigte. Vgl. Erkenntnis und Interesse, Frankfurt 1968, S. 58 ff. Es wird indessen nicht recht klar, auf welche Textbefunde sich diese Mängelrüge gründet.

geschichtliche Produzieren stets in Anknüpfung an Vorgegebenes[22], und dieses Vorgegebene, Tradierte, enthält einen Kernbestand dessen, was überhaupt nicht produziert, auch nicht in einer gegenständlichen Weise den Menschen „vorgegeben“ ist: es liegt vielmehr in jener ersten von Marx konstatierten Voraussetzung aller Menschengeschichte beschlossen, in der „Existenz lebendiger menschlicher Individuen“[23]. Das seiner Grundqualität nach natürlich bestimmte, nicht gemachte, sondern allem Machen vorgeordnete *Sein der Subjekte* ist die letzte Legitimation für jede Normativität, so auch für die des Humanen.

Die Selbstgesetzgebung besteht demnach in Schritten der *Synthesis*, durch die jedesmal neue Verhältnisbestimmungen aus dem geschichtlich Gewordenen und dem vorgeschichtlich Naturalen hergestellt werden. Das Neue ist dabei materialiter nie etwas schlechthin Neues, sondern es hat als prototypisch Partikuläres immer schon existiert, nicht nur als „Idee“[24]. Die Neuerung besteht im Durchbrechen der Partikularitätsschranke, im Grenzfalle in der Universalisierung von Intentionsgehalten.

Die materiale Basis der Selbstgesetzgebung bilden, wie schon gesagt, die Bedürfnisse der Menschen. Dieser Ausdruck mag „naturalistisch“ klingen, und man mag ihn durch einen anderen, kunstvolleren ersetzen, etwa „bestimmte Selbstaffirmation des menschlichen Lebens“, der Sache nach aber sollten wirkliche Bedürfnisse lebender menschlicher Wesen nicht als etwas Inferiores gelten, was noch einer höheren Legitimation bedürfte.

In Frage steht indes, wenn es um die Geltungsgründe humaner Normen zu tun ist, nicht die menschliche Bedürfnisnatur überhaupt, sondern jener besondere Vermittlungsmodus, durch den die Bedürfnisse der einen in die Lebenstätigkeit der anderen integriert werden – und dies wenigstens so, daß niemand ein Privileg der Bedürfnisbefriedigung auf Kosten anderer genießt. Wir sehen uns dieser Alternative gegenüber: entweder die Aktualität der Bedürfnisse, der lebendige Anspruch von Subjekten auf Anerkennung und Respektierung dieser ihrer Bedürfnisse

[22] MEW Bd. 3, S. 38, 45, ferner Bd. 4, S. 548–549.

[23] MEW Bd. 3, S. 20.

[24] Vgl. diese Marx-Stellen: „Kein Mensch bekämpft die Freiheit; er bekämpft höchstens die Freiheit der anderen. Jede Art der Freiheit hat daher immer existiert, nur einmal als besonderes Vorrecht, das andere Mal als allgemeines Recht.“ (MEW Bd. 1, S. 51) „Die Vernunft hat immer existiert, nur nicht immer in der vernünftigen Form.“ (aaO, S. 345)

ist selbst schon Geltungsgrund genug – und wenn er nicht genug sein sollte, so gibt es doch keinen höheren und stringenteren –, es spielt sich also alles innerhalb der intersubjektiv-kommunikativen Prozesse des Forderns und Gewährens ab; oder aber es gibt und es gilt hier eine Normativität höherer Ordnung, ein über alle Subjektivität erhabenes Gebot zu universell-humaner Intersubjektivität, das die einen Bedürfnisse legitimiert, andere aber illegalisiert.

Bei Kant haben wir einen Versuch, die Selbstgesetzgebung nicht an materiale Gehalte der Bedürfnisse, sondern an die Form ihrer Allgemeinheit, ihrer Verallgemeinerungsfähigkeit zu binden. Die Anerkennung gleicher Lebensansprüche aller ist hier sozusagen logisiert: Es sieht so aus, als gehorche man nur dem Gesetz der Widerspruchsfreiheit, wenn man nichts tut, was nicht durch eine allgemeine Gesetzgebung gedeckt ist; die Einwilligung in dieses Verhaltensreglement geschieht aus Achtung vor dem Gesetz. Dadurch ist verdeckt, daß es sich um einen materialen Akt handelt, worin – wie Marx einmal sagt – der Mensch dem Menschen zum Bedürfnis wird[25], und daß die Anerkennung eigentlich nicht dem Gesetz, sondern der – nicht nur „vernünftigen“, sondern vor allem empfindenden – Subjektivität oder Personalität anderer Menschen gilt. „Praktische Vernunft“ ist nicht eine quasisubstantielle gesetzgebende Instanz, sondern nur jener intersubjektive Vermittlungsmodus, in dem die Subjekte sich ebenso „vernehmend“, auf die Erwartungen anderer achtend, wie fordernd verhalten.

Die Frage nach einer „Begründung“ der Humanitätsnormen differenziert sich entsprechend der bereits erwähnten Zweiheit der Motivationskomplexe, aus denen humanes Verhalten lebt. Die positive Humanität bedarf keiner Begründung, sie kann auch in keiner Weise Inhalt von Geboten sein. Sie kann nur praktisch sich selbst begründen, indem sie – am ehesten in den Prozessen der primären Sozialisation – von denen, die schon etwas davon haben, praktisch-kommunikativ auf andere übergeht. Soweit Humanität auf humanisierender Gegenmacht beruht, kann sie dagegen sehr wohl Sache einer Begründung sein, in der Grund und Folge unterscheidbar sind. Die Humanität – eigentlich: die Nicht-Inhumanität – der einen ist hier ebenfalls praktisch in der Abwehr der anderen begründet, und sie kann diesen Grund verinnerlichen, so daß die Respektierung zur Sache der Berechnung wird. Die Allgemeinheit der Handlungsmaxime, bei Kant ein formaler Charakter

[25] MEW, Ergänzungsband I, S. 535.

der praktischen Vernunft, erscheint als universelle Gegenseitigkeit. Fichte umschreibt den „wahren Staat“ als einen, in welchem die Menschen niemand unter sich dulden, der sich nicht begnügt, allen gleich zu sein und zu bleiben. Alle erlegen einander dieselben Verbindlichkeiten auf, und die Verabredungen sind so, daß keiner hoffen kann, er könnte Ungerechtigkeit nur einseitig ausüben, ohne sie selbst erdulden zu müssen; jeder ist im Interesse seiner eigenen Sicherheit gezwungen, die Sicherheit aller anderen zu wahren[26]. Man müßte demnach aus verständiger Berechnung alle Mitmenschen als gleichwürdig respektieren, die kategorischen Imperative wären in hypothetische rückgebildet. Ähnlich hat Marx die bürgerliche Form der Vergesellschaftung umschrieben[27]. Doch universale Geltung kann diese rationalistische Hilfskonstruktion der bürgerlichen Interessenmechanik nicht beanspruchen. Das Kriterium der Verallgemeinerungsfähigkeit kann in jedem Falle nur für ein sekundäres Prüfungsverfahren dienen, wenn die eigentlich begründende real-praktische Prämisse, die Anerkennung aller Menschen als gleichwürdig, bereits feststeht. Etwas streng Verbindliches zur Begründung dieser Prämisse, und zwar etwas, das außerhalb der praktischen Entschiedenheit der dafür engagierten Subjekte läge, läßt sich nicht mehr beibringen.

Nun macht man neuerdings auch in marxistischen Kreisen einen Ansatz dazu, die humanen Normen unter dem Titelbegriff von „Werten“ in einen Modus des An-sich-Geltens zu erheben und namentlich einen *absoluten Wert des Menschen* als das Fundament der gesamten sozialen Lebens- und Kulturwerte-Ordnung auszuweisen[28]. Man kann auf diesem Wege zu solchen „Begründungs“-Deduktionen gelangen: Weil der Mensch, weil jedes menschliche Individuum einen absoluten Wert hat, darum muß man sein Leben unbedingt achten und ihm bestimmte unverletzliche Rechte zuerkennen. Die hypostasierende Form der Wertprädikation schafft indessen nur scheinbar eine Begründungsstruktur, die über das praktisch-kommunikative Gegenüber von fordernden und geforderten Subjekten hinausführt[29]. Überhaupt hat jedes

---

[26] Die Bestimmung des Menschen. Ausgabe in der Philosophischen Bibliothek (Meiner), S. 109–110.

[27] MEW, Ergänzungsband I, S. 459–463.

[28] Vgl. *W. P. Tugarinow,* Über die Werte des Lebens und der Kultur, Berlin 1962.

[29] Ich habe diese Problematik in einem Forschungsbericht Wertphilosophie in der Sowjetunion (Heft 88 der Berichte des Osteuropa-Instituts an der Freien Universität Berlin) beschrieben.

argumentative „Begründen" hier das Mißliche, daß es bei den einen überflüssig, bei den anderen erfolglos ist.

Einer der Kritiker, O. Baumhauer, hat anläßlich einer Auseinandersetzung mit A. Schaff gegen den Marxismus vorgebracht, hier sei der Mensch an den Menschen ausgeliefert, an einen Menschen, der keine Instanz über sich anerkennt und darum letztlich an nichts als an seine eigenen Produkte gebunden – oder vielmehr nicht gebunden – ist. Wenn auch „Werte", von denen bei Schaff die Rede ist, zu diesen geschaffenen und wandelbaren Produkten gehörten, so müsse das ja auch vom höchsten Wert gelten, vom Wert der menschlichen Person. „Dann muß auch die Formel vom Menschen als höchstem Wert wandelbar sein. – Oder ist sie nur ein Postulat? – Wenn weder das eine noch das andere, dann ist sie ein Credo. Ich kann daran glauben oder nicht... Und was geschieht, wenn Materialisten nicht mehr an die Formel vom Menschen als höchstem Wert glauben, das hat die Geschichte zur Genüge bewiesen." [30]

Diese Argumentation ist meines Erachtens reichlich fehlerhaft. In der Tat gibt es für den Marxisten nicht die Anerkennung einer Instanz *über* dem Menschen, sondern – ohne eine solche Mittelbarkeit – die Anerkennung des Menschen durch den Menschen. Daß der Mensch an den Menschen „ausgeliefert" sei, das konstatiert der Marxist zunächst als ein negatives, aufzuhebendes Faktum, und er ist dabei überzeugt, daß es in seine eigene, in die Hand des Menschen selbst gegeben sei, nach Maßgabe realer Möglichkeit dieses Ausgeliefertsein von Menschen aufzukündigen; wenn nicht mehr einseitig die einen an andere, sondern wechselseitig alle an alle „ausgeliefert" sind, dann verliert dieser Ausdruck seinen denunziatorischen Sinn. Nun unterstellt Baumhauer, nach marxistischer Ansicht sei der Mensch nur an seine eigenen „Produkte" gebunden. Darauf ist zu antworten: was Produkt ist, bindet nicht, und was bindet, ist nicht Produkt: der – jeweils qualitativ vielfältig bestimmte – Lebens- und Anerkennungsanspruch von Menschen gegenüber Menschen. Was schließlich die kategoriale Form angeht, in der Baumhauer das Verbindliche bei Schaff formuliert findet, die Kategorie des „Wertes" und des Menschen als des „höchsten Wertes", so wäre zu bemerken, daß es für den Marxisten keineswegs zwingend und auch nicht optimal ist, sich in dieser Weise auszudrücken. Ich plädiere in der innermarxistischen Diskussion dafür, das praktisch-kommunika-

[30] Marxismus und das menschliche Individuum, in: Zeitschrift für philosophische Forschung Jg. 21 (1967), S. 87.

tive Verhältnis von Anspruch und Anerkennung lieber direkt, und so klarer und eindringlicher als in der hypostasierenden Form des „Wertes" zu fassen. So entsteht dann auch keine so große Verlegenheit bezüglich des geistig-praktischen Status, der einem „absoluten Wert" des Menschen zuzuerkennen wäre – „Postulat", „Credo" oder was sonst noch. Die kommunikativen Akte des Einforderns und Gewährens von Achtung und Beistand sind weder das eine noch das andere. Schließlich noch eine Bemerkung zu dieser Kritik: die letzte Wendung – der Hinweis auf die „Materialisten", die nicht mehr an den höchsten Wert des Menschen „glauben", ist nicht nur hermeneutisch schief, indem hier ein völlig unbrauchbares Deutungsschema für die Elemente von Inhumanität in kommunistischen Revolutionen offeriert wird; er ist auch pharisäisch, indem es so herauskommt, als seien Spiritualisten hier in einer besseren Position.

Idee und Realität des sozialistischen Humanismus

Wenn wir nach unseren Überlegungen zur historisch-materialistischen Interpretation des Humanitätsphänomens zur Frage nach dem eigenen humanistischen Engagement des Marxisten zurückkehren, wird sich die Erörterung nicht mehr bloß auf die gedankliche Konstruktion des marxistischen Humanismus konzentrieren dürfen. Gewiß schließt der Marxismus als praktische Doktrin ein Programm der Humanisierung der Gesellschaft von heute und morgen in sich. Es ist leicht, diese humanistische Tendenz aus den Quellentexten zu belegen, und mit etwas mehr Mühe läßt sich die gedankliche Konsistenz und die geistig-praktische Respektabilität dieses „marxistischen Humanismus" erweisen. Bei näherem Zusehen stellt es sich indessen heraus, daß es doch nicht ganz so leicht ist, den logischen Ort jenes humanistischen Elements innerhalb der Gesamtheit des Marxismus *als Theorie* (oder Doktrin) zu bestimmen. Hier wäre auf die Argumentationen von L. Althusser einzugehen, der die Bekundungen eines sozialistischen Humanismus als „Ideologie" aus dem eigentlichen Bereich marxistischer *Theorie* ausklammert und für diese Theorie geradezu einen „theoretischen Anti-Humanismus" proklamiert[31]. Ich möchte jedoch nicht in diese Diskussion eintreten, sondern die Voraussetzung gelten lassen, daß im Marxis-

[31] Für Marx, aaO, S. 179–181.

mus, den ich darum eher eine „Doktrin“ als eine „Theorie“ nennen möchte, streng theoretische (kognitive) und praktisch-desiderative Elemente in einer zwar analysierbaren, aber nicht auflösbaren Einheit verbunden sind und daß sich das zweite dieser Elemente seiner allgemeinen Intentionsqualität nach sehr wohl als humanistisch charakterisieren läßt. Es ist in der Tat ein noch ungelöstes Problem, die human-emanzipatorische Tendenz der marxistischen Lehre in eine theoretisch korrekte Aussageform zu bringen. Jedenfalls dürfte es nicht damit getan sein, diese Tendenz an Hand einschlägiger Klassiker-Zitate als integrales Bestandstück des Marxismus zu erweisen und zur Konfession zu erheben. Die Hauptsache am Marxismus ist nicht, welche human-emanzipatorischen Ziele und Prinzipien er deklariert, sondern, welche praktisch-humanen Potentiale er als „wirkliche Bewegung“ zu aktivieren vermag. Daß „der Marxismus“ dies und jenes „will“, das heißt realiter: es gibt Leute, Marxisten, die ihrer eigenen Überzeugung nach praktisch so disponiert sind, daß sie im Verlaufe ihrer Aktion und zusammen mit all den anderen, die sie in ihre Aktion einbeziehen, Verhältnisse herstellen werden, die jenen ideellen Zielbestimmungen gemäß sind. Der „Marxismus“ ist nicht abstraktiv als eine sprachlich objektivierte Gesamtheit gedanklicher Gehalte, sondern in seiner anthropologischen Konkretion zu erfassen. Unsere Frage wird also lauten müssen: wie verhält sich die humanistische Idealität der marxistischen Doktrin zur menschlichen Realität, zur praktisch-humanen Dignität der sozialistischen Bewegung, innerhalb deren die Marxisten als politisch organisierte Individuen wirken?

Damit stellt sich die Aufgabe, vor allen direkt-praktischen Projektierungen für eine Humanisierung der heutigen Gesellschaft *die historisch-materialistische Theorie der Humanität auf die Analyse der humanen Konstitution der sozialistischen Praxis anzuwenden.* Die Theorie selbst verweist ja darauf, nicht in normativistischer Manier der „Wirklichkeit“ mit der Proklamation von „Idealen“ gegenüberzutreten, sondern die eigene theoretisch-praktische Aktivität als ein Stück „wirklicher Bewegung“ mit der breiteren wirklichen Bewegung sozialer Klassen zu verbinden, die sich aus den bestehenden Voraussetzungen ergibt.

Die sozial-anthropologische Konstitution der sozialistischen Bewegung ist ebenso wie die aller bisherigen gesellschaftlichen Formationen durch die polare Heterogenität der Potentiale charakterisiert, von denen die humane Gesamtbilanz bestimmt wird. Nicht nur die Herkunft aus der sozial-antagonistischen Gesellschaft, sondern auch die aktuelle Auseinandersetzung mit deren Nutznießern und Verteidigern bedingt es, daß die Humanisierung praktisch nur durch Aufbietung humanisierender Gegenmacht voranzubringen ist. Die Ausgangslage und die gesamte Handlungskonstellation macht es unmöglich, daß sich die Humanisierung auf rein positivem Wege, durch allmähliche Akkumulation vorweggenommener Elemente einer künftigen solidarisch-kooperativen Vergesellschaftungsform vollzieht. Die sozialistische Bewegung kann – in den Ausdrücken von B. Brecht gesprochen – nicht alle menschliche Freundlichkeit in sich vereinigen, sondern sie lebt hauptsächlich von der Empörung über erfahrene Roheit, und nur ganz partikulär können sich Elemente jener künftigen Solidarität praktisch geltend machen. Dem entspricht die charaktertypologische Komposition der Bewegung. Ein Teil der Anhänger reiht sich in die Bewegung ein, weil sie sich konstitutionell nicht in die antagonistische Konkurrenz-, Ausbeutungs- und Herrschaftsordnung der Klassengesellschaft einfügen; sie müssen eine erhebliche intellektuelle Anstrengung aufbringen, um die notwendige Militanz der Bewegung mitvollziehen oder auch nur mitgehend akzeptieren zu können. Andererseits ist bei solchen, die durch den Unmut über gehemmte Selbstverwirklichung zu sozialistisch-oppositioneller Organisation gedrängt werden, nicht immer auch die Bereitschaft zu solidarisch-egalitärer Vergesellschaftung ausgebildet.

Auf der Ebene der Doktrin reflektiert sich dieser Tatbestand in dem Eingeständnis, daß der sozialistische Humanismus nur als ein revolutionärer und kämpferischer Humanismus möglich ist, als ein negativ durch die Aufhebung bestehender Inhumanität vermittelter und so noch von seinem Gegenteil „infizierter" Humanismus. Der frühe Marx hat diese Problematik bereits recht deutlich gesehen. In der geschichtlichen Realität unseres Jahrhunderts hat sie jedoch eine ungeahnt dramatische Form angenommen. Im Gegenzug gegen die schwerwiegenden Negativa in der humanen Bilanz der russischen Revolution und ihrer Nachfolge-Entwicklungen hat sich der neue „sozialistische Humanismus" als das allgemeine Programm einer weitertreibenden Humanisierung der nachrevolutionären Gesellschaft artikuliert. Er hat bis jetzt aber noch keine praktische Operationsbasis – und wohl ebendarum auch noch keinen angemessenen theoretisch-kategorialen Rahmen – für eine über das bloße Programm hinausgehende Strategie jener Humanisierung gefunden. Es bedürfte vor allem einer entsprechenden praktisch-organisatorischen Konkretion, die in der Übergangsgesellschaft des werdenden Sozialismus ebenso wie im Kapitalismus nur in gruppenmäßigen Formen des Kampfes gegen bürokratisch-oligarchische Machtpositionen bestehen wird. Dergleichen ist praktisch, wie es scheint, jedoch noch kaum möglich. Daher dürfte es denn auch kommen, daß die Proklamation des „sozialistischen Humanismus" bis jetzt weitgehend prinzipiell-allgemein, abstrakt-normativistisch und literarisch-diffus geblieben ist; das Praktisch-Werden in gruppenmäßiger Organisation ist durch ungebrochene Monopole noch verbaut. In manchen seiner Bekundungen erweist sich so der sozialistische Humanismus als ein hilfloser Antistalinismus [32].

Das soziale Substrat eines authentischen sozialistischen Humanismus kann nur im wirklich ausgebildeten Potential an demokratisch-sozialistischen Persönlichkeiten liegen [33]. Es läßt sich durch keine sozialistische politische Praxis und Schulung im Schnellverfahren vergrößern, doch es dürfte überall in der Latenz beträchtlicher sein als es manifest wird. Nun fragt sich, welche praktische Funktion bei der Ausbildung dieses Potentials die Ausarbeitung und Propaganda der humanistischen Doktrin haben kann. A. Schaff bewertet diese Funktion ziemlich hoch: „Die Verbreitung und Entfaltung der Grundsätze des sozialistischen Humanismus hat ... nicht nur Propagandawert, sondern auch – und vielleicht vor allem – *erzieherischen* Wert innerhalb unseres Systems." [34] Insbesondere müsse es, außer um machtkontrollierende Institutionen, um die „Erziehung derer, die Macht ausüben, im Sinne des sozialistischen Humanismus und des Verständnisses der Freiheitsziele des Kommunismus" zu tun sein [35]. Nach allem, was man über die praktische Belanglosigkeit so mancher verbal-ideologischen Subkulturen weiß, ist hier eine strenge kritische Restriktion angezeigt. Einiges spricht dafür, daß bestimmte Manifestationen des erneuerten „sozialistischen Humanismus" nicht einmal die noch unentwickelte, gehemmte Vorform einer praktisch-humanisierenden Bewegung bezeichnen, sondern einfach eine kompensatorische Ideologie. Es bedarf zusätzlicher Kriterien, um die fragwürdigen von den authentischen Formen eines sozialistischen Humanismus zu sondern. Allgemein wäre zu sagen, daß die authenti-

---

[32] In Anlehnung an die Art und Weise, in der W. F. Haug einen „hilflosen Antifaschismus" analysiert hat. Siehe den so betitelten Band der Edition Suhrkamp.

[33] Vgl. die Arbeit des jugoslawischen marxistischen Sozialphilosophen *S. Stojanović*, Kritik und Zukunft des Sozialismus, München 1970. Stojanović zeichnet hier einige Grundlinien einer sozial-charakteriologischen Analyse der kommunistischen Bewegung.

[34] Marx oder Sartre, aaO, S. 134. [35] AaO, S. 152.

schen Formen diejenigen sind, die konkret-gesellschaftskritisch und organisiert-praktisch werden[36]. Dabei könnte es vorkommen, daß die höhere humane Dignität dort anzutreffen ist, wo vom humanen Wesen der eigenen Sache gar kein besonderes Aufheben gemacht wird und auch die theoretische Elaboration der Humanitätsproblematik nicht zur Hochkultur gelangt.

Im Blick auf die westlichen Kritiker der marxistischen Humanitätsauffassung wäre aus dem eben Gesagten eine harte Konsequenz zu ziehen: von der zweifelhaften theoretischen Stichhaltigkeit ihrer Kritik ganz abgesehen, ist sie nicht zuletzt auch pragmatologisch völlig schief angesetzt, indem sie Belangloses einfordert, das sie auch leicht und prompt bekommen kann, damit aber im Grunde nichts gewonnen hat, weil sie den relevanten praktischen Ansatz möglicher Humanisierung gar nicht erreicht.

Wie könnte dann ein authentischer, unaufdringlicher praktischer Humanismus einen angemessenen gedanklichen Ausdruck finden? Ich behaupte: nicht in der lautstarken Proklamation seines Normen- und Wertesystems, nicht in seiner subtilen theoretischen Begründung, welches beides sich dort, wo es wirksam werden könnte, von selbst versteht und überflüssig ist, dort aber, wo es am meisten not täte, wirkungslos bleibt. Dieser angemessene gedankliche Ausdruck könnte in einem ganz schlichten, scheinbar nur deskriptiven Aufweis wirklicher Tatbestände liegen: wie nach Marx ein Schritt wirklicher Bewegung mehr wert ist als hundert Programme, so ist im Bereich praktischer Theorie eine solide sozial-anthropologische Analyse der tatsächlichen humanen Bilanz, des gesamtgesellschaftlichen Distributionsverhältnisses autonomer und heteronomer Tätigkeiten, bedeutsamer als alle Prinzipienerklärungen des sozialistischen Humanismus. Was dann noch zu tun bleibt, führt über das Feld der Theorie hinaus – wie die engagierten Analytiker es anfangen, ihre Befunde in einen praktisch-kommunikativen Diskurs mit denen einzubringen, die von den Humanitätsdefekten am meisten betroffen sind. Auch nach der politischen Ouvertüre des sozialistischen Transformationsprozesses wird die Humanisierung noch für lange Zeit vorwiegend durch die Aktivierung humanisierender Gegenmacht vorankommen.

---

[36] Ich verweise auf meinen Diskussionsbeitrag zur Internationalen Sommerschule Korčula (Jugoslawien), veröffentlicht in: Praxis 1970, 1/2, unter dem Titel: Authentische und problematische Formen des sozialistischen Humanismus.

Die Frage nach dem neuen Menschen in theologischer und marxistischer Anthropologie*

von

ULRICH DUCHROW

Die Frage nach dem neuen Menschen entspringt in den Fundamenten der abendländischen Philosophie- und Theologiegeschichte, genau gesagt: in der Auseinandersetzung des Apostels Paulus mit platonischer Anthropologie in der Gestalt ihrer jüdisch-hellenistischen Auslegung. Auch Marx und der Marxismus stehen in direkten und indirekten Beziehungen zu diesen Traditionen. Darum ist es unerläßlich, den Grundsinn der Frage zu erörtern, ehe man die neuzeitlichen und gegenwärtigen Probleme im richtigen Koordinatensystem verstehen kann. Ich behandle deshalb vor dem Marxismus in einem ersten Teil das Verhältnis der paulinischen zur antiken Anthropologie.

I. Der neue Mensch als der zum Tun des Guten befreite vernünftige Mensch bei Paulus[1]

Paulus spricht in Kap. 7 des Römerbriefs vom Menschen, in welchem Vernunft – auch innerer Mensch genannt –, Wille und Begierden miteinander im Widerstreit liegen. Der so in sich zerstrittene Mensch ist unfähig, das Gute praktisch zu vollbringen, obwohl er es einsieht und will.

V. 15–25:

„Denn was ich vollbringe, erkenne ich nicht; denn nicht, was ich will, das führe ich aus, sondern was ich hasse, das tue ich. Wenn ich aber das tue, was ich nicht will, so

---

* Vortrag vor der Marxismus-Kommission der Evangelischen Studiengemeinschaft am 24. 9. 1969.

[1] Zur Entfaltung der im folgenden vorgetragenen Überlegungen vgl. meine Schrift Christenheit und Weltverantwortung. Traditionsgeschichte und systematische Struktur der Zweireichelehre, Stuttgart 1970, Klett, S. 59 ff.

stimme ich dem Gesetz bei (und erkenne an), daß es gut ist. Nun aber vollbringe nicht mehr ich es, sondern die Sünde, die in mir wohnt. Denn ich weiß, daß in mir, das ist in meinem Fleische, nichts Gutes wohnt. Denn das Wollen ist zwar bei mir vorhanden, das Vollbringen des Guten aber nicht. Denn nicht das Gute, das ich will, tue ich, sondern das Böse, das ich nicht will, das führe ich aus. Wenn ich aber das tue, was ich nicht will, so vollbringe nicht mehr ich es, sondern die Sünde, die in mir wohnt. Ich finde also für mich, der ich das Gute tun will, das Gesetz gültig, daß das Böse bei mir vorhanden ist. Denn nach dem inneren Menschen habe ich Lust an dem Gesetz Gottes; ich sehe aber ein andres Gesetz in meinen Gliedern, das dem Gesetz meiner Vernunft (Nus) widerstreitet und mich zum Gefangenen des Gesetzes der Sünde macht, das in meinen Gliedern ist. Also diene ich nun selbst mit meiner Vernunft (Nus) dem Gesetz Gottes, mit dem Fleisch aber dem Gesetz der Sünde. Ich elender Mensch! Wer wird mich erlösen von diesem Leibe des Todes? Dank sei Gott durch Jesus Christus, unseren Herrn."

Hinter diesen Sätzen steht indirekt das Gleichnis vom inneren Menschen, mit dem Platon das Ergebnis seiner Politeia am Schluß des VIII. Buches zusammenfaßt (588 b 10 ff.). Platon spricht hier davon, daß in der äußeren Menschengestalt ein Dreifaches enthalten ist. Ein vielfältiges Tierhaftes mit vielen Köpfen zahmer und wilder Tiere, ein Löwenhaftes und ein Menschliches. Dieses letztere nennt er ὁ ἐντὸς ἄνθρωπος, den inneren Menschen (589 a 7 f.). Das Gleichnis besagt, daß im menschlichen Körper eine Seele wirkt, in der sich Begehrungsvermögen (ἐπιθυμητικόν), etwas Mutiges, Kriegerisches, später Wille genannt (θυμοειδές), und das Denkvermögen (λογιστικόν) als das eigentlich Menschliche, ja Göttliche (589 d 1; e 4) unterscheiden lassen. Betrachtet man den Ort, den das Gleichnis im Aufbau der Politeia einnimmt, so wird seine fundamentale Bedeutung sichtbar. Am Schluß von Buch IX wird mit seiner Hilfe nämlich die in Buch II gestellte Hauptfrage des ganzen Werkes abschließend beantwortet, ob es dem Menschen zuträglicher sei, Unrecht zu tun – wie die Sophisten behaupten – oder aber Gerechtigkeit zu üben – wie es die Gesetze der Polis voraussetzen und wie es Platon aus dem Wesen des Menschen, des politischen Zusammenlebens, ja des ganzen Kosmos nachzuweisen unternimmt, um die Krise der griechischen Polis zu überwinden. In diesem Gleichnis ist also nicht mehr und nicht weniger als die gesamte platonische Philosophie versammelt. Diese hier voll zu entwickeln, ist unmöglich. Ich beschränke mich auf den wichtigsten Hintergrund aus der Politeia.

Gerechtigkeit, so wird zunächst am größeren und darum deutlicheren Modell der Polis exemplifiziert, herrscht, wenn jeder nur Eines, nämlich das seiner Naturanlage (φύσις) Angemessene, und nicht vielerlei tut

(433 a 5 ff.). Platon hatte vorher (427 e 10 ff.) drei Gruppen oder Stände von Menschen unterschieden und sie mit den drei „Kardinaltugenden" Weisheit (σοφία), Tapferkeit (ἀνδρεία) und Besonnenheit (σωφροσύνη) parallelisiert. Dazu war er genötigt, weil er nachweisen mußte, daß die von ihm (369–427) entworfene Struktur der Polis gut sei (427 e 6 f.). Die Bestheit zeigt sich aber, wie gesagt, für Platon in der Arete. Weise nennt er besonders die Herrscher oder Wächter. Sie sind die rechten Herrscher, weil sie mit der Idee des Guten auch das Beste für das Ganze der Polis kennen. Tapfer sind die Krieger, als Gehilfen der herrschenden Wächter. Besonnen nennt er die Polis im ganzen, wenn die Menschen des dritten Standes, d. h. die um der elementaren Bedürfnisse willen mit Geld beschäftigten Gewerbetreibenden, aber auch die einfach nach Lust und Unlust reagierenden Unfreien sich gutwillig beherrschen lassen, und die Herrschenden so herrschen, daß sich die Beherrschten beherrschen lassen. So ist Besonnenheit eine Art Harmonie. Über all diesen ἀρεταί steht die Gerechtigkeit; denn sie ermöglicht jene anderen überhaupt und gibt ihnen Bestand (σωτηρία, 433 b 7 ff.). Wenn nämlich die einzelnen „Stände" nicht das Ihre tun und sich statt dessen gegeneinander auflehnen, trägt aus diesem Aufruhr das Ganze und jeder Teil des Ganzen Schaden davon.

Diese Bestimmung der Gerechtigkeit muß sich nun am einzelnen Menschen bewähren (434 e 3 ff.). Dazu bedarf es des Aufweises verschiedener „Teile" im Innern des Menschen; denn nur in einer gegliederten Ganzheit kann die gefundene Definition der Gerechtigkeit stimmen. Platon weist deshalb nach, daß sich in der Seele des einzelnen ebenfalls das führende Denkvermögen (λογιστικόν oder φιλομαθές) findet, das Gefolgschaft leistende kriegerische Vermögen (Mut, Wille, θυμοειδές) und schließlich das Begehrungsvermögen, auch das geldliebende (weil Lust bereitende) genannt (ἐπιθυμητικόν oder φιλοχρήματον), welches von den beiden höheren überwacht werden muß. Da aber allen diesen Seelenfunktionen dieselben Aretai – Weisheit, Tapferkeit, Besonnenheit – zukommen wie den Ständen der Polis, muß auch die Gerechtigkeit die gleiche Bestimmung haben wie dort. Das heißt, gerecht ist der Mensch, in dem jeder Seelenteil das Seine tut. Diese Gerechtigkeit aber ermöglicht die anderen ἀρεταί und schafft so der Seele eine Einheit und Stärke, die der Gesundheit des Körpers analog ist (444 c 5). Als „Ordnung und Proportion einer Pluralität von Teilen" und damit „als Prinzip der Ganzheit ist sie die Einheit in der Vielheit" und so die seinsbegründende Arete der Seele selbst. Damit ist die Schlußantwort des Dialogs schon vorweggenommen: Wenn die Gerechtigkeit die Bedingung des gesunden, kräftigen Seins der Polis und der Seele ist, müssen diese in solchem Zustand auch glücklich sein. Umgekehrt zerstört die Ungerechtigkeit durch inneren Zwist und Krankheit das Glück ihrer Träger.

Das entfaltet Platon nun aber noch an verschiedenen Verfassungsformen (πολιτεῖαι) der Polis und der Seele. Die Gerechtigkeit hat nur eine Verfassungsform. Es ist die Herrschaftsordnung unter den Philosophenkönigen (Buch V–VII). Es handelt sich aber hier nicht um eine Zukunftsutopie oder die Beschreibung einer vorhandenen Verfassung, sondern um den Aufweis der seinsstiftenden Struktur jeder Verfassung. Soweit sich eine Verfassung an dieses Modell der wahren und besten Verfassung annähert, *ist* sie, hat sie Bestand (592). Je mehr sich eine konkrete Verfassung von ihm entfernt, verfällt sie, nimmt sie an Sein, Kraft, Gesundheit, Bestheit, Wahrheit und damit Eudaimonie ab. Kantisch gesprochen, handelt es sich bei diesem Modell um eine *regulative* Idee. Der einen Verfassung des besten ideellen Gefüges (ἕν εἶδος τῆς ἀρετῆς) stehen unzählige das Beste verfehlende gegenüber (ἄπειρα τῆς κακίας). Von ihnen greift Platon vier prototypisch heraus und schildert ihre Auswirkungen in Polis und Seele (Buch VIII–IX):

1. die Timokratie, in der das θυμοειδές in Form des kriegerischen Ehrgeizes herrscht; 2. die Oligarchie, in der die Gier (ἐπιθυμία) nach Geld herrschen will und nur noch der Geiz die niederen Begierden unter der Herrschaft der edleren hält; 3. die Demokratie, in der unter dem Titel der Freiheit das Streben nach Reichtum unbegrenzt ist, dadurch die entbehrlichen über die unentbehrlichen Triebe siegen und jeder Genuß als gleich wertvoll gilt; 4. die Tyrannis, die ungerechteste und darum aber auch die unglücklichste Form; denn hier herrschen nun die entbehrlichen *Triebe* unter Führung des Tyrannen Eros und *versklaven ihren Träger*, so daß er nicht mehr tun kann, was er vielleicht vernünftigerweise will. Zusammenfassend steht also der die Einheit verwirklichenden Harmonie, Freundschaft (φιλία), Ordnung (κόσμος, τάξις) und Einklang (συμφωνία) der gerechten Verfassungsform zunehmender innerer Zwist (στάσις) und daraus folgende Krankheit und Schwäche gegenüber. Weitere Beweise dafür, daß der königlich Herrschende der Glücklichste, der versklavte Tyrann der Unglücklichste ist, führt Platon so: wenn es drei Arten von Lust (ἡδονή) entsprechend den drei Seelenvermögen gibt, so hat sicher der wahrheitsliebende Philosoph die größte Erfahrung und Erkenntnis aller dieser Arten von Lust. Darüber hinaus

ist aber nur die Erkenntnis wahre Lust, da sich alle anderen Strebungen über ihre Lust täuschen können. Erst auf dem Grund der Wahrheitserkenntnis können auch alle anderen Lüste angemessen integriert werden (586/587).

Alle hiermit erreichten Beweisführungen werden schließlich im Gleichnis vom Menschen im Menschen zusammengefaßt. Die These, Unrechttun sei vorteilhaft für den Menschen, hieße in diesem Bilde (588 e 3 ff.), es sei vorteilhaft, das vielgestaltige Tier (das Triebhafte) und das Löwenartige (das Muthafte) großzuziehen und zu kräftigen, den Menschen (das Vernunfthafte) aber kraftlos werden und ziehen zu lassen, wohin die anderen wollen. Das würde aber bedeuten, der Mensch im Menschen solle seine naturgemäße Aufgabe, alle Seelenteile miteinander auszusöhnen und gegenseitig zu befreunden, aufgeben und zusehen, wie sich Begehrungsvermögen und Wille einander anfallen und im Kampf zerstören.

„Wer dagegen Gerechtes für vorteilhaft erklärt, behauptet damit zugleich, daß es notwendig sei, so zu handeln und im Dialog zu denken, daß der innere Mensch des Menschen möglichst stark wird und wie ein Landmann für das vielköpfige Tier sorgt – und zwar so, daß er die zahmen (Tiere = Triebe) züchtet und veredelt, die wilden aber am Wachstum hindert. Dabei wird er sich die Natur des Löwen (d. i. den mutigen Willen) zum Mitkämpfer machen und für die Gemeinschaft aller (Seelenteile) sorgen, indem er die beiden (tierhaften Teile) untereinander und mit sich selbst befreundet, und so der Pfleger sein." (589 a 6 ff.)

Es ist im Blick auf den paulinischen Text Rö 7 wichtig zu sehen, welche Konsequenzen dieses Ergebnis für die Art hat, wie die ursprünglichen Gegner der platonischen These von solcher Erkenntnis überzeugt werden sollen. Das ständig schon im vorangegangenen Dialog verwandte Stichwort für die Umstimmung ist πείϑεσϑαι, überzeugen, und zwar „mit Güte" (πρᾴως; 589 c 6). Denn – an dieser bedeutsamen Stelle wird der berühmte sokratische Satz zitiert –: „niemand tut freiwillig das Unrechte (Falsche)". Es beruht nämlich auf einer nachweisbaren Täuschung zu meinen, Ungerechtigkeit, also das Schlechte zu tun, sei vorteilhaft. Das hieße, daß das Gebändigte unter die zerstörerische Sklaverei des Wilden geriete, das heißt, Wille (Mut) und Vernunft unfrei würden. Dagegen läßt sich überzeugend deutlich machen (590 c 8 bis 591 a 2), daß das Sklavesein unter dem Besten (d. h. dem inneren Menschen) nicht Schaden, sondern Nutzen bringt. Denn dieses Beste vermittelt das Vernünftige (φρόνιμον), das heißt aber göttliche Proportion, Einheit in die Seele und macht sie so nicht nur mit sich selbst (vgl. 589 b 4 f.), sondern nach Möglichkeit mit allen anderen Menschen unter Herrschaft dieses zuträglichen Guten eins und befreundet.

Hier ist die Grundlegung der platonischen Erkenntnis zusammengefaßt, daß die Vernunft mit der Erkenntnis der seinsstiftenden, wahren und guten Einheit nicht nur die Seele, sondern auch die Seelen untereinander eint, in der später vorherrschenden Terminologie gesprochen: Frieden stiftet und Frieden erhält.

Das dem platonischen Gleichnis vom inneren Menschen zugrunde liegende Relationsgefüge der drei Seelenbewegungen (Vernunft, muthafter Wille, Affekte), auf dessen eigene religionsgeschichtliche Wurzeln ich hier nicht eingehen kann, hat die künftige abendländische Anthropologie grundlegend bestimmt. Für das Verständnis von Paulus ist es wichtig, daß stoische Philosophen das Gleichnis von Platon übernehmen, neu interpretieren und in dieser Form dann an hellenistische Juden in der Art Philons von Alexandrien weitergeben. Das Charakteristikum der Abänderung ist, daß einerseits der Dualismus zwischen Vernunft und Affekten verstärkt wird, andererseits im Gegensatz zu Platon angenommen wird, es sei möglich, die Vernunft wirklich von den leibbezogenen Affekten zu lösen. Der erste Aspekt führt dazu, daß in der Seele nicht mehr alle Strebungen in sich befreundet werden, sondern die Leidenschaften gewaltsam unterdrückt oder gar „ausgerottet“ werden sollen (was übrigens entsprechende Konsequenzen im Miteinander der verschiedenen Bürgergruppen im Gemeinwesen haben kann). Der zweite Gesichtspunkt führt zur Annahme, es könne wirkliche „Weise“ geben, während Platon nur Weisheitsliebende kennt. Auch seine Philosophenkönige können sich als Sterbliche nie ganz aus der Affektgebundenheit lösen. Die Vernunft kann nur immer „soweit wie möglich“ (ὡς δύνατον) in den somatischen Bezügen regieren.

Wie steht nun *Paulus* zu diesen Traditionen? Er knüpft in Rö 7 offenbar an die platonisch-hellenistisch-jüdische Beschreibung der tyrannischen Seelen- und Polisverfassung an, in der die Begierden herrschen und damit Vernunft und Willen unfrei machen, so daß das Tun des Guten verhindert wird. Worin liegt das Besondere der paulinischen Position? Zur Beantwortung dieser Frage muß man den Kontext der gelesenen Verse im Römerbrief beachten. Sie stehen im Zusammenhang der Auseinandersetzung um das Gesetz Gottes, das mit dem Guten (ἀγαθόν) identifiziert wird. Philon oder ein ähnliches Judentum, gegen das Paulus hier polemisiert, hatte im Anschluß an stoische Vorbilder die Meinung vertreten, Gott fordere nichts Schweres, sondern Leichtes, man müsse dem Gesetz, dem Guten nur zustimmen (Philon, De specialibus legibus I, 299–302). Paulus dagegen hält zwar fest – und genau dazu sind die Verse 7–25 geschrieben –, daß Gottes Wille auf das Gute, das für die Welt Heilvolle zielt. Aber er sieht in dem, was die Philosophen als Gefangenschaft des Menschen unter die täuschenden Begierden als verfehlte Seelenverfassung beschreiben, etwas Tieferes, Unentrinnbareres am Werk: das, was er mit dem gleichen griechischen Wort wie Verfehlung, nämlich ἁμαρτία ausdrückt, das wir mit dem Wort Sünde zu übersetzen gewohnt sind. Angesichts dieses grundsätzlichen Beherrschtseins, das im einzelnen noch analysiert werden muß, sieht er, daß das Gesetz, die Erkenntnis des Guten, als reine Forderung nur tiefer in das fehlgeleitete Begehren hineinführt (Rö 7, 7–12).

Diesen Sachverhalt beschreibt Paulus in Anlehnung an apokalyptische Vorbilder als den Unheilszusammenhang der gesamten alten Menschheit, der Adamsmenschheit (Rö 1, 18 – 3, 20; Rö 5, 12 ff.). Die sogenannte Apokalyptik ist eine Mischung aus den verschiedensten alttestamentlichen und auch außerisraelitischen, zumal iranischen Traditionen, die unter dem Druck der Religionsverfolgung unter Antiochos Epiphanes IV. ca. 167 v. Chr. entstand. Nach der Erfahrung dieser Traditionen hielt der Verlauf der bisherigen Geschichte dem Gericht Gottes so wenig stand, daß man überzeugt war, dieser werde die ganze Weltzeit als alten Äon beenden und einen neuen Gesamtlebenszusammenhang schaffen. Paulus nun verkündet, daß diese neue Schöpfung Gottes mit den Ereignissen um Jesus Christus begonnen habe und sich in den vom Christusgeist erfaßten Menschen – wenn auch noch zeichenhaft und erst in einer von Gott bestimmten Zukunft vollendet – ausbreite. Aus der Fülle der hiermit verbundenen Vorstellungen können uns jetzt nur die Konsequenzen für die Anthropologie beschäftigen.

Zunächst muß man genau bestimmen, worauf sich das Bewußtsein des totalen Scheiterns und der entsprechenden Erneuerung eigentlich bezieht. Bedeutet es, daß der Mensch, der nicht zur neuen Christusmenschheit gehört, überhaupt keine Verwirklichung des Guten vollbringen kann? Das ist offenbar nicht gemeint; denn Paulus kennt die griechische Anschauung vom ungeschriebenen, in die Herzen eingeschriebenen Gesetz, wonach einzelne gute Werke durchaus von allen Menschen, auch von Heiden vollbracht werden (Rö 2, 12). Ebenso ist er der Meinung, daß im politischen Gemeinwesen – um der Selbsterhaltung der Gesellschaft willen – gute Werke gefördert und böse Werke geahndet werden (Rö 13, 3–5). In Rö 7 geht es ihm um einen anderen

Aspekt, nämlich um die Totalität, um die Einheit des Menschen, der Menschheit angesichts der Forderung des Guten. In dieser Perspektive gibt er sich nicht zufrieden mit der platonischen Auskunft, man müsse das Gute „soweit wie möglich" verwirklichen, aber auch nicht mit der angeblichen Welt- und Leibdistanz einiger stoischer Weiser oder der Behauptung eines leicht erfüllbaren Gesetzes. Beim Nachdenken über die Frage, wieso das Volk Israel und die einzelnen immer wieder an Jahwes Willen im Ganzen scheiterten, kamen schon Jeremia und Hesekiel zu der Anschauung, daß das menschliche Personzentrum gestört sein müsse. Entsprechend erhofften sie von Gottes neuem Heilshandeln ein „neues Herz" für den Menschen, ein bewegliches Herz, das auf die an es ergehenden Aufrufe zum Guten flexibel reagiert. Diese Perspektive wählt auch Paulus: wenn jemand sich einläßt auf den Maßstab des Gesetzes, des Guten, so muß er es ganz tun (Gal 5, 3). Denn Gott will das volle Gute für seine Schöpfung. In Rö 7 handelt es sich also um den Menschen, sofern sein Tun als Ganzheit an Gottes Gesetz, dem für Welt und Mensch Guten, gemessen wird. Die Pointe liegt aber gerade darin, an diesem Scheitern zu zeigen, daß der Mensch seine Ganzheit und die Ganzheit des Guten überhaupt nicht auf dem Wege der Taten gewinnt, sondern daß er umgekehrt seine Befreiung zum Tun des Guten aus der Annahme von Taten Gottes, also aus ihm nicht verfügbaren Vorgaben empfängt. Wie ist das inhaltlich zu verstehen?

Gott ist bei Paulus erfahren und verkündigt als der, „der das Nichtseiende ruft, daß es sei" (Rö 4, 17), das heißt, als souveräner, weltunabhängiger Schöpfer, nicht dagegen als Prinzip einer sich selbst bewegenden und reproduzierenden Natur wie in der griechischen Philosophie. Der Mensch versucht sich seiner Kreatürlichkeit, die aus seinem Verhältnis zu jenem schöpferischen Gott resultiert, auf zweierlei Weise zu entziehen. Einmal, indem er die Welt für das letztlich Begründende und Gegründete ansieht. Gerade durch diese Verwechslung von Schöpfer und Schöpfung, so sagt Paulus Rö 1, 18 ff., verfällt er aber seinen Begierden. Denn er sucht nun seine Selbstbegründung in der Welt und bei den anderen Menschen, kommt aber dadurch selbst nicht zum Ziel und mißbraucht überdies die anderen Geschöpfe. In dieser von Begierden beherrschten Situation versucht der Mensch aber zweitens – und hier hat Paulus besonders den Gesetzesjuden im Auge –, das in Christus sichtbar gewordene Angebot Gottes auszuschlagen, ohne eigene Leistung aus der Vorgabe und Vergebung als erneuertes Geschöpf zu leben. In dieser Hinsicht sucht der Mensch also seine Selbstverwirklichung nicht außer sich in der Welt, sondern durch sich selbst. Aber so verstrickt er sich nur mehr in die ihn täuschenden Begierden, weil er in allen Aufgaben kurzsichtig auch oder ausschließlich sein Selbst sucht.

Wer umgekehrt mit Christus sein Selbst preisgibt und so Gottes Schöpfermacht und seine eigene Kreatürlichkeit akzeptiert – das nennt Paulus „Glauben" –, der wird frei von sich, von den Begierden der Selbstbegründung und frei für das Tun des für die Mitmenschen und die gesamte Welt Guten; frei für das Gute, dem auch die Vernunft zustimmen muß. Die Leidenschaften zur Selbstbegründung verwandeln sich so in die Mit-Leidenschaften für den Nächsten. So entsteht die neue, freie Menschheit aus dem Geist der Liebe. Hierbei ist es grundlegend, daß ein Mensch dieser neuen Christussozietät sich vor der endzeitlichen Vollendung nie als Vollkommener weiß. An ihm ist noch nicht das neue Leben Christi sichtbar, sondern nur der Tod, das Sterben, der Schmerz, die Leiden. Das Leben mag schon an anderen Menschen sichtbar werden, für die man leidet (2 Ko 4, 12), aber das eigene Leben ist Hoffnung, gewisse Hoffnung freilich durch den Vorausgang Jesu (Rö 6, 4 ff.). Der Nachfolger Christi bleibt ein Seufzender mit aller leidenden Kreatur (Rö 8), weil er gerade durch die Behauptung der Vollendung aus eigener Macht sich und die Mitwelt pervertieren würde[2]. Paulus behauptet, daß Freiheit nicht mit dem inneren Menschen, der Vernunft, gegeben ist, sondern daß sie zunächst als unlösbare Aufgabe begegnet, dagegen nur verwirklicht werden kann aufgrund der Annahme von Vorgaben Gottes. Der neue Mensch ist also der (zunächst anfangsweise) auf der Basis des Sich-Verdankens befreite Mensch.

Die beginnende Befreiung zum Tun des Vernünftigen in der Welt, die eine Folge aus dem Sich-selbst-Empfangen vor Gott ist, beschreibt Paulus vor allem in den Kapiteln 12–13 des Römerbriefs. Diese sind ein Aufruf an die Christen, in der eschatologischen Spannung zwischen Geschenk und Vollendung die Erneuerung oder die Befreiung der Vernunft bis in die leiblichen Bezüge des alltäglichen Lebens vordringen zu lassen – in das Verhalten der Christen untereinander und zu allen Menschen, wobei Frieden und Versöhnung gemäß dem an Christus sichtbar

---

[2] Zur Bedeutung des Leidens für die Menschlichkeit des Menschen vgl. *H. E. Tödt*, Das christliche Verständnis vom Menschen im gegenwärtigen sozialen Umbruch, in: ZEE 12, 1968, S. 333 ff.; *G. Picht*, Mut zur Utopie, Stuttgart 1969, S. 151 f.; *K. Marx*, Ökonomisch-philosophische Manuskripte aus dem Jahre 1844, in: Karl Marx, Friedrich Engels, Werke (MEW), Ergänzungsband, 1. Teil, Berlin 1968, S. 540.

gewordenen Verhalten Gottes im Zentrum stehen. Paulus schreibt Rö 12, 1–2:

„So rufe ich euch nun auf, Brüder, aufgrund der Erbarmungen Gottes, eure Leiber bereitzustellen zum lebendigen, heiligen, Gott wohlgefälligen Opfer – das sei euer vernünftiger Gottesdienst. Und nehmt nicht die Gestalt dieses (erg. des alten) Äon an, sondern laßt euch verwandeln durch die Erneuerung eurer Vernunft, damit ihr prüft, was der Wille Gottes sei: das Gute, Wohlgefällige und Vollkommene."

Wichtig ist daran, daß nach Paulus im Weltbezug der Christen das wahrhaft Vernünftige verwirklicht werden soll. So faßt er auch seine gesamten Aufrufe in Rö 13, 8–10, zusammen in der Behauptung, daß die Liebe des Gesetzes, also des Guten, des Agathon Erfüllung ist. So kann er an anderen Stellen zum Tun des allgemein als gut usw. Anerkannten aufrufen (Phil 4, 8: „Im übrigen, ihr Brüder, allem, was wahr, was ehrbar, was gerecht, was rein, was liebenswert, was angenehm ist, wenn es irgendeine Arete und wenn es irgendein Lob(würdiges) gibt, dem denket nach."). Auch übernimmt er vielfach ethisches Gut der griechischen Antike und sonstigen Umwelt und faßt das alles in dem Satz zusammen: „Alles aber prüfet, das Gute behaltet" (1 Thess 5, 21). Das Medium der kritischen Prüfung ist die befreite Vernunft oder, anders ausgedrückt, die das Gute sehende, wollende und vollbringende Liebe.

Im Blick auf die spätere Entwicklung können hier nur einige Probleme genannt werden. Paulus macht entsprechend der Erwartung der baldigen Wiederkunft Christi und der beschränkten Stellung der Christen im öffentlichen Gemeinwesen nur eine einzige ausführliche Bemerkung über die Realisierung dieser vernünftigen Liebe in den politischen Strukturen, nämlich in Rö 13, 1–7, stellt diesen Abschnitt aber immerhin unter den allgemeinen Satz, daß man jedem gegenüber in Liebe Schuldigkeiten erfüllen soll[3]. Als Beispiel nennt er an jener berühmt-berüchtigten Stelle nur den bewußten Einsatz für die Gerechtigkeit im Gemeinwesen und ehrliches Verhalten in Steuerfragen. Das Problem, wie die vernünftige Liebe sich in den gesellschaftlich-politischen Strukturen manifestiert, ist von der Christenheit mit zunehmender öffentlicher Verantwortung laufend weiter bedacht – manchmal freilich beschämend falsch gelöst oder aber verdrängt worden. Diese kritische Einsicht ist methodisch konstitutiv wichtig für ein Gespräch zwischen Christen und Marxisten. Denn es geht nicht an, bei der eigenen Seite nur die gute Absicht zu werten, bei der Gegenseite aber die Unzulänglichkeiten der Praxis gegen

[3] Vgl. zu diesem Text die ausführlichen Analysen in Christenheit und Weltverantwortung, aaO, S. 137 ff.

den Ansatz im Ganzen auszuspielen. Vielmehr muß in beiden Fällen gefragt werden, wie Verkehrungen in der Praxis sich zum Ansatz in der Theorie verhalten. Von daher läßt sich eine Entwicklung in der Kirchengeschichte klar als Perversion des christlichen Grundansatzes erkennen, nämlich die, die darauf zielt, im dogmatischen Bewußtsein der Wahrheit de facto die partikulären Gruppeninteressen einer kirchlichen Hierarchie und einer damit kollaborierenden gesellschaftlichen Herrschaftsclique durchzusetzen, wie es nicht nur im Mittelalter, sondern immer wieder bis heute zu beobachten ist. Denn konstitutiv für den christlichen Ansatz ist es, das kurzsichtige Eigeninteresse im Dienst an den Nächsten zurückzustellen und ständig der eigenen Fehlbarkeit und Angewiesenheit auf Erneuerung bewußt zu sein.

Etwas komplizierter liegt das Problem der angeblich schwachen politischen Bezogenheit des christlichen Glaubens. Hier haben zeitgeschichtliche Besonderheiten der neutestamentlichen und spätantiken Umwelt später, zum Beispiel im Mönchtum oder in gewissen Schichten des Bürgertums im 19. Jahrhundert, zu weltflüchtigen Tendenzen geführt. Eine genaue hermeneutische Analyse, besonders der Verkündigung Jesu und Pauli, zeigt aber m. E., daß die Christen theologisch im Recht waren, die in einem intensiven Gottesverhältnis gerade ein intensives Verhältnis zur Welt begründet sahen. Eine gewisse Schlüsselstellung in dieser Frage nimmt Luther ein, der – anknüpfend an das Mittelalter, aber dessen „klerikalistische" Tendenzen vermeidend – alle gesellschaftlichen Berufe und politischen Institutionen vom gegenseitigen menschlichen Dienst her interpretiert und entsprechend bestehende oder neu entstehende kritisch prüft oder entwickeln hilft[4]. Im Blick auf die Marxismus-Diskussion ist zum Beispiel interessant, daß er von dieser Position aus den entstehenden Monopolkapitalismus als schädlich für das Gemeinwohl scharf kritisiert und Maßnahmen zu einer öffentlichen Wirtschaftssteuerung erwägt (Von Kaufshandlung und Wucher). Darüber hinaus scheint mir evident, daß es gerade dieses Feld der menschlichen Durchdringung der gesellschaftlich-politischen Institutionen ist, in welchem die Christenheit vom Marxismus – jedenfalls in der Problemstellung – vor allem lernen kann und muß.

Weiter soll noch kurz darauf hingewiesen werden, daß in der Kirchengeschichte das Verhältnis der Feindesliebe nach der Bergpredigt und die Anwendung von Gewalt in politischen Institutionen von dem

[4] Vgl. Christenheit und Weltverantwortung, aaO, S. 435 ff.

Zusammenhang zwischen Vernunft und Liebe her zum Problem wird. Ich komme später darauf zurück.

Bis hierhin kann man das Gesagte folgendermaßen zusammenfassen. Die Erfahrung des Widerstreits zwischen Erkennen, Wollen und Vollbringen, die übrigens zuerst wahrscheinlich von den antiken Tragikern ausgesprochen wurde, wird von den Griechen, Juden und Paulus verschieden verarbeitet. Platon erwartet von einer Anzahl von Menschen eine „soweit wie mögliche" Herauslösung des inneren Menschen, des Nus, aus den kurzfristigen Interessen der leibbezogenen Begierden und eine „soweit wie mögliche" Befreundung der eigenen Affekte und der affektgebundenen Menge mit dem so erkannten Guten.

Philon erwartet mit der Stoa eine totale Loslösung der Weisen von den Affekten und der Menge, und zwar durch Zustimmung und Befolgen des Gesetzes – bei ihm als Juden hilft immerhin Gott dem Tüchtigen.

Paulus sieht den Grund der Gefangenschaft der Vernunft unter die Begierden im verkehrten Gottesverhältnis. Weltdistanz ist nur möglich aufgrund der Beziehung zum weltunabhängigen Gott – auch Platons Gott ist, obwohl jenseits „des Seins" (ἐπέκεινα τῆς οὐσίας), die Einheit des bestehenden Kosmos. Aber dieser weltunabhängige Gott fordert nicht Leistung zur Selbstbegründung des Menschen, sondern er gibt und vergibt den Menschen. Gerade so werden sie frei zum Tun des für die Mitwelt Guten, werden sie neue Menschen mit befreiter Vernunft. Paulus sieht also die Menschen in einer Doppelrelation mit gegensätzlicher Struktur stehen. Einerseits sind sie mit dem Universum in ihrer Existenz als Ganze angewiesen auf Vorgaben. Andererseits sind sie zur Tätigkeit aufgerufen und befreit gegenüber der bedürftigen Mitkreatur. Wie sehr Gott in dieser Beziehung Werke, Verwirklichung durch den Menschen will, dokumentiert Paulus, indem er neben dem Gericht über das Selbst, über die Person der Menschen auch ein Gericht nach den Werken kennt – das, was wir heute unter gänzlich veränderten neuzeitlichen Bedingungen Weltverantwortung nennen. Obwohl Paulus auch bestimmte dualistische popularphilosophische Anschauungen rezipiert, konkurrieren also bei ihm Gottesverhältnis und Weltverhältnis nicht wie in manchen spätantiken und mittelalterlichen Konzeptionen, in denen die Zuwendung zu Gott Abwendung von der Welt bedeutet, sondern beide gehören komplementär zueinander: das Sichselbstempfangen befreit die erneuerte Vernunft zur Verwirklichung des Guten in der Welt – ein Aspekt, der besonders bei Luther ausgeweitet wird zur umfassenden Vorstellung der Mitarbeiterschaft des Menschen mit Gott bei der Gestaltung der Schöpfung. Hierauf ist später zurückzukommen.

II. Schafft der Mensch durch Aufhebung des Privateigentums oder überhaupt durch Aktion die neue Menschheit?

Es ist unmöglich, hier alle verschlungenen Wege aufzudecken, welche die geschilderten antiken und paulinischen Entwürfe bis hin zu Marx durchgemacht haben. Zwei Linien wären vor allem nachzuzeichnen.

Zunächst die Geschichte des Problems des freien und unfreien Willens im Verhältnis zur Vernunft. Hier wäre vor allem bei Augustin, der mittelalterlichen und reformatorischen Theologie einzusetzen und deren direkte und indirekte Einwirkungen auf Kant und den deutschen Idealismus zu untersuchen, die gerade an dieser Stelle die Fundamente der griechischen Ontologie überholen. Wie stark Marx sowohl direkt mit den Griechen als auch mit der nachchristlichen abendländischen Philosophie zusammenhängt, ist durch seine Dissertation über die nachklassische griechische Philosophie einerseits und seine Abhängigkeit vor allem von Hegel und Fichte andererseits wohl bekannt. Die andere Linie betrifft die Eschatologie und Geschichtsphilosophie. An die Stelle der relativen Selbstregulierung der Polis durch den inneren Menschen, die Vernunft, in einem kreisenden Kosmos tritt bei Paulus die Hoffnung und anfangsweise Verwirklichung einer qualitativ neuen, aus Empfangen zur vernünftigen Praxis des Guten befreiten Menschheit in einer in Zusammenhang damit und als Folge davon erneuerten Gesamtwelt. Diese eschatologische Perspektive wird seit Joachim von Fiore im späten Mittelalter zunehmend zu einem Selbstverwirklichungsprogramm der Menschheit säkularisiert[5]. Die Emanzipation, die ursprünglich konstitutiv mit schöpferischem Handeln Gottes und Empfangen auf Seite des Menschen in dessen einer Dimension verknüpft war, wird dadurch zu einem durch die Menschen als Gattungssubjekt herzustellenden Ziel, wobei freilich dieses Gattungssubjekt von Hegel, Fichte, Marx u. a. jeweils anders interpretiert wird. (Etwas anders sieht diese Frage Kant, der die Endlichkeit der menschlichen Vernunft fest-

---

[5] Vgl. *W. Kamlah,* Apokalypsen und Geschichtsphilosophie. Die mittelalterliche Auslegung der Apokalypse vor Joachim von Fiore, Historische Studien, 285, Berlin 1935, S. 117.

hält, indem er den grundsätzlich postulativen Charakter des freien Reiches der Tugend aufweist.)

Auf folgendem Wege möchte ich nun prüfen, wieweit Marxens Programm der Emanzipation der an die Entfremdung verfallenden Menschheit tragfähig ist und welche veränderte Situation sich möglicherweise durch neue geschichtliche Erfahrungen und philosophische Erkenntnisse ergibt. Ich gehe aus von Augustins drei Dimensionen, in denen er die Gefangenschaft der alten und die Befreiung der neuen Menschheit entfaltet, will mich dann aber vorwiegend auf die erste der drei beziehen, obwohl alle in unlösbarer Verflechtung zu sehen sind. Augustin stellt gegenüber: 1. superbia (d. i. falsche, weil hochmütige Selbsteinschätzung) und humilitas (realistische Selbsteinschätzung aus dem Bewußtsein der eigenen Endlichkeit, Fehlbarkeit und Angewiesenheit heraus); 2. curiositas (Neugierwissen) und sapientia (Weisheit); 3. cupido oder concupiscentia (Sucht nach Gütern) und caritas (Liebe).

Bei Marx spielt zweifellos die *3. Ebene*, die *der elementaren Bedürfnisse*, die man durch Güter oder andere Menschen, vor allem das andere Geschlecht, befriedigen kann, die Hauptrolle. Er beschreibt sie unter dem großen Problemkomplex der gesellschaftlichen Arbeit. Hier wären alle Fragen zu behandeln, die mit der entfremdeten Arbeit zusammenhängen. Marx erhofft die Aufhebung dieser Entfremdung, die er mit der Aufhebung des Privateigentums und der Aufhebung der damit identischen Arbeitsteilung in konstitutiven Zusammenhang bringt, vor allem durch zweierlei: a) durch unerträglichen Druck der Eigentumslosigkeit der Masse der Menschheit, b) durch eine solche Steigerung der gesellschaftlichen Produktivkräfte, daß der elementare Mangel beseitigt wird, da sonst auch bei Aufhebung des Privateigentums „die ganze alte Scheiße" von vorn begänne [6]. Diese Fragen sind so relativ oft behandelt [7] und auch viel zu weitläufig, als daß ich sie jetzt wieder ausbreiten müßte oder könnte. Ich setze einfach einmal voraus, daß in Marxens Thesen ein rationaler, verifizierbarer Kern steckt, ohne jetzt die Argumente dafür und dagegen im einzelnen abzuwägen. Die Steigerung der Produktivkräfte zur Beseitigung des elementaren Mangels in der Menschheit und die Reduzierung der materiellen Arbeit zur Stillung dieses Mangels auf einen Grenzwert sind zweifellos keine Utopie im land-

[6] *K. Marx*, Deutsche Ideologie, in: MEW, Bd. 3, Berlin 1962, S. 35.

[7] Vgl. vor allem *H. Popitz*, Der entfremdete Mensch, Frankfurt 1968², und *J. Schwerdtfeger*, Die Arbeitsbegriffe in der industriellen Gesellschaft als soziologisches Problem, Diss., Berlin 1966, S. 51 ff.

läufigen Sinn des Wortes mehr. – Was freilich die Aufhebung der Arbeitsteilung und damit des Reiches der Notwendigkeit betrifft, so hat bereits der späte Marx seine vortechnischen Visionen eines Naturzustandes angesichts der wissenschaftlich-technischen Form der gesteigerten Produktivkräfte zu revidieren begonnen[8]. Die Kritik der an dieser Stelle unrealistischen Annahmen des jungen Marx wird heute nicht nur von Nicht-Marxisten[9], sondern ebenso von vor allem osteuropäischen Kommunisten vorgenommen[10].

Ausklammern will ich ebenfalls das Problem des *Gegensatzes von Neugierwissen und Weisheitswissen.* Dieses Problem ist durch die Macht der neuzeitlich-wissenschaftlichen Methode bei weitem brisanter und komplexer geworden, als es noch Augustin überhaupt ahnen konnte. Immerhin will ich auch hier kurz anmerken, daß J. Habermas auf die heimliche Tendenz des Marxschen Wissenschaftsbegriffs zum Positivismus hingewiesen hat. Er wirft Marx vor, daß er „die Differenz zwischen strikter Erfahrungswissenschaft und Kritik ... verschleiert" hat[11], und sagt: „Marx hat diese Idee der Wissenschaft vom Menschen nicht entfaltet, er hat sie durch Gleichsetzung der Kritik mit Naturwissenschaft sogar desavouiert. Der materialistische Szientismus bestätigt nur noch einmal, was der absolute Idealismus bereits vollzogen hatte: die Aufhebung der Erkenntnistheorie zugunsten einer von ihren Fesseln gelösten Universalwissenschaft, hier freilich nicht des absoluten Wissens, sondern eines wissenschaftlichen Materialismus. Comte brauchte mit seiner positivistischen Forderung nach einer Naturwissenschaft des Sozialen Marx, jedenfalls die Intention, der Marx gefolgt zu sein glaubte, bloß beim Wort zu nehmen. Der Positivismus hat der Erkenntnistheorie, deren philosophische Selbstaufhebung Hegel und Marx, darin eines Sinnes, betrieben haben, den Rücken gekehrt – um den Preis des Rückfalls hinter die Reflexionsstufe der kantischen Kritik."[12] In diesem von Habermas angedeuteten Fragenbereich müßte weiter geprüft werden, wie Marx den Gesamthorizont und damit die Wahrheit seines Praxiswissens bestimmen kann. Wie wird er der Tatsache gerecht, daß das

---

[8] Vgl. Das Kapital, Bd. III (MEW), S. 828.

[9] Vgl. *Popitz,* aaO, S. 142 ff.

[10] *A. Schaff,* Marxismus und das menschliche Individuum (vgl. dazu *F.-M. Marquardt,* Marxismus im Gespräch, in: Pastoraltheologie 58, 1969, S. 47); *M. Djilas,* Die unvollkommene Gesellschaft, S. 61 ff.

[11] Erkenntnis und Interesse, Frankfurt 1968, S. 85.

[12] Ebd., S. 86 f.

Universum als Universum prinzipiell nicht zum Gegenstand eines Experiments gemacht, also nicht instrumental objektiviert werden kann? – Alles dies sind Probleme, die im Blick auf platte materialistische Ausformungen des Marxismus, etwa im Stalinismus, weltgeschichtliche Relevanz haben.

Ich will mich aber hier, wie gesagt, auf das *erste Gegensatzpaar superbia–humilitas* in seiner gesellschaftlichen und theologischen Bedeutung konzentrieren. Die Frage lautet zunächst: sieht Marx überhaupt eine Dimension, die neben der Arbeit für das Wesen des Menschen konstitutiv wäre? In der gerade eben zitierten Schrift „Erkenntnis und Interesse" wirft Habermas an dieser Stelle Marx eine zweideutige und aporetische Gedankenführung vor (S. 57 ff.).

Zunächst stimmt er aufgrund der von der Transzendentalphilosophie Kants und der Evolutionstheorie Darwins gezogenen Grenzen Marx zu, wenn dieser Fichtes Tathandlung des absoluten Ich auf die kontingente, an Natur- und Geschichtsvoraussetzungen gebundene Menschengattung einschränkt[13]. Dadurch haftet „der transzendentale Rahmen, der mit dem Funktionskreis gesetzt ist und Synthesis (erg. durch gesellschaftliche Arbeit) ermöglicht, ... an der artspezifischen körperlichen Organisation des Menschen als solcher" (S. 57). Die Natur bringt deshalb nach Marx in dem Moment den Menschen im Unterschied zur Natur hervor, in dem ein Lebewesen seine Lebensmittel selbst produziert und sich auf diese Weise selbst produziert[14]. Habermas bemängelt aber, daß Marx nicht sagt, „*wie* wir die Geschichte als Fortsetzung der Naturgeschichte begreifen können" (S. 57). Damit erweist sich die philosophische Grundlage dieses Materialismus als ungenügend, um eine vorbehaltlose phänomenologische Selbstreflexion der Erkenntnis zu etablieren und so der positivistischen Verkümmerung der Erkenntnistheorie vorzubeugen" (S. 58). Habermas sieht den Grund dafür, „immanent betrachtet in der *Reduktion des Selbsterzeugungsaktes der Menschengattung* auf Arbeit. Die Marxsche Gesellschaftstheorie nimmt in ihren Ansatz neben den Produktivkräften, in denen sich das instrumentale Handeln sedimentiert, auch den institutionellen Rahmen auf, die Produktionsverhältnisse; sie unterschlägt an Praxis nicht den Zusammenhang symbolisch vermittelter Interaktion und die Rolle kultureller Überlieferung, aus denen Herrschaft und Ideologie allein zu begreifen sind. *Aber* in das philosophische Bezugssystem geht diese Seite der Praxis nicht ein... So entsteht im Werke von Marx ein eigentümliches Mißverhältnis zwischen der Forschungspraxis und dem eingeschränkten philosophischen Selbstverständnis. In seinen inhaltlichen Analysen begreift Marx die Gattungsgeschichte unter Kategorien der materiellen Tätigkeit *und* der kritischen Aufhebung von Ideologien, des instrumentalen Handelns *und* der umwälzenden Praxis, der Arbeit *und* der Reflexion in einem; aber Marx interpretiert, was er tut, in dem beschränkteren Konzept einer Selbstkonstitution der Gattung allein durch Arbeit." (S. 58 f.)

---

[13] „Synthesis im materialistischen Verstande ist eine auf die Sphäre der Weltgeschichte relativierte Tathandlung." (ebd., S. 56)

[14] Vgl. Deutsche Ideologie, aaO, S. 21; dazu *Habermas*, aaO, S. 57.

Nun muß man allerdings eine Einschränkung an Habermas' These vornehmen, wie mir scheint. Grundsätzlich hat Marx durchaus zwischen Arbeit und Interaktion kategorial unterschieden, insofern er nämlich gesellschaftliche Produktion und Verkehrs-, also Kommunikationsverhältnisse der Individuen voneinander abhebt. In der „Deutschen Ideologie" erklärt er diese sogar zur Voraussetzung der materiellen Produktion[15]. Er bestimmt auch durchaus diesen Bereich von der Symbol- oder Umgangssprache und nicht von einer instrumentalen Zeichensprache her[16]. Ebenso kennzeichnet für ihn den Kommunismus neben der universellen Produktionskraft auch der universelle, „weltgeschichtliche" Verkehr[17]. Freilich – und auf diese Weise bekommt Habermas mit seiner Kritik doch letztlich recht – sieht Marx die Form dieses Verkehrs doch wieder einseitig von der Produktion her bestimmt[18]. Entsprechend verwendet er keine Gedanken darauf, wie dieser Bereich der universellen zwischenmenschlichen Kommunikation in sich konstruiert und also im Zusammenhang der Emanzipation gesichert werden könne.

Habermas will im Gegensatz dazu neben der *Selbsterzeugung durch produktive Tätigkeit* als konstitutive zweite Dimension die *Bildung durch kritisch-revolutionäre Tätigkeit* in den Begriff der Synthesis aufnehmen[19]. Das einzige Modell, das er für eine solche Synthese findet, ist Hegels Dialektik der Sittlichkeit, wie sie in den theologischen Jugendschriften, in politischen Schriften der Frankfurter Zeit und in der Jenenser Philosophie des Geistes dargestellt ist. Hegel entfaltet sie am Beispiel der Strafe, die den trifft, der eine sittliche Totalität zerstört. Wenn also eine Herrschaft Repression über das objektiv nötige Maß hinaus ausübt, trifft sie die Revolution der unterdrückten Klassen als rächendes Schicksal. Zentral wichtig ist nun aber folgende Überlegung von Habermas. Der Drang jeder neuen Klasse, eine ungerechte Herrschaft zu etablieren, beruht in erster Linie auf dem Zwang der externen Natur in Gestalt des ökonomischen Mangels, wie auch Marx weiß. Aber selbst wenn der Fluch der notwendigen Arbeit technologisch gebrochen ist, kommt die Dialektik der Sittlichkeit nicht automatisch zur Ruhe. Allerdings nimmt der Anreiz, durch den sie hinfort in Gang gehalten wird, eine neue Qualität an: „sie rührt nicht mehr vom Mangel her, sondern allein von der masochistischen Befriedigung einer Herrschaft, welche

[15] AaO, S. 21. [16] AaO, S. 30.
[17] AaO, S. 35; vgl. zum Ganzen aaO, S. 70 f. u. ö.
[18] AaO, S. 21 f. [19] Vgl. aaO, S. 77 ff.

eine objektiv mögliche Zähmung des Kampfes ums Dasein blockiert und eine zwanglose Interaktion, auf der Grundlage herrschaftsfreier Kommunikation, vorenthält. Diese dann nur noch um ihrer selbst willen reproduzierte Herrschaft verhindert die Änderung des Aggregatzustandes der Naturgeschichte, den Übertritt in eine von der Dialektik der Sittlichkeit freigelassene Geschichte, die sich auf der Basis einer von menschlicher Arbeit entlasteten Produktion im Medium des Dialogs fortbewegen könnte." (S. 80 f.) Erst in der Liebe als Versöhnung kommt nach Hegel die Zwangslosigkeit des dialogischen „Sich-Erkennen-im-Anderen" zum Ziel – als Ergebnis der dialektischen Bewegung (S. 81).

Die hier von Habermas durchgeführte Analyse spiegelt genau den Erfahrungs- und Reflexionsstand des nachstalinistischen Marxismus, vor allem in *Osteuropa.* Zwar hatte gerade der junge Marx die ökonomische Perspektive des Privateigentums und seiner Aufhebung in den größeren Horizont allseitiger menschlicher Verwirklichung gestellt[20]. Aber die ausschließliche Konzentration auf jene Perspektive als Hebel zur Änderung des ganzen Menschengeschlechts und dessen Verhältnisses zur Natur und sich selbst machte doch die marxistische Theorie naiv gegenüber dem Problem der Aufhebung der Entfremdung[21]. Alles, was außer der Aufhebung des Privateigentums noch zur Umwandlung in den neuen Menschen gehören mag, wird unscharf in den Vorgang der Revolution selbst hineinprojiziert, ohne die genauen Bedingungen dieser Veränderung noch zu analysieren – so bei Marx[22], so bei Che Guevara[23] u. a. Im Rücken dieser Naivität erscheint dann das Problem

[20] Vgl. Ökonomisch-philosophische Manuskripte aus dem Jahre 1844, aaO, S. 539 f., zum „totalen Menschen".

[21] „Religion, Familie, Staat, Recht, Moral, Wissenschaft, Kunst etc. sind nur *besondere* Weisen der Produktion und fallen unter ihr allgemeines Gesetz. Die positive Aufhebung des *Privateigentums* als die Aneignung des *menschlichen* Lebens *ist daher die positive* Aufhebung aller Entfremdung, also die Rückkehr des Menschen aus Religion, Familie, Staat etc. in sein *menschliches,* d. h. *gesellschaftliches* Dasein."

[22] „... daß sowohl zur massenhaften Erzeugung dieses kommunistischen Bewußtseins wie zur Durchsetzung der Sache selbst eine massenhafte Veränderung der Menschen nötig ist, die nur in einer praktischen Bewegung, in einer *Revolution* vor sich gehen kann; daß also die Revolution nicht nur nötig ist, weil die herrschende Klasse auf keine andere Weise gestürzt werden kann, sondern auch, weil die stürzende Klasse nur in einer Revolution dahin kommen kann, sich den ganzen alten Dreck vom Halse zu schaffen, um zu einer neuen Begründung der Gesellschaft befähigt zu werden" (Deutsche Ideologie, S. 70).

[23] Vgl. *I. Sotelo,* Der historische Ort des Marxismus in Lateinamerika, in: Marxismusstudien VI, S. 111 f.

der Herrschaft und Ideologie in der beängstigenden Form des Stalinismus. So sagt z. B. R. Havemann: „Auch das bisherige Fehlen einer marxistischen Anthropologie ist in nicht geringem Maß mitverantwortlich für die tragische Fehlentwicklung zum Stalinismus.“ [24] Ähnlich Adam Schaff. Dessen Position faßt F.-M. Marquardt folgendermaßen zusammen [25]: „Die Marxsche Erkenntnis, daß ökonomische Entfremdung im Kapitalismus Grund aller Entfremdung sei, besagt (nach Schaff) logisch noch nicht, daß es im Sozialismus keine Entfremdung mehr gebe. Die Wirklichkeit beweist – gegen einige utopische Reste im Denken von Marx –, daß Entfremdung der Arbeit, des Staates, der Nation, der Rasse, in gewisser Weise auch noch der Familie, weiterbesteht.“ F.-M. Marquardt verweist weiter auf die Bedingungen des wissenschaftlich-technischen Zeitalters mit Zentralisierung, Bürokratie usw. Der Kommunismus wird auf diese Weise nicht mehr als idealer Endzustand aufgefaßt, sondern als Weg zu möglichst weitgehender Beherrschung der unaufhebbaren Machtverhältnisse und als dauernder Kampf um ihre Durchsichtigkeit. Eine Fülle analoger Stimmen ließe sich inzwischen besonders aus der Tschechoslowakei beibringen.

Die radikalste innermarxistische Selbstkritik hat freilich Milovan Djilas aus Jugoslawien vorgenommen. Seine Erfahrung, daß mit der Einführung des sozialistischen Eigentums der Mensch noch nicht automatisch zum neuen Gattungswesen umgewandelt wird, beruht auf der intimen Kenntnis der neuen Klasse der kommunistischen Machthaber – und auf seiner eigenen realistischen Selbsteinschätzung. Schon in seinem Buch „Die neue Klasse“, das ihm schwere Gefängnisstrafen einbrachte, nannte er Entfremdungserscheinungen und harte Gegensätze in den kommunistischen Gesellschaften beim Namen. Im Zentrum seiner Menschenschilderung steht der über die wirtschaftliche Raffgier hinausgehende Macht- und Herrschaftswille, der trotz sozialistischen Eigentums und z. T. gerade wegen der unter dessen Bedingungen blühenden Bürokratie Unrecht und Korruption hervortreibt. Darüber hinaus soll schon der Titel, erst recht aber der Inhalt seines neuen Buches „Die unvollkommene Gesellschaft“ eine Absage an jede Vollkommenheitsideologie, so auch die der klassenlosen Gesellschaft sein (zum Machtwillen vgl. bes. S. 166 ff.; 213 ff.; 221; 232 u. ö.). Denn damit rechtfertigen die Machthaber in den kommunistischen Ländern nur ihre

[24] *E. Kellner* (Hrsg.), Christentum und Marxismus – heute. Gespräche der Paulus-Gesellschaft, Wien/Frankfurt/Zürich 1966, S. 241; dazu *F.-M. Marquardt*, aaO, S. 46.

[25] AaO, S. 47.

eigene privilegierte Stellung und die Fortdauer ihrer Diktatur (S. 14). „Die Tyrannei beginnt mit letzten Wahrheiten über die Gesellschaft und den Menschen" (S. 143), was er nicht zuletzt auch einigen Vertretern der Neuen Linken im Westen vorhält (S. 220). Soweit das Ideal der vollkommen aufgehobenen Entfremdung damit verbunden ist, hält er auch die humanistischen Reformversuche des kommunistischen Systems – etwa über die Renaissance des jungen Marx – für den Traum marxistischer Professoren (S. 60). Er sieht nur einen Weg aus dem Teufelskreis: die Preisgabe der Herrschaft des Marxismus als Ideologie in die freie Kommunikation und Konkurrenzsituation des Dialogs (S. 64) und die demokratische Kontrolle der Herrschaft auch in einer sozialistischen Gesellschaft (S. 233 ff.). Dabei hält er für die bereits jetzt kommunistischen Länder an der sozialistischen Basis fest, distanziert sich also ausdrücklich von der Sozialdemokratie (S. 234 f.). Diese Seite seiner Ausführungen scheint mir übrigens etwas zu wenig ausgearbeitet zu sein. So scheint er eine relativ problemlose Entwicklung der westlichen Verhältnisse anzunehmen, während er die besonderen Entwicklungsmöglichkeiten des sozialistischen Systems radikal in Zweifel zieht. Dadurch könnte sein Buch leicht als Feigenblatt westlicher Stagnation und ungerechter Strukturen mißbraucht werden.

Zusammengefaßt könnte man bei allen neueren Strömungen von einer „Enteschatologisierung" des Marxismus[26] und dessen Konzeption vom neuen Menschen und der neuen Freiheit sprechen. Aus einer zu verwirklichenden Endutopie wird im besten Fall eine regulative oder postulativ bleibende Zielutopie (wie man im Anschluß an Kant formulieren könnte, aber wiederum auch von diesem verschieden, weil sein Ideal zeitlos gefaßt war).

Welche *Konsequenzen* ergeben sich aus diesem Ergebnis? 1. Die ethischen Probleme der Menschen lösen sich nicht automatisch durch die Einführung des sozialistischen Eigentums. 2. stehen die rechtlich-politische und 3. die theologische Dimension zur Diskussion. Auf die rechtliche[27] und politische[28] Dimension will ich hier nur hinweisen, um mich in den theologischen Überlegungen darauf beziehen zu können.

Einige Bemerkungen *zu 2.*: Marx sah im Recht und im politischen Staat nur den Versuch der herrschenden Individuen in der bürgerlichen

---

[26] So *Marquardt,* aaO, S. 54.

[27] Vgl. *H. Simon,* in diesem Band, S. 87 ff.

[28] Hierzu vgl. *M. Riedel,* Bürgerliche Gesellschaft, Habil., Heidelberg 1967.

Gesellschaft, ihr egoistisches Privatinteresse zu schützen[29]. Er weist das an den Formulierungen der verschiedenen Menschenrechtserklärungen nach[30]. Dieser Zustand beruht s. E. darauf, daß hier überhaupt vorgängig zwischen Individuum und Gattungswesen, zwischen Mensch und Staatsbürger, homme und citoyen, Menschenrechten und Bürgerrechten unterschieden wird. Marx sieht einen tiefen Widerspruch darin, daß der Staat seine Hauptaufgabe darin wahrnimmt, die Egoismen, die ihn selbst zerstören, zu schützen. Dieser Widerspruch wird s. E. automatisch aufgehoben durch die Abschaffung des Privateigentums, das heißt durch die Aufhebung der Trennung von individuellem und Gesamtinteresse. Es bedürfte genauer Analysen zu untersuchen, ob Marx historisch recht hatte. Dabei müßte man fragen, inwieweit nicht Recht und öffentliche Gewalt seit griechisch-römischer Zeit in der Intention gegen das Recht des Stärkeren, nicht also gegen den Schwächeren gerichtet sind. Ich erinnere an Platons Überlegungen und an die historische Tatsache, daß im hohen Mittelalter die entstehende öffentliche Königsgewalt zum Teil mit dem Volk gegen die Privatinteressen des mächtigen Adels koalierte. Unter den nationalstaatlichen und bürgerlichen Bedingungen seiner Zeit war Marxens Kritik, die Hegel in vielem bereits vorweggenommen hatte, allerdings unzweifelhaft berechtigt.

Hier interessiert aber nicht die detaillierte Ausführung des Problems, sondern die Frage, was sich unter den veränderten Erfahrungen des Marxismus-Kommunismus vom anthropologischen Grundansatz aus ergibt. Wenn es so ist, daß über die Form des Privateigentums hinaus, zum Teil sogar unter mißbräuchlicher Ausnutzung sozialistischen Eigentums Menschen gegen Menschen ungerechte Herrschaft aufrichten und einander schaden, wenn also der neue Mensch – der Gattungsmensch für andere – nicht automatisch durch die Veränderung der Eigentumsverhältnisse entsteht, muß dann nicht vom Marxismus die Frage prinzipiell neu diskutiert werden, wie der Schwächere, der unrechtmäßig Angegriffene oder Unterdrückte durch Recht und im großen und auf Gruppen gesehen durch öffentliche Rechts- und Friedensinstitutionen geschützt werden kann? Muß dann nicht vor allem Herrschaft prinzipiell auf irgendeine Weise öffentlich kontrolliert werden – wobei ganz unbestritten bleiben soll, daß dies auf sozialistischer Basis möglich oder vielleicht gar besser möglich sein könnte als auf dem Boden eines

---

[29] Vgl. zusammenfassend: Zur Judenfrage, MEW, Bd. 1, S. 347 ff., und Deutsche Ideologie, aaO, S. 61 ff.

[30] Zur Judenfrage, aaO, S. 361 ff.

sozial sich gerierenden Kapitalismus. Djilas hat, wie gesagt, diese Fragen am schärfsten gestellt, aber vielfach sind sie auch von den Tschechen u. a. aufgeworfen worden. Es soll dabei freilich noch einmal betont werden, daß es hier nicht um vollmundige Propaganda für den status quo westlicher Rechtsstaatlichkeit gehen kann. Weder in Ost noch West gibt es heute die unserem Zeitalter angemessenen Formen von Recht und öffentlicher Gewalt; denn das einzig mögliche Koordinatensystem hierfür wäre die gesamte Weltgesellschaft und nicht nationale oder wirtschaftliche partikuläre Interessengruppen. Gegenwärtig aber halten sowohl die UdSSR wie die USA die UNO – die einen ersten, noch völlig unzureichenden Ansatz in diesem neuen Koordinatensystem bildet – bewußt klein, steuern den Welthandel nach ihren eigenen Interessen und lassen keine Weltorganisation in die eigene Machtsphäre eingreifen; sonst hätte es zum 21. August 1968 und zu Vietnam nicht kommen müssen. Damit soll hier nur eines gesagt sein: die Fragen des Rechts und der Politik kann man nicht mehr in den alten Kategorien des 19. Jahrhunderts diskutieren, weder vom Kommunismus noch vom Westen aus. Aber darüber hinaus haben wir heute die Aufgabe, die Probleme des Stalinismus und auch der jüngsten Entwicklung der Ereignisse in der ČSSR bis in die anthropologische Basis und von da aus bis in die rechtsphilosophischen Fragen hinein neu zu durchdenken. Gelegentlich wird die These vertreten, der osteuropäische Humanismus sei im Aufweis seiner theoretischen Bedingungen prinzipiell abgeschlossen[31]. Der neuralgische Punkt liege nicht in der Formulierung fundamentaler Prinzipien des Humanen, sondern in ihrer praktischen Konkretion und Durchsetzung. Die aufgeworfenen Fragen zeigen, daß es noch einen weiten Spielraum ungelöster Probleme gibt. Auch die verzweifelte, im Blick auf die Weltgesellschaft sicher nicht angemessene, wenn auch als Selbstschutz gegen Supermächte verständliche nationale Welle in der gegenwärtigen Situation, zumal in kommunistischen Gesellschaften, gehört zu diesen ungelösten Problemen.

Sie stehen in engem Zusammenhang mit der *3.*, der theologischen *Dimension* der neu gestellten anthropologischen Fragen. Wenn angesichts der praktischen Erfahrungen in sozialistischen Gesellschaften – trotz des Vorbehalts, daß der Mangel einerseits und der äußere Druck einer kapitalistischen Umwelt andererseits noch nirgends aufgehoben

[31] Vgl. den Beitrag von *H. Fleischer* in diesem Band, S. 1 ff., und *ders.*, Marxismus und Menschenwürde, in: Schöpfertum und Freiheit in einer humanen Gesellschaft. Marienbader Protokolle, Wien/Frankfurt/Zürich 1969.

war – die Einsicht aufkommt, daß der total unentfremdete, neue „Mensch für andere" noch nicht automatisch durch Abschaffung des Privateigentums entsteht und wahrscheinlich prinzipiell keine Gesellschaft manipulativ herzustellen ist, in der diese Endutopie durch die Änderung der dinglichen oder mitmenschlichen Relationen vollkommen verwirklicht wäre, dann ist damit wieder der Anschluß an die Erfahrungsbasis der antiken Tragiker, Philosophen und Theologen bis hin zur Metaphysik der endlichen Vernunft Kants gewonnen. Es ist mehr als ein Stilmittel, daß Djilas die Menschen mit Vorliebe die „Sterblichen" nennt[32]. Oder wenn er sagt, „als Vertreter von Ideen hört der Mensch nicht auf, der Sklave seiner menschlichen Eigenschaften zu sein"[33], so könnte das in Platons Gleichnis vom inneren Menschen oder in Rö 7 stehen. Es wird also so etwas wie eine ontologische Differenz oder, theologisch interpretiert, eine eschatologische Differenz erneut sichtbar. Das Problem der Verwirklichung der neuen Menschheit steht erneut zur Diskussion.

Bleibt man zunächst in dem von Marx anvisierten Problemhorizont, so muß man fragen, was denn den Menschen hindert, aus einem egoistischen Individuum ein Gattungsmensch für andere zu werden, nachdem doch die sein Wesen konstituierende Produktion im besten Fall von der Notwendigkeit der lebenserhaltenden Arbeit entlastet ist und die Produkte kollektiv zur Verfügung stehen. Man könnte zunächst sagen, daß der Mensch nicht nur ein Verhältnis zur äußeren Natur und ihren Gütern, sondern auch zu sich selbst als Natur hat, etwa unter dem Aspekt, den man mit dem Stichwort Leib kennzeichnet. Es ist bei Marx, soweit ich sehe, nicht geklärt, wieweit dieses Stück Natur in das Problem des Privateigentums einbezogen wurde. Und gerade an dieser Stelle setzen die antiken Philosophen und Theologen ihre Frage nach der Verwirklichung des Vernünftigen als des allgemein Guten besonders an. Natürlich gibt es auch bei Marx und Engels neben dem Problem der Herrschaft über die Natur das der Herrschaft über sich selbst[34], aber in welchem Verhältnis dies zur Frage der Aufhebung der Entfremdung durch Aufhebung des Privateigentums steht, wird nicht ausdrücklich geklärt.

Aber das von Habermas und Djilas aufgeworfene Problem der „masochistischen Herrschaft" reicht über die Frage des Leibes noch hinaus. Es gehört – um noch einmal in den augustinischen termini zu spre-

[32] Die unvollkommene Gesellschaft, S. 180.

[33] AaO, S. 220.

[34] Vgl. *F.-M. Marquardt,* aaO, S. 57.

chen – in den Bereich der Hybris (superbia) oder der Herrschsucht (cupido dominandi), der auch bestehen bleibt, wenn die Gier (concupiscentia) nach Gütern bereits abgedeckt ist. Hier geht es um das, was Hegel Anerkennung der Person, was H. E. Tödt[35] im Anschluß an die paulinische und lutherische Rechtfertigungslehre und an die Psychologie von Erik H. Erikson das Problem der Identität des Selbst nennt. Auch ohne Privateigentum bleibt der Mensch offenbar sich selbst der Nächste. Woher gewinnt er die Freiheit von sich selbst zum Gattungswesen für andere und damit zur vernünftigen, heilvollen Gestaltung der Welt? Die Tradition des von Jesus ausgehenden Evangeliums sagt: allein durch die Gemeinschaft des Menschen mit dem weltunabhängigen, aber der Welt schöpferisch-schenkend zugewandten Gott. Natürlich wird die Menschheit aus Angst vor Katastrophen an der Grenze des Abgrunds auch immer wieder eigene Anstrengungen machen, das gemeinsame Gute gegen die übermächtig werdenden Einzelinteressen durchzusetzen. Aber hier treibt die Furcht zur Vernunft, nicht die Freiheit von sich selbst für die anderen.

Dieser Behauptung, die Menschheit könne nur frei werden durch geschenkte Freiheit, sie könne ihr Drängen nach Anerkennung nicht zur Ruhe bringen durch Kampf, sondern durch vorgängiges Anerkannt*sein*, widerspricht nun freilich diametral der religionskritische Ansatz von Marx, der auf der Voraussetzung beruht, Natur und Menschheit hätten ihr Wesen in der Selbstproduktion. Aber auch Habermas, der die Denkfigur der sittlichen Dialektik über Arbeit hinaus aus Hegels theologischen Jugendschriften übernimmt, sagt nicht, wie denn die Bedingung der Möglichkeit der Verwirklichung von herrschaftsfreiem Dialog oder der versöhnten Liebe zu bestimmen sei. Hier liegt das Zentralproblem, wie denn die empirische Menschengattung das soll leisten können, was bei Kant und den deutschen Idealisten dem transzendentalen Vernunftsubjekt, Gott, zugeschrieben war. Dieser Überschritt bringt eine bei Marx wie bei Habermas noch ungeklärte Überlastung des Subjekts mit sich[36]. Diese Frage hat Bedeutung für die Fundamente der Religionskritik besonders des jungen Marx.

a) Marx schreibt in den Pariser Manuskripten:

„Ein Wesen gibt sich erst als selbständiges, sobald es auf eignen Füßen steht, und es steht erst auf eignen Füßen, sobald es sein Dasein sich selbst verdankt. Ein Mensch,

---

[35] AaO, S. 344 ff.

[36] Vgl. *M. Theunissen*, Gesellschaft und Geschichte. Zur Kritik der kritischen Theorie, Berlin 1969, de Gruyter.

der von der Gnade eines andern lebt, betrachtet sich als ein abhängiges Wesen. Ich lebe aber vollständig von der Gnade eines andern, wenn ich ihm nicht nur die Unterhaltung meines Lebens verdanke, sondern wenn er noch außerdem mein Leben geschaffen hat, wenn er der Quell meines Lebens ist, und mein Leben hat notwendig einen solchen Grund außer sich, wenn es nicht meine eigne Schöpfung ist. Die Schöpfung ist daher eine sehr schwer aus dem Volksbewußtsein zu verdrängende Vorstellung. Das Durchsichselbstsein der Natur und des Menschen ist ihm unbegreiflich, weil es allen Handgreiflichkeiten des praktischen Lebens widerspricht." (Ökonomisch-philosophische Manuskripte, aaO, S. 544 f.)

Er begründet das Durchsichselbstsein der Natur und des Menschen durch deren Prozeßcharakter. Freilich muß er diesen Prozeß nun mit Aristoteles als Kreisbewegung fassen, um statt der Schöpfung die generatio aequivoca behaupten zu können: „Ein Mensch zeugt einen Menschen." Dies ist die erste Weise, wie ein Gattungsakt der Menschen den Menschen produziert. Die zweite besteht in der Erzeugung der Lebensmittel durch ökonomisch-gesellschaftliche Arbeit. Weil der Mensch sich aus diesem Natur- und Gattungszusammenhang nicht lösen kann, erklärt Marx die Frage „warum ist Sein und nicht vielmehr nichts?" für sinnlos und abstrakt. Über die kritische Feststellung von Habermas hinaus, daß Marx den Übergang von Natur- und Menschheitsgeschichte nicht mehr erklären könne, weil er die Selbsterzeugung allein vom instrumentalen Arbeitsbegriff her fasse, müssen zwei weitere kritische Bemerkungen gegenüber Marx und teilweise auch Habermas gemacht werden. Marx geht in seiner Religionskritik aus von zwei Setzungen: 1. der absoluten Selbsttätigkeit der Natur und 2. der aus dieser Natur hervorgegangenen und mit dieser Natur durch Arbeit im Wechselprozeß befindlichen Selbsttätigkeit des Menschengeschlechts. Betrachtet man zunächst die zweite Setzung, so übernimmt Marx sie ausdrücklich aus dem deutschen Idealismus, in den „Ökonomisch-philosophischen Manuskripten" von Hegel, mit bestimmten von Fichte geprägten Nuancen, wie Habermas gezeigt hat. Marx geht ja in jenen Pariser Manuskripten ausführlich auf Hegels „Phänomenologie des Geistes" ein. Das Große daran sieht er in der Dialektik, „daß Hegel die Selbsterzeugung des Menschen als einen Prozeß faßt, die Vergegenständlichung als Entgegenständlichung, als Entäußerung und als Aufhebung dieser Entäußerung; daß er also das Wesen der *Arbeit* faßt und den gegenständlichen Menschen ... als Resultat seiner *eignen Arbeit* begreift", wobei hier der Mensch als Gattung gemeint ist[37]. Diesen Hegel-

[37] Ökonomisch-philosophische Manuskripte, aaO, S. 574.

schen Ansatz der Selbsterzeugung durch Arbeit beraubt Marx nun aber seiner Grundlage, die ihn in sich verstehbar macht, nämlich den Ansatz beim absoluten Geist. Marx übernimmt also die Setzung der Selbsttätigkeit aus der Geistmetaphysik des deutschen Idealismus, behauptet sie aber nun für die empirische, in ihre natürliche Basis eingebundene Menschheit. Damit hängt jene Setzung der Selbsterzeugung der Menschengattung, deren Bestimmung bei Hegel nur vom absoluten Geist her begründet war, in der Luft, wenn Marx nicht auch die Naturbasis selbst als sich-selbst-erzeugend behauptet[38]. Dieses tut er nun freilich auch mit dem Rekurs auf die antike Naturphilosophie, wie seine Berufung auf die aristotelische Kreisbewegung des Kosmos zeigt. Aber noch spezieller auf unser Problem des neuen Menschen bezogen übernimmt er an anderer Stelle die Rousseausche Formulierung stoischer Philosophie, daß der Mensch nur seine eigenen natürlichen (durch die Zivilisation) entfremdeten Kräfte aufdecken müsse, um sich zum sich selbst erzeugenden Gattungswesen zu emanzipieren[39].

Diese Setzung im Sinn antiker Naturmythologie enthält nun aber außerordentliche philosophische und naturwissenschaftliche Probleme. Einmal fällt sie hinter Kants transzendentalphilosophische Infragestellung einfacher Aussagen über das Universum zurück. Zum anderen kann sie nicht mehr verständlich machen, wie sie die Kreisbewegung der Natur mit der Behauptung eines qualitativen Sprunges zur emanzipierten Gattungsmenschheit geschichtsphilosophisch vermittelt. Schließlich ist es von moderner Naturwissenschaft aus wegen der Gerichtetheit der Zeit[40] nicht mehr möglich, den Natur- und Geschichtsprozeß als Kreisbewegung zu verstehen. Die Basis der Marxschen Religionskritik, die in ihrer idealistischen Komponente auf der Behauptung der Selbsterzeugung durch Arbeit, in ihrer von Feuerbach angeregten naturalistischen Komponente auf der Behauptung der Selbsterzeugung der Natur beruht, ist also philosophisch und naturwissenschaftlich neu zu überprüfen. Marx fragt weder, was es bedeutet, daß er mit seinen Setzun-

[38] Das Problem liegt darin, daß die Menschheit nicht wie der absolut gedachte, göttliche Geist die Natur aus sich heraussetzen kann, sie bleibt bedingt durch dieselbe. Immerhin ist bei Marx die Tendenz zu bemerken, die vom Menschen unabhängige Natur als Problem auszuklammern (z. B. Deutsche Ideologie, aaO, S. 18; 44 u. ö.) und sich auf die vom Menschen bearbeitete Natur zu beschränken. Auf diese Weise kann dann Marx über die Erzeugung der Weltgeschichte durch die Menschheit reden wie Hegel über den absoluten Geist.

[39] Vgl. Zur Judenfrage, aaO, S. 370.

[40] Vgl. vor allem den 2. Hauptsatz der Thermodynamik.

gen – wie alle Philosophie – von instrumental nicht mehr einholbaren Voraussetzungen ausgeht, noch bemerkt er, daß er sich bei der Art seiner Voraussetzungen in Widersprüche verwickelt.

b) Aber nicht nur die positive Grundlage der Marxschen Religionskritik, auch das negative Bild, von dem er ausgeht, bedürfte der Überprüfung. Zunächst ist freilich festzustellen, daß er viel differenzierter argumentiert als mancher spätere Kritiker. Religion als Opium des Volks versteht er nicht nur als Ausdruck des gesellschaftlichen Elends, sondern auch als Protest dagegen. Insbesondere Luther gegenüber nimmt er eine ambivalente Stellung ein:

„Luther hat allerdings die Knechtschaft aus Devotion besiegt, weil er die Knechtschaft aus Überzeugung an ihre Stelle gesetzt hat. Er hat den Glauben an die Autorität gebrochen, weil er die Autorität des Glaubens restauriert hat. Er hat die Pfaffen in Laien verwandelt, weil er die Laien in Pfaffen verwandelt hat. Er hat den Menschen von der äußern Religiosität befreit, weil er die Religiosität zum innern Menschen gemacht hat. Er hat den Leib von der Kette emanzipiert, weil er das Herz in Ketten gelegt. Aber, wenn der Protestantismus nicht die wahre Lösung, so war er die wahre Stellung der Aufgabe.“ (Kritik der Hegelschen Rechtsphilosophie, MEW, Bd. 1, S. 386)

Mit diesem Zitat sind wir im Zentrum nach der Frage des neuen Menschen und seiner Dimension des Empfangens. Marx unterläuft ein folgenschwerer Fehler in der Beurteilung dieser Frage. Durch die Hegelschen Analysen über Herr und Knecht[41] und das eigene ökonomische Interesse an diesem Schema übersieht er, daß das Neue Testament und Luther das Verhältnis zwischen Gott und Mensch essentiell nicht mehr oder nur unter Erläuterung der uneigentlichen Redeweise nach diesem Modell beschreiben. Bei Jesus, Paulus und Luther, um nur einige hervorragende Beispiele zu nennen, ist das Gleichnis für dieses Verhältnis das des Vaters und des freien, mündigen, in sein Erbe eingesetzten, verantwortlichen Sohnes. Dieses immer noch stark an der agrarischen Gesellschaftsordnung orientierte Bild ergänzt bereits Luther durch den seine gesamte Sozialethik tragenden Begriff des Menschen als Mitarbeiter Gottes in sämtlichen kulturellen, gesellschaftlichen und politischen Tätigkeiten und Institutionen[42]. Dieses partnerschaftliche Verhältnis wäre heute noch stärker von den ungeheuren, weltgestaltenden Produktionskräften der Menschheit her zu interpretieren. Aber nichts spricht dafür, daß diese ausschließlich in einem Horizont der autarken

---

[41] Vgl. Phänomenologie des Geistes (Meiner), S. 141 ff.

[42] Vgl. Christenheit und Weltverantwortung, aaO, S. 512.

operatio und nicht auch oder überhaupt nur in einem Horizont der cooperatio verstanden und gehandhabt werden können, wenn gleichzeitig die Freiheit und die Verwirklichung des anderen Menschen, also die emanzipative Gemeinschaft gewährleistet oder doch zumindest gefördert werden soll. Denn wenn der Mensch immer gleichzeitig auf seine eigene Selbstverwirklichung in der Tat sehen muß, so kann er dabei nicht allein auf die zu verantwortende Aufgabe und das Bedürfnis des Mitmenschen und der Gesamtheit sehen – jedenfalls nicht aus wirklicher Freiheit von sich selbst. Anders – immerhin anfangsweise und ständig neu vom Glauben dazu provoziert – liegt es bei den Menschen, die im Anschluß an Jesus ihr Selbst preisgeben können, weil sie es als empfangen annehmen und erhoffen von dem Gott, der das Nichtsein ruft, daß es sei, der also auch Macht über den Tod hat.

Durch das Verständnis des Menschen als cooperator dei – als unfreiwillig unfreiem cooperator im Stande des alten, als unfreiwillig freiem im Stande des neuen Menschen – sollte klar sein, daß das Empfangen, das Sichverdanken, das offene Hören auf Zuspruch und Aufruf, das Sich-mit-der-ganzen-Kreatur-Ängstigen und -Seufzen oder die Freude in Hoffnung, also die Dimension in der Spannung zwischen superbia und humilitas nicht in Widerspruch steht zu der Dimension der Arbeit, sondern vielmehr deren Ermöglichungsgrund ist. Beide Dimensionen können und müssen komplementär zueinander verstanden werden. Es kann allerdings gar kein Zweifel darüber bestehen, daß die Christenheit gerade im bürgerlichen Zeitalter, das erst eigentlich nach der Reformationszeit begann, weitgehend versagt hat in der geistigen Durchdringung und praktisch menschlichen Durchgestaltung der neuen industriellen Arbeits- und Kommunikationsprozesse und Institutionen von diesem Ansatz aus. Daß hier alle Menschen, so auch die Christen, von Marx und dem Marxismus in der Problemstellung und der Intention zu lernen hatten und zu lernen haben – dies wiederholt auszusprechen, ist heute bereits eine Banalität. Deshalb soll noch kurz die Frage detailliert werden:

III. Welche Schlußfolgerungen ergeben sich für das Verhältnis von Christen und Marxisten heute?

Nimmt man alles zusammen: auf der einen Seite die Preisgabe des Anspruchs, der Mensch könne durch die Vergesellschaftung der Produktionsmittel die Endutopie einer unentfremdeten neuen Menschheit selbst herstellen; die nicht mehr tragenden positiven Fundamente der Religionskritik des 19. Jahrhunderts; schließlich die Aufklärung von Mißverständnissen über die christliche Religion und auf der anderen Seite die Einsicht der Christen in schweres Versagen; die daraus entstehenden Impulse zur Erneuerung und die prinzipielle Verständigungsbasis in der gesellschaftlich-politischen Ebene über den Zusammenhang von Vernunft und Liebe – nimmt man also all dies zusammen, so ist die Möglichkeit für ein verändertes Verhältnis zwischen Christen und Marxisten gegeben.

Hiermit ist nicht einfach gemeint, daß man sich von der Polemik des Kalten Krieges abwendet und nun statt dessen akademisch miteinander über Gott und die Welt redet. Ich will damit nicht die vielen Dialoge seit einigen Jahren geringschätzen; denn wir alle wissen, welche direkten und indirekten politischen Folgen die interideologischen Gespräche der letzten Jahre hatten. Aber wenn es so ist, daß wir auch als Vertreter von Ideen unsere menschlichen, nicht immer mitmenschlichen Eigenschaften und im Zusammenhang damit auch destruktive Institutionen behalten, daß es aber in der Christenheit und im Marxismus gerade um die wirkliche Überwindung jener unmenschlichen Zwänge geht, dann müßte man in einem Dialog methodisch mindestens auf zwei Ebenen ansetzen. Die theoretische Diskussion über die Voraussetzungen der Positionen müßte nämlich ständig rückgekoppelt werden an praktische, im Ansatz gemeinsame oder jedenfalls in Konkurrenz angefaßte gemeinsam geplante Projekte zur Bewältigung in der Weltgesellschaft unabweisbar gestellter Probleme. Als wichtige gemeinsame Aufgaben können gelten: Probleme der Friedensforschung[43], des Rechts und der Herrschaftskontrolle; der Mittel-Zweck-Relation (neu durch Reeschatologisierung des Ziels) vor allem im Blick auf Gewalt–Gewaltlosigkeit[44].

Solche Kooperationen an praktischen Projekten würden erstens lebensnotwendig gestellte Aufgaben der Weltgesellschaft ohnehin förderlich bearbeiten helfen. Zweitens würden die Gruppen jeder Seite jeweils automatisch ideologiekritisch aufeinander wirken und damit wahrscheinlich zur Erkenntnis einer besonders guten Lösung der betreffenden Aufgabe angereizt. Drittens würde damit wahrscheinlich jede Gruppe instand gesetzt, die eigene Umwelt und die eigenen Ver-

---

43 Vgl. in diesem Band *M. Stöhr,* S. 105 ff.

44 Vgl. *Djilas,* aaO, S. 211 f.

hältnisse kritischer zu sehen, als sie es von sich aus tun würde. Dadurch würden Impulse in beide Gesellschaftssysteme zur Veränderung der Verhältnisse ausgehen. Viertens würde außer diesem praktischen, politisch möglicherweise sehr kurzfristig wirksamen Effekt eine neue Intensität in der Durchdringung der verschiedenen philosophischen, religiösen und weltanschaulichen Voraussetzungen unserer wissenschaftlich-technischen Welt und der Bedingungen ihrer Meisterung einsetzen können. Nur naiv wissenschaftsgläubige Menschen können glauben, die Großmacht der wissenschaftlich-technischen Methoden ermögliche schon von selbst eine menschliche Gestaltung der Verhältnisse und eine Zusammenarbeit der nationalen und kulturellen Traditionen. In dieser simplen Perspektive reduziert sich das Problem der verschiedenen Kulturen auf das Problem der heiligen Kühe. Besonders Habermas und G. Picht haben dagegen unüberhörbar die Ebene der interideologisch-dialogischen Interaktion als notwendig für die Steuerung und Zielbestimmung der wissenschaftlich-technischen Prozesse herausgestellt. Das entscheidende Problem an dieser Stelle in unserem Zusammenhang ist dies: wie ist das, was man früher „das Gute“, den „Willen Gottes“, das „Gesetz Gottes“ usw. nannte, unter heutigen Bedingungen erkennbar und zu verwirklichen? Die selbstverständliche Übereinkunft innerhalb der einzelnen Kulturkreise ist relativiert, darum kann es keine isolierte, individuelle, vom Entwicklungsprozeß unabhängige Erkenntnis „des Guten“ mehr geben. Dieses läßt sich vielmehr nur in einem letztlich universalen Kommunikationsprozeß ermitteln. Damit wird die politische Dimension der neuen Menschheit deutlicher, als sich dies aus den Ansätzen bei Paulus sehen läßt. Befreiung der Vernunft würde von diesem Ansatz aus Freiheit zur Kommunikation bedeuten[45]. Diesen Ansatz nicht nur personal, sondern institutionell in alle sozio-politischen Bereiche hinein zu entfalten, ist eine heute gestellte, fast unerschöpfliche Aufgabe der Sozialethik.

Die Christenheit müßte sich darüber hinaus fragen, in welcher Form sie neu und sich sowie aller Welt sichtbar die – eine freie Interaktion erst ermöglichende – Dimension des Sichverdankens, Sichempfangens leben und darstellen kann. Früher leisteten dies einmal die Gottesdienste. Aber diese sind längst aus dem Zusammenhang der modernen, transpersonalen Lebensprozesse herausgefallen, trotz aller Notfunktionen, die sie noch ausüben. Nur in der Einheit ihrer praktisch-politischen, theoreti-

[45] Vgl. meinen Aufsatz „Leib Christi und moderne Kommunikationsstrukturen“, in: ZEE 13, 1969, S. 164 ff.

schen und meditativ-musisch feiernden Vollzüge wird die neue Menschheit nach christlichem Verständnis gebaut, lebt sie aus dem Empfangen der Freude, der Hoffnung, des Muts zur Verantwortung, der Freiheit von den eigenen Interessen, der selbstkritischen Offenheit. Nur so kann sie auch Befreiung öffentlich weitervermitteln und damit unter allen Menschen die verschiedenen Dimensionen der Erneuerung – und zwar nicht nur der Verhältnisse, sondern auch der Menschen selber – fördern. Die Schwäche der Marxisten scheint darin zu liegen zu übersehen, daß die Veränderung der Verhältnisse zwar eine notwendige, aber nicht eine zureichende Bedingung der neuen Menschheit ist. Die Schwäche der Christen dagegen ist häufig die, einseitig alles Gewicht auf den (einzelnen) Menschen und sein Gottesverhältnis zu legen, ohne gleichrangig sein Verhältnis zur Welt wahrzunehmen, das sich immer in transpersonalen Institutionen und Strukturen darstellt. Beides theologisch und praktisch zu verbinden, ist die eigentliche Aufgabe[46].

---

[46] Vgl. *H. E. Tödt*, Schöpferische Nachfolge in der Krise der gegenwärtigen Welt, Vortrag vor der 5. Vollversammlung des Lutherischen Weltbundes, Evian 1970, in: epd Dokumentation: Evian 1970, Bd. 3, Offizieller Bericht, Witten/Frankfurt/Berlin 1970, S. 53–72; auch in: Lutherische Monatshefte 9, 1970, S. 469–475; Lutherische Rundschau 20, 1970, S. 418–432.

Die Frage nach dem neuen Menschen in theologischer und marxistischer Anthropologie*

von

VLADIMÍR HORSKÝ

Das vorgetragene Referat warf eine außergewöhnliche Fülle komplizierter Fragen auf. Sie betreffen sowohl die Gegenwart als auch die Vergangenheit, den Bereich der Theorie sowie den der Praxis, Probleme philosophischer sowie soziologischer und rechtlicher Natur – all dies darüber hinaus sowohl in bezug auf die Theologie als auch auf den Marxismus.

Daher dürfte es wohl auch demjenigen, der mit all diesen Dimensionen vertraut ist, kaum möglich sein, sich mit dem ganzen Problemspektrum auseinanderzusetzen; vielmehr müßte auch er eine gewisse Wahl treffen. Da der Korreferent weniger als eine bescheidene Kenntnis der Fragen besitzt, die die theologische Problemstellung betreffen, beschränkt er sich in dieser Hinsicht nur auf einige Bemerkungen, die erforderlich sind, um den Anschluß an das Referat nicht völlig zu verlieren; im übrigen wird er von diesem weitgehend abstrahieren, darunter auch von der Beurteilung der Marxschen Religionskritik und ihrer philosophischen Grundlagen.

Weiter sollte gleich zu Beginn betont werden, daß sich das Korreferat nicht ausschließlich als eine Kontroverse gegenüber dem Referat versteht. Allein eine kommentierte Aufzählung dessen, worin man mit dem Referenten übereinstimmt, könnte die gesamte Zeit des Korreferats beanspruchen. So wäre in erster Linie die Duchrowsche Intention der ständigen Rückkoppelung theoretischer Auseinandersetzungen an

---

* Korreferat vor der Marxismus-Kommission der Evangelischen Studiengemeinschaft am 25. 9. 1969.

die „gemeinsam geplanten Projekte zur Bewältigung in der Weltgesellschaft unabweisbar gestellter Probleme“ zu begrüßen. Ebenso aber findet man auch im Bereich der rein theoretischen Überlegungen, denen das heutige Referat geweiht war und denen sich daher auch der Korreferent zuwendet, vieles, was ein Marxist nur unterschreiben kann – teilweise auch dort, wo die Marxsche Theorie kritisch beurteilt wird. Man kann sogar noch einen Schritt weiter gehen und einräumen, daß angesichts des weitgehenden Versagens der ursprünglich von Marx ausgehenden Bewegungen kaum die Frage ausgeklammert werden darf, ob die späteren Entartungen der Praxis in gewisser Hinsicht nicht bereits in dem theoretischen Grundansatz angelegt wurden. (Mit Duchrow gesagt, wie sich die Verkehrungen in der Praxis zum Ansatz in der Theorie verhalten.) Dem Korreferenten käme es daher u. U. nicht ungelegen, sich gemeinsam mit den christlich orientierten Humanisten eben auf die Unzulänglichkeiten (die Schwächen, Mängel, offenen Fragen, Risiken) der Marxschen Lehre zu konzentrieren und zur Ebnung des theoretischen Terrains, auf dem die neue, möglichst gemeinsame gesellschaftliche Praxis beider Bewegungen aufzubauen wäre, auf *diese* Art ein wenig beizutragen.

Wenn aber in dem Korreferat eine solche Richtung nicht eingeschlagen wird, dann ist es zunächst einmal den formellen Erfordernissen eines Dialogs zuzurechnen: ist im Referat die theologische, sollte im Korreferat – soweit möglich – die marxistische Sicht dargelegt werden; ist vom Referenten das christliche Erbe mit einer solchen Pietät reflektiert, sollte wohl auch das von dem Korreferenten betrachtete Erbe mit Achtung traktiert werden; sind im Referat ausschließlich die marxistischen, nicht zugleich die christlichen Visionen einer neuen Menschheit erbarmungsloser Kritik unterzogen, sollte im Korreferat für einen bestimmten Ausgleich gesorgt werden; etc.

Außer dieser eher formellen Seite der Dinge geht es auch (und in erster Linie) darum, daß einige der im Referat dargelegten kritischen Interpretationen der Marxschen Lehre nicht ohne weiteres akzeptiert werden können. Indem man aber zu einer teilweisen Kritik der Kritik provoziert ist, verlagert sich das Gewicht der eigenen Argumentation nolens volens wieder darauf, was eher als eine Rechtfertigungs- denn als eine (selbst)kritische Position bezeichnet werden könnte. So bildet das Korreferat in dieser Hinsicht ungewollt ein gewisses Gegenstück des Referats – ungewollt, da man es sonst für nützlicher halten würde, wenn der Augiasstall überlebter Vorstellungen immer von denen gemistet worden wäre, die sich auf seinem Boden befanden – nicht also nur von den Andersgesinnten.

Werden dann im weiteren einige kritische Stimmen an die Adresse Marxens in Frage gestellt, bedeutet es keineswegs, daß sich der Korreferent nicht dessen bewußt wäre, inwieweit auch seine (teilweise) Anti-Position einer Interpretationswillkür unterliegen kann: ist es überhaupt grundsätzlich möglich, ein Gedankenerbe durch eine Optik anzusehen, die von den eigenen Haltungen, Sehnsüchten, Bedürfnissen völlig befreit wäre, so daß sich dadurch eine „authentische" Gestalt dieses Erbes erfassen ließe? Einen solchen Anspruch erhebt der Korreferent nicht im geringsten. Er fühlt sich weder im allgemeinen noch im Bereich der Marx-Interpretation im Besitz der Wahrheit – desto weniger dort, wo es um die Fragen geht, die – im Unterschied zu dem Referenten – nicht zu seinem Forschungsgegenstand gehören. Durch die Ironie des Schicksals sind es eben leider auch solche Fragen, zu denen er jetzt Stellung nehmen soll: die der philosophischen Anthropologie. In einem so prekären Fall kann man wohl kaum bescheiden genug sein.

I. Zur Marxschen Fragestellung im Bereich der Anthropologie

Zunächst sei festgestellt, daß weder Marx noch seine Nachfolger sich des Ausdrucks „neuer Mensch" bedienten und daß auch keine „marxistische Anthropologie" – im Sinne einer geschlossenen Lehre, die etwa ein Gegenstück der „marxistischen politischen Ökonomie" bilden würde –, erarbeitet wurde. Wenn man also den in dieser Sitzung behandelten Problemkomplex als die „Frage nach dem *neuen* Menschen in theologischer und *marxistischer* Anthropologie" bezeichnet, geht man von einer Fragestellung aus, die einer theologischen, nicht marxistischen Betrachtungsweise entspringt.

Daraus folgt jedoch noch nicht unbedingt, daß eine solche Fragestellung in bezug auf den Marxismus illegitim sein müßte. Obwohl Marx nicht von einem „neuen Menschen" sprach, drückte er immerhin die Erwartungen aus, daß der zukünftige Mensch sich „in ein anderes Subjekt verwandelt": insofern scheint es zulässig, die von ihm zu erwartende „massenhafte Veränderung der Menschen" mit dem Ausdruck eines „neuen" Menschen zu umschreiben. Hat Marx auch keine Anthropologie im strengen Sinne erarbeitet, so hat er immerhin eine Reihe von Aussagen über den Menschen hinterlassen, die mindestens als ein Keim einer Anthropologie bezeichnet werden dürften – einer „speziellen" Anthropologie sogar, da ihr Ansatz völlig untraditionell ist.

Worin das Spezifikum dieses Ansatzes liegt, ist in diesem Kreis allgemein bekannt. Daher sei an dieser Stelle zunächst einmal nur erwähnt, daß das „menschliche Wesen" bei Marx nicht als ein abstraktes, transzendentales und individuelles, sondern als ein konkretes, historisches und gesellschaftliches Subjekt aufgefaßt wurde.

Diese Fragestellung, die auf der Auffassung des Selbsterzeugungsaktes der Menschengattung durch produktive Tätigkeit und ihre Begleiterscheinungen basiert, brachte eine radikale Umwälzung des herkömmlichen Verständnisses des Phänomens Mensch mit sich, das für den Aufbau einer wissenschaftlich fundierten Anthropologie unentbehrlich sein dürfte. Damit will allerdings keineswegs behauptet werden, daß diese Fragestellung allein für das Verständnis des Menschen völlig ausreicht: Marx selbst ließ manche, in diesem Zusammenhang vorrangigen Fragen außer Betracht, seine Nachfolger klammerten dann die anthropologische Thematik praktisch aus. Dies ging so weit, daß der „junge Marx" teilweise in Vergessenheit geriet, teilweise nicht als „vollwertiger Marx" verstanden wurde[1] und seine anthropologischen Überlegungen in das von ihm hinterlassene Erbe gar nicht einbezogen wurden[2]. Man kann Havemann – und Duchrow – nur zustimmen, wenn sie feststellen, daß dieser Umstand zu den weitgehenden Deformationen der von Marx ausgehenden Theorie und der auf Marx sich berufenden Praxis beigetragen hat.

Die Gründe der Abwendung Marxens von der rein anthropologischen Thematik werden jedoch nicht immer richtig verstanden. „Marx interessierte das alles später ersichtlich nicht mehr" – meint beispielsweise Erich Thier in dem bereits zitierten Aufsatz[3], nachdem er feststellte, daß seit 1848 Marx „mit dem Neubau seines Systems auf ande-

---

[1] Wie etwa *Erich Thier* es formuliert hat, sind für den Bolschewismus „die frühen Werke (Marxens) nur insoweit interessant…, als sie ‚schon' oder ‚noch nicht' Annäherungen an das ‚klassische' Werk zeigen. Sie besitzen also keinen Eigenwert… Der späte Marx ist der eigentliche Marx." (Marxismusstudien, Band I, S. 5–6) Hinweise auf die neomarxistischen Antikritiker s. auch bei *Iring Fetscher,* in: Marxismusstudien, Dritte Folge, S. 66 ff.

[2] Dies wird auch aus dem Aufsatz *Lenins* „Drei Quellen und drei Bestandteile des Marxismus" ersichtlich: Der Mensch als Bezugspunkt der Marxschen Philosophie, Ökonomie und des „wissenschaftlichen Sozialismus" verliert sich aus dem Augenwinkel Lenins restlos.

[3] AaO, S. 4.

rer Basis als der der Frühschriften (einsetzte)", nämlich dem der „Mehrwert-Theorie"[4], ohne sich weiter der Thematik des „menschlichen Wesens" anzunehmen. Thier versäumt jedoch, die Grundfrage zu stellen, worauf dieser Bruch in der gesamten Forschungsorientierung zurückzuführen ist: ob darauf, daß Marx nun die Fragen des Menschen, seiner Emanzipation, nicht mehr für relevant hielt (wie man der Darstellung Thiers entnehmen dürfte), oder aber darauf, daß er seinen bisherigen Ansatz, der sich nur der herkömmlichen Werkzeuge einer philosophischen Analyse bediente, als unwirksam und unzureichend empfand.

Mehreres zeugt für die zweite Deutung. Einen Spott an die Adresse derer, die anstatt der „faktischen gesellschaftlichen Zustände ... das Bewußtsein ‚*des* Menschen' über ‚*sein*' Wesen zutage fördern", findet man schon in dem II. Band der Deutschen Ideologie[5]. In der Auseinandersetzung mit Max Stirner (I. Band der DI) distanziert er sich von den in der „Einleitung zur Kritik der Hegelschen Rechtsphilosophie" angewandten Ausdrücken wie „menschliches Wesen" und „Gattung" als von den „traditionell unterlaufenden philosophischen Ausdrücken" und betont, daß man sich „an das Studium der Wirklichkeit geben (muß)", daß die (spekulative) „Philosophie und Studium der wirklichen Welt sich zueinander wie Onanie und Geschlechtsliebe (verhalten)", u. a.[6].

Dies deutet auf zweierlei hin: einmal darauf, daß die Abwendung von dem – mit Marx gesprochen – „Feuerbacher-Kultus" schon in der Deutschen Ideologie, also noch vor der Periode der eigentlichen ökonomischen Untersuchungen, angelegt ist, so daß man den Bruch in der Forschungsorientierung (erstens) nicht erst nach 1848 placieren und (zweitens) nicht verabsolutieren darf.

Zum anderen aber – was viel wichtiger ist – dürfte man anhand dessen die allmählich sich vollziehende radikale Verschiebung des Forschungs*gegenstandes* nicht der Verschiebung des Forschungs*interesses* gleichsetzen[7], oder sie sogar als Wandel der *Intention* verstehen. Was

---

[4] AaO, S. 4. [5] MEGA, Band 3, S. 447.

[6] MEGA, Band 3, S. 217–218.

[7] Der neue Forschungsgegenstand – die politische Ökonomie – hat ihn zunächst nicht allzu sehr interessiert und wurde von ihm als eine vorübergehende, ja kurzfristige Angelegenheit verstanden. So schreibt er beispielsweise in seinem Brief an Engels am 2. April 1851: „Ich bin so weit, daß ich in 5 Wochen mit der ganzen ökonomischen Scheiße fertig bin. Und danach werde ich zu Haus die Ökonomie ausarbeiten und im Museum mich auf eine andre Wissenschaft werfen. Das beginnt mich

die Intention betrifft, dürfte jegliche Dichotomie der Gestalt Marxens in einen „frühen" und einen „späten" irreführend sein: in dieser Hinsicht gibt es nur einen Marx, den des humanistischen Vorkämpfers der Emanzipation des Menschen [8].

Will man genauer verstehen, warum ein humanistischer Philosoph, dessen Intention völlig auf die Befreiung des Menschen ausgerichtet war, sich nicht einer Anthropologie, sondern einer politischen Ökonomie zuwandte, muß man zumindest bis auf seine Thesen über Feuerbach zurückgreifen. „Feuerbach löst das religiöse in das menschliche Wesen auf" – stellt Marx in seiner 6. These fest. „Aber das menschliche Wesen ist kein dem einzelnen Individuum innewohnendes Abstraktum. In seiner Wirklichkeit ist es das Ensemble der gesellschaftlichen Verhältnisse." [9] Kann aber der Mensch nicht als ein von den „Verhältnissen" losgelöstes Individuum betrachtet werden, dann hieße es für Marx, daß er das „menschliche Wesen" nur auf dem Wege des Erkennens dieser Verhältnisse zu erkennen vermag. Unter diesen verstand er schon zu dieser

---

zu langweilen." (Übernommen von: *Franz Mehring*, Karl Marx. Geschichte seines Lebens, Berlin 1964, Dietz Verlag, S. 260.)

Daß diese Aufgabe „seinen Neigungen und ursprünglichen Interessen ganz fern lag", wird u. a. von *S. Landshut* festgestellt. Er beruft sich auf das Zeugnis Lafargues, Marx' Schwiegersohn, wonach Marx noch in seinem Alter daran dachte, eine Logik und eine Geschichte der Philosophie zu schreiben. (Vgl. *Landshuts* Einleitung zu den Frühschriften, S. XLV.) Auch wünschte sich Marx immer, sich wieder der griechischen Philosophie zuwenden zu können.

Daß es eben die philosophische Problematik war, die ihn immer wieder angezogen hat und die sein ganzes Werk durchdringt, entspricht u. a. der Auffassung Marxens bei dem tschechischen Philosophen *Karel Kosík*:

„Die Bedeutung der Grundrisse kann man kaum überschätzen. Sie beweisen vor allem, daß Marx niemals die philosophische Problematik verlassen hat, und daß namentlich die Begriffe ‚Entfremdung', ‚Verdinglichung', ‚Totalität' sowie die Beziehung von Subjekt und Objekt, die einige ungebildete Marxologen am liebsten für eine Jugendsünde Marxens ausgeben möchten, bleibende begriffliche Ausrüstung der Marxschen Theorie sind. Das Kapital ist ohne sie unverständlich." (Die Dialektik des Konkreten, Frankfurt 1967, S. 188.) Ähnliches hat übrigens auch Lenin gesehen.

Pointiert dürfte man vielleicht sagen: Marx war kein Ökonom. Er *wurde* zu einem Ökonomen, um das „Rätsel der Geschichte", das im Grunde eine par excellence philosophische Problematik darstellt, auflösen zu können.

[8] „(Diese) Verwirklichung der wahren Bestimmung des Menschen ist die das *ganze* Werk tragende Idee. Aus ihrem Inhalt ist die Bedeutung alles anderen allein zu verstehen und zu bestimmen." (*S. Landshut* in seiner Einleitung zu der Kröner-Ausgabe der „Frühschriften", 1953, S. XLV.)

[9] Die Frühschriften, S. 340. (Sofern nichts anderes angegeben, wird von der oben angeführten Ausgabe zitiert.)

Zeit sowohl das Verhältnis des Menschen zur Natur (Bereich der gesellschaftlichen Arbeit) als auch zu den anderen Menschen (Bereich der Produktionsverhältnisse sowie der davon abhängigen sämtlichen gesellschaftlichen Beziehungen). In beiden Fällen tritt man in den Bereich der politischen Ökonomie. So fühlte sich Marx gedrungen, das Studium der wirtschaftlichen Gesetze und ihrer Entwicklung zu seiner eigensten Aufgabe zu machen [10].

Mit anderen Worten, auf der Suche nach dem Menschen fand Marx anstatt eines abstrakten *menschlichen* Wesens – konkrete *gesellschaftliche* Strukturen. Wenn und soweit diese das menschliche Wesen determinieren, trug ihre Erkenntnis gleichzeitig zur Erkenntnis – und ihre Änderung gleichzeitig zur Änderung – dieses Wesens bei. So verlagerte sich das Interesse Marxens von den rein anthropologischen zu den gesellschaftlichen, vor allem ökonomischen Strukturen.

Bei aller Hochachtung einer solchen Einsicht und späteren Leistungen Marxens gegenüber, drängt sich doch der Zweifel auf, ob diese totale Verlagerung völlig berechtigt war, – und zwar vom Gesichtspunkt der philosophischen Grundposition Marxens selbst. Denn, ist der Mensch ein Ensemble der gesellschaftlichen Verhältnisse, sind diese doch andererseits wieder von ihm und nur von ihm hergestellt. „Die materialistische Lehre von der Veränderung der Zustände und der Erziehung vergißt, daß die Umstände von den Menschen verändert werden und der Erzieher selbst erzogen werden muß", – heißt es in denselben Thesen über Feuerbach [11]. Ist es aber so, müssen dann nicht auch die Grundstrukturen des Subjekts möglichst tief erkannt werden, das einzig imstande ist, die Umstände zu ändern? Hätte die Erziehung des Erziehers nicht wirksamer vor sich gehen können, wenn von seinem Wesen – nicht im abstrakten Sinne, sondern eben im Sinne seiner damaligen konkret-historischen Gestalt – noch mehr erfahren worden wäre, als es bei Marx der Fall war? Hier dürfte tatsächlich ein verhängnisvolles Defizit liegen, das eng mit den Vorwürfen Duchrows Marx gegenüber zusammenhängt und das in dem entsprechenden (dritten) Teil des Korreferats ausführlicher reflektiert wird.

An diesem Ort sei jedoch unterstrichen, daß die philosophische Grundposition Marxens keineswegs *auf irgendeinem Determinismus* beruht, wie sie später von einigen Nachfolgern sowie von Widersachern ver-

---

[10] *S. Landshut*, Frühschriften, S. XLV.

[11] Frühschriften, S. 339.

standen wurde[12]. In der Tat liegt ihre Substanz – von verschiedenen Gesichtspunkten betrachtet – eben *im Erfassen der Spannweite der menschlichen Existenz zwischen den Polaritäten*:

- der naturhistorischen Notwendigkeit und der durch die Aktivität und Schöpfung stets neu erzielten Freiheit;
- der Determiniertheit und der freien Wahl;
- der Anpassung an die Verhältnisse und der Fähigkeit, Verhältnisse zu transzendieren;
- der Gebundenheit an die Bedürfnisse und der Eignung, neue Bedürfnisse zu schaffen;
- dem Angewiesensein auf das System und der Möglichkeit, das System zu überschreiten;
- der Unterwerfung unter die fixierten Objekte und der Tauglichkeit, diese Sedimente der Entäußerung aufzulösen;
- der Rezeption der Verhältnisse und Werte und deren Neuschöpfung[13].

Einer ähnlichen Grundfigur begegnet man bereits in der vormarxistischen Philosophie. Das „Proprium" bei Marx dürfte in erster Linie darin liegen, daß er – zunächst allgemein gesagt – (1) den Charakter des „Gegebenen" bis in die Grundstrukturen durchleuchtete und daraus (2) die Richtung und die Wege des Transzendierens aufzeigte. Dies führt uns zu der Problematik der „Zukunftslehre" Marxens.

---

[12] Engels' totalitäre Aspiration, Marxismus in ein geschlossenes philosophisches System umzuwandeln (und ihn durch die Formulierung der dialektischen Ontologie, der Dialektik der Natur, also einer Dialektik ohne den Menschen und seine Geschichte weltanschaulich zu erweitern), führte notwendigerweise zur strengen Betonung der Determiniertheit des gesellschaftlichen Prozesses und im Laufe der Zeit zur Deformierung der Marxschen Geschichtsphilosophie im Sinne eines Fatalismus der immanenten Gesetze der Geschichte mit einer eschatologischen Ausmündung. Engels selbst versuchte zwar kurz vor seinem Tode einige dieser vulgärmaterialistischen Vorstellungen, die sich damals zu verbreiten begannen, zu korrigieren und ihnen Stirn zu bieten – besonders durch die oft wiederholte Betonung der relativ autonomen Rolle und starken Wirkens des Überbaues gegenüber der Basis (vgl. einige Briefe Engels' aus den neunziger Jahren). Diese Korrekturen haben jedoch das gewissermaßen fatalistische Bild in den Augen der Nachfolger nicht grundsätzlich geändert.

[13] „Die Existenz des konkreten Menschen erstreckt sich in dem Bereich zwischen seiner Nichtreduzierbarkeit, seiner Möglichkeit also, das System zu überschreiten, und dem faktischen Eingegliedertsein, dem praktischen Funktionieren im System (der historischen Umstände und Beziehungen)." *K. Kosík,* Die Dialektik des Konkreten, S. 95.

II. Zur Frage nach den Marxschen Zukunftserwartungen

Die Zukunftsvorstellungen Marxens sind mit der Problematik des „neuen Menschen“ in dem Maße verbunden, in dem die „massenhafte Veränderung der Menschen“ erst als ein Ergebnis – und als eigentlicher Sinn – der Umgestaltung der bisherigen Klassengesellschaft in eine klassenlose Gesellschaft anvisiert wurde. Die formelle Verwandtschaft dieser Erwartung mit den christlichen Visionen einer neuen Menschheit im zukünftigen Reiche Gottes ist unverkennbar. Wie sämtliche abendländische Philosophie bewegte sich auch die Marxsche auf dem Boden der jüdisch-christlichen Tradition. Daher ergeben sich u. a. so viele Parallelen zwischen der christlichen und marxistischen Weltanschauung, daher findet man auch im Marxismus teleologische und eschatologische Züge.

1

Zur genauen Bestimmung dessen, inwieweit und in welchen Fragen diese Züge bei Marx zum Ausdruck kamen, wäre eine selbständige Untersuchung erforderlich. Es dürfte jedoch als eine unzulässige Simplifizierung gelten, wenn man die Marxschen Zukunftsvorstellungen schlicht als eine säkularisierte Lehre vom Reich Gottes betrachtet und ihr dieselben Prädikate unterstellt (Endzustand, Vollendung, Vollkommenheit...), die der christlichen Lehre inhärent sind.

Eine solche Interpretation der Marxschen Lehre hat vor allem in der Ökumene eine längere Tradition. Sie reicht zumindest bis in die dreißiger Jahre zurück, in die Zeit der Oxforder Konferenz und der dort vorgelegten Analyse von N. N. Alexejew unter dem Titel „Die marxistische Anthropologie“ [14]. Seit jener Zeit wurde diese Deutung noch weiter entwickelt, u. a. in einer sehr anregenden Studie von Erwin Metzke [15]. Ganz deutlich wird sie in den folgenden Sätzen Metzkes zusammengefaßt:

„Es geht um die Herstellung eines vollkommenen, von nun an gleichförmigen, wandlungslosen Gesellschaftszustandes... Es ist ein absoluter Zustand ‚endzeitlicher‘ Vollendung.“ [16]

---

[14] Siehe *H. E. Tödt,* Die Marxismus-Diskussion in der ökumenischen Bewegung, in: Marxismusstudien, Sechste Folge, bes. S. 9–11.

[15] Mensch und Geschichte, in: Marxismusstudien, Zweite Folge, S. 1–25.

[16] Mensch und Geschichte, aaO, S. 21.

Marx selbst sagt allerdings über den Kommunismus fast Entgegengesetztes aus. In den *Pariser Manuskripten*: „Der Kommunismus ist die notwendige Gestalt und das energische Prinzip der nächsten Zukunft, aber der Kommunismus ist nicht als solcher das Ziel der menschlichen Entwicklung, – (er ist) die Gestalt der menschlichen Gesellschaft." [17]

In der *Deutschen Ideologie*: „Der Kommunismus ist für uns nicht ein *Zustand*, der hergestellt werden soll, ein *Ideal*, wonach die Wirklichkeit sich zu richten habe. Wir nennen Kommunismus die *wirkliche* Bewegung, welche den jetzigen Zustand aufhebt." [18]

In *Elend der Philosophie*: „Nur bei einer Ordnung der Dinge, wo es keine Klassen und keinen Klassengegensatz gibt, werden die *gesellschaftlichen Evolutionen* aufhören, politische Revolutionen zu sein. Bis dahin wird am Vorabend jeder allgemeinen Neugestaltung der Gesellschaft das letzte Wort der sozialen Wissenschaft stets lauten: Kampf oder Tod..."[19]

Marx verwendet also Begriffe, die denjenigen, durch die seine Auffassung bei Metzke interpretiert wird, nahezu entgegengesetzt sind: Marx setzt gesellschaftliche Evolutionen auch in der Zukunft voraus (also nichts „Wandlungsloses", „Endzeitliches", „Absolutes"). Und wo es Evolutionen und Neugestaltungen gibt, dort kann von dem „Vollkommenen", „Gleichförmigen", „Vollendeten" etc. keine Rede sein[20].

Die „klassenlose Gesellschaft" wird von Marx als „Endziel" nur in Kontraposition zur bisherigen Klassengesellschaft erfaßt – als eine Aufhebung, in der sich die Einheit der geschichtlichen Kontinuität und Diskontinuität manifestiert; ebenso stellt sie jedoch einen Neu*beginn* der nächsten Entwicklung dar[21]. Die Zukunft bleibt für Marx insofern offen, als er – wie noch gezeigt wird – es ausdrücklich ablehnt, über die

---

[17] Frühschriften, S. 248.

[18] AaO, S. 361. Hervorhebungen von Marx.

[19] AaO, S. 524.

[20] Darauf macht uns jüngstens auch *Wolfgang Abendroth* aufmerksam, wenn er an Milovan Djilas, der den Marxismus als eine „mystische Eschatologie" bezeichnet hat, die Frage stellt: „Wo eigentlich haben Marx und Engels von ‚letzten Dingen' oder von einem nicht weiterer historischer Entwicklung ausgesetzten ‚Endzustand der Gesellschaft' geredet?"

[21] Daher trifft nicht zu, wenn auch z. B. *Peter Scheibert* bei der Darstellung des Geschichtsbegriffs Bakunins schreibt: „Geschichte geschieht durch ein ursprüngliches Verfehlen, ist ihrem Wesen nach Wiederherstellung eines möglichen Intakten und hört dann wieder auf, bei Bakunin sowohl wie bei Marx." (Zitiert aus dem Anarchismus-Aufsatz *W. Lienemanns*, in: Zeitschrift für evangelische Ethik, 14, 1970, S. 352, Anm. 64.)

konkrete Gestalt weiterer Entwicklungen im Rahmen einer klassenlosen Gesellschaft jegliche Aussagen zu machen: die Zukunft ist hier daher keine Negation der Geschichtlichkeit, sondern ihre „wahre“ Erfüllung, keine Negation der Geschichte, sondern ihre „authentische“ Weiterentwicklung[22].

Wenn also der Referent denen zustimmt, die eine „Enteschatologisierung“ des Marxismus befürworten, ist er mit dem Korreferenten keineswegs im Streit. Dieser fühlt sich jedoch verpflichtet zu bemerken:

(1) daß die Vorwürfe eines Eschatologismus bei Marx weniger an Marx selbst, denn an seine Interpreten – vor allem aus den Reihen der Theologen, teilweise an den Referenten selbst – gerichtet werden dürften;
(2) daß es vielleicht als verblüffend betrachtet werden mag, wenn die eschatologischen Elemente bei Marx oft einen peiorativen Klang eben bei denen hinterlassen, die selbst grundsätzlich in eschatologischen Kategorien denken und die Eschatologismus für die entscheidende Perspektive eines wahren Erkennens halten;
(3) daß diese eschatologischen Elemente, indem sie auf eine gewisse Verwandtschaft der Intentionen beider Weltanschauungen hinweisen, im Grunde begrüßenswert sein dürften – was von einigen Theologen (z. B. Hromádka) eingesehen wurde.

2

Wenn aber Kommunismus für Marx keine vollendete, vollkommene, endzeitliche Gesellschaftsform bedeutete, dann ist zu fragen, ob er den in dieser künftigen Gesellschaft lebenden *Menschen* tatsächlich mit einer solchen Vollkommenheit beschenkt wissen wollte, wie üblicherweise angenommen wird. Da meistens die Marxsche Phraseologie des „totalen Menschen“ der Kritik, ja einer Ironie, ausgesetzt ist, verfolgen wir in einer Abkürzung den Kontext seiner Überlegungen an der betreffenden Stelle.

Mit dem Ausdruck „Totalität“ wird hier etwa die „Allseitigkeit“ umschrieben. Ein „totaler Mensch“ ist für Marx ein solches Wesen, das sich alle seine *„menschlichen* Verhältnisse zur Welt – Sehen, Hören, Riechen, Schmecken, Fühlen, Denken, Anschauen, Empfinden, Wollen,

---

[22] Man könnte hier auch von einer „bestimmten Negation“ reden; das objektiv Mögliche gegen das je beschränkte Wirkliche, dazu Ökonomie als konkrete Analyse, nicht bürgerlich-utopische Spekulation.

Tätigsein, Lieben, kurz alle Organe seiner Individualität..." aneignet. Dieser „Totalität" wird dann ein solcher gesellschaftlicher Zustand („Privateigentum") gegenübergestellt, in dem „an die Stelle *aller* physischen und geistigen Sinne ... die einfache Entfremdung *aller* dieser Sinne, der Sinn des *Habens* getreten (ist)". Die Überwindung dieses Zustandes, „die Aufhebung des Privateigentums ist daher die vollständige Emanzipation aller menschlichen Sinne und Eigenschaften" [23].

Das Marxsche Nachdenken über den „totalen Menschen" wurde hier vielleicht mit unzulässiger Vereinfachung wiedergegeben. Auch eine komplette Wiedergabe könnte jedoch nur das bekräftigen, woran uns in diesem Zusammenhang liegt: dem Autor der Manuskripte darf keine „Vollständigkeits-Vision" unterstellt werden. Nicht der *Mensch* der Zukunft soll vollständig sein; vollständig soll die *Emanzipation* aller seiner Sinne und Eigenschaften sein. Die *„Sinne"*, die Marx paradigmatisch aufzählte, sind nichts anderes als ganz normale Attribute eines jeden Menschen. Ähnlich ist es mit den *Eigenschaften*, die emanzipiert werden sollen. In der Regel lehnte es Marx sogar ab, das menschliche Wesen auf einen bestimmten Katalog von Eigenschaften, Bedürfnissen, Begierden zu fixieren und über seine künftige Gestalt etwas auszusagen [24]. Wenn er jedoch überhaupt von dem Menschen „an sich" spricht, dann bewegt er sich streng nüchtern auf dem Boden der Wirklichkeit. So hat er auch jeweils das Tragische als ein unaufhebbares Attribut der Menschlichkeit im Sinne. Der Mensch ist für ihn ja ein „bedürftiges Wesen", ein „leidendes, bedingtes und beschränktes Wesen", ein „leidenschaftliches Wesen" [25]. „Die Leidenschaft, die Passion, ist die nach seinem Gegenstand energisch strebende Wesenskraft des Menschen", sagt Marx. Eben deshalb jedoch kann er die vollkommene Befriedigung nie restlos erreichen. Und als ein „bestimmtes Gattungswesen" ist der Mensch natürlich sterblich.

Auch in bezug auf die zu erwartende künftige Gestalt des Menschen schildert also Marx kein Paradies auf Erden. Seine klassenlose Gesellschaft ist keine vollkommene Gesellschaft vollkommener Menschen: es soll etwa eine solche Gesellschaftsform sein, die eine qualitativ neue

[23] Die Frühschriften, S. 240.

[24] So findet man z. B. in der Auseinandersetzung mit Max Stirner folgende Überlegung: „Welche Begierden nun unter der kommunistischen Organisation bloß verwandelt und welche aufgelöst werden, läßt sich nur auf praktische Weise ... entscheiden." (MEGA, Bd. 3, S. 239)

[25] Die Frühschriften, S. 274/5.

Stufe der permanenten gesellschaftlichen Evolution darstellt und in der alle dem Menschen innewohnenden Wesenskräfte sich frei entfalten können.

3

Damit kommen wir zu einem anderen Element der Marxschen Zukunftsvorstellungen – und zu einem anderen gegen Marx gerichteten Vorwurf. Es geht um die Frage der *Aufhebung der Entfremdung* durch die Aufhebung des Privateigentums. Die übliche Interpretation, der teilweise auch der Referent Rechnung trägt, lautet etwa wie folgt: Marx setzt die Aufhebung des Privateigentums der Aufhebung der Entfremdung gleich. Das Privateigentum wurde in manchen Ländern schon vor Jahrzehnten beseitigt – die Entfremdung jedoch dadurch nicht aufgehoben. Daraus resultiert: die Marxsche Doktrin hat sich als unwahr (bzw. naiv, utopisch, irreführend ...) erwiesen.

Diese Figur stimmt nicht, da ihre Prämisse eine Verzerrung der Marxschen Auffassung beinhaltet. Sie stützt sich im Grunde auf folgende Marxsche Formulierungen: „Der Kommunismus als positive Aufhebung des Privateigentums als menschlicher Selbstentfremdung und darum als wirkliche Aneignung des menschlichen Wesens durch und für den Menschen.“ [26] „Die positive Aufhebung des Privateigentums als die Aneignung des menschlichen Lebens ist dadurch die positive Aufhebung aller Entfremdung ...“ [27].

Aus dem ganzen Kontext dieser Überlegungen geht allerdings hervor, daß Marx diese „Aufhebung aller Entfremdung“ nur mit *einer bestimmten* Gestalt des Kommunismus verbindet. Dieser höheren völlig entwickelten Gestalt stellt er in demselben Zusammenhang zwei andere Gestalten gegenüber. In beiden ist das Privateigentum aufgehoben – nicht aber die Entfremdung! Über die erste Kommunismus-Gestalt sagt Marx u. a.: „Dieser Kommunismus – indem er die *Persönlichkeit* des Menschen überall negiert – ist aber nur der konsequente Ausdruck des Privateigentums, welches diese Negation ist.“ [28] Die andere charakterisiert er wie folgt: „Der Kommunismus a) noch politischer Natur, demokratisch oder despotisch; b) mit Aufhebung des Staats, aber zugleich noch unvollendetem und immer noch mit dem Privateigentum, d. h. der Entfremdung des Menschen affiziertem Wesen.“ [29]

---

[26] Die Frühschriften, S. 235.
[27] AaO, S. 236.
[28] AaO, S. 233.
[29] AaO, S. 235.

Die Marxsche Darstellung von einzelnen Gestalten des Kommunismus läßt wohl mehrere Deutungen zu. Eines steht jedoch außer Zweifel: Marx hat unmißverständlich betont, daß nicht jede auf der Aufhebung des Privateigentums beruhende Gesellschaft die Aufhebung der Entfremdung zu bewirken vermag.

Nun kann man weiter fragen: Wie stellt sich Marx die Gesellschaft vor, die diese Aufhebung der Entfremdung tatsächlich zu bewirken vermag? Kann man sie in irgendeiner Hinsicht etwa der Gesellschaft angleichen, die heutzutage unter dem Namen Sozialismus figuriert und sich zu der marxistischen Lehre vom Kommunismus bekennt?

In der Tat ist etwa das Gegenteil der Fall. Was die *Manuskripte* betrifft, ist geradezu erstaunlich, wie viele Merkmale, die Marx für die Charakterisierung der „ersten zwei Gestalten des Kommunismus" verwendete, auf die heutige Wirklichkeit der von kommunistischen Parteien regierten Länder zutreffen – einige mehr auf die sowjetische, andere auf die chinesische Art des „Sozialismus"[30]. Diese Merkmale sind allerdings eben Merkmale der Gesellschaften, in denen nach Marx *trotz* der Aufhebung des Privateigentums noch *keine* Aufhebung der Entfremdung erfolgen kann.

Ähnliches zeigt sich, wenn man die Qualität der heutigen, als sozialistisch angesehenen Länder anhand der *späteren,* konkreteren Bestim-

---

[30] So z. B. über den „rohen Kommunismus" (die „erste Gestalt"): „Der physische unmittelbare *Besitz* gilt ihm als einziger Zweck des Lebens und Daseins; die Bestimmung des *Arbeiters* wird nicht aufgehoben, sondern auf alle Menschen ausgedehnt; er will auf *gewaltsame* Weise von Talent etc. abstrahieren."

Nach dem im Text schon zitierten Satz über die Negation der menschlichen Persönlichkeit setzt *Marx* fort: „Der allgemeine und als Macht sich konstituierende *Neid* ist nur die versteckte Form, in welcher die *Habsucht* sich herstellt und nur auf eine *andere* Weise sich befriedigt. Der Gedanke jedes Privateigentums als eines solchen ist *wenigstens* gegen das *reichere* Privateigentum als Neid und Nivellierungssucht gekehrt, so daß diese sogar das Wesen der Konkurrenz ausmachen. Der rohe Kommunist ist nur die Vollendung dieses Neides und dieser Nivellierung von dem *vorgestellten* Minimum aus. Er hat ein *bestimmtes begrenztes* Maß. Wie wenig diese Aufhebung des Privateigentums eine wirkliche Aneignung ist, beweist eben die abstrakte Negation der ganzen Welt, der Bildung und der Zivilisation; die Rückkehr zur *unnatürlichen* Einfachheit des *armen* und bedürfnislosen Menschen, der nicht über das Privateigentum hinaus, sondern noch nicht einmal bei demselben angelangt ist." (S. 233)

Die *Marx*sche Darstellung der „zweiten Gestalt" endet mit den Worten: „... indem er das positive Wesen des Privateigentums noch nicht erfaßt hat und ebenso wenig die *menschliche* Natur des Bedürfnisses verstanden hat, ist er auch noch von demselben befangen und infiziert. Er hat zwar seinen Begriff erfaßt, aber noch nicht sein Wesen." (S. 235)

mungen Marxens mißt. Es geht im Grunde nicht darum, daß diese Länder das kommunistische Stadium *„noch nicht"* erreicht haben[31]. Vielmehr geht es darum, daß sie von dem Wege, der zum „Kommunismus" (bzw. zu einer solchen Gesellschaft, die sich der Marxschen Voraussage annähern dürfte) hätte führen können, abgekommen sind.

Denn: Die entscheidende Vorbedingung für die Durchführung der auf den Kommunismus zulaufenden Umgestaltungen war nach Marx „die Erhebung des Proletariats zur herrschenden Klasse, die Erkämpfung der Demokratie"[32]. Nur durch die demokratische Macht einer (im Grunde proletarischen, aber nicht nur proletarischen) Mehrheit konnte (und mußte) garantiert werden, daß

(1) „alle Produktion in den Händen der assoziierten Individuen konzentriert (ist)"[33] – wodurch bei Marx eindeutig nicht nur eine bloße Abschaffung des Privateigentums, der Ausbeutung, der kapitalistischen Produktionsweise verstanden ist, sondern auch die wahre Vergesellschaftlichung der Produktionsmittel, ihre Verfügbarkeit durch die Produzenten selbst und dadurch die Abschaffung der ökonomischen Gewalt;

(2) die politische Gewalt allmählich abstirbt und die Sphäre der menschlichen Freiheit sich grundsätzlich verbreitet.

(„Wenn das Proletariat ... gewaltsam die alten Produktionsverhältnisse aufhebt, so hebt es mit diesen Produktionsverhältnissen die Existenzbedingungen des Klassengegensatzes, die Klassen überhaupt und damit seine eigene Herrschaft als Klasse auf. An die Stelle der alten bürgerlichen Gesellschaft mit ihren Klassen und Klassengegensätzen tritt eine Assoziation, worin die freie Entwicklung eines jeden die Bedingung für die freie Entwicklung aller ist."[34])

---

[31] Im späteren, differenzierteren Marxschen Verständnis vom Kommunismus geht es um einen breiten Komplex verschiedenartigster Momente, die man unter drei Hauptbestimmungen subsumieren – und diese (sehr vereinfacht) etwa folgendermaßen beschreiben – könnte:

- Die Produktivkräfte sind insofern entwickelt, daß eine Überwindung des materiellen Mangels und völlige Befriedigung der menschlichen Bedürfnisse garantiert ist;
- der Staat (im Sinne des politischen Gewaltinstruments) ist abgestorben und durch die gesellschaftliche Selbstverwaltung der klassenlosen Gesellschaft ersetzt;
- der Mensch, von materieller Not sowie von politischer Gewalt befreit, entfaltet uneingeschränkt seine Wesenskräfte.

[32] Die Frühschriften, S. 547. [33] AaO, S. 548.

[34] AaO, S. 548.

Nun, es ist natürlich nicht schwer zu erkennen, daß sich die Ostblockländer auf dem von Marx anvisierten Wege der Gewaltabschaffung, permanenter Demokratisierung, freierer Entwicklung des Menschen, keineswegs befinden. Ihr dominantes Merkmal bleibt die ständige Reproduktion einer gewaltsamen Machtausübung und – was weitaus schwerwiegender ist – deren Konzentration in den Händen einer schmalen bürokratischen Schicht, die die Emanzipation der Gesellschaft (Entwicklung der Demokratie, Selbstverwaltung, Freiheiten) bewußt und wirksam verhindert und dadurch ungewollt auch die erreichbare Vermehrung des gesellschaftlichen Reichtums weitgehend bremst.

Unter solchen Bedingungen konnte sich freilich der Prozeß der allmählichen Überwindung der Entfremdung nicht einmal in dem Maße vollziehen, das man schon in der sozialistischen Phase nach Marx mit Recht erwarten könnte. Von dem Marxschen Programm ist hier eigentlich nur die negative, destruktive Seite, nicht jedoch die positive, schöpferische Seite der „revolutionären Mission" verwirklicht worden: die Seite also, durch die erst das humanistische, „unentfremdete" Wesen der vom Privateigentum befreiten Gesellschaft zum Zuge kommen dürfte.

Die in den heutigen sogenannten sozialistischen Ländern herrschenden Verhältnisse allein liefern daher noch keinen Anhaltspunkt für die Falschheit der Marxschen Überzeugung von der „Aufhebung der Entfremdung" in der „klassenlosen Gesellschaft".

Daher erscheint es unzutreffend und illegitim,

(1) wenn man die Überzeugung, die Marxsche humanistische Vision sei nicht einmal in ihren Grundintentionen realisierbar, durch die geschichtliche Entwicklung und/oder soziale Wirklichkeit der Ostblockländer zu belegen versucht;

(2) wenn man dem Marxismus die Praxis vorwirft, die von ihm, streng genommen, nicht abgeleitet werden kann, und die nicht nur seiner Intention, sondern weitgehend auch seinen programmatischen Postulaten widerspricht;

(3) wenn man die zur Praxis der Ostblockländer angebotenen Alternativen für eine Korrektur des Marxismus ausgibt und im Rahmen der Marxismuskritik behandelt, obwohl in der Tat die meisten dieser Vorschläge gerade den marxistischen Lösungen entsprechen.

Etwa diese Positionen fanden z. T. ihr Echo auch bei dem Referenten; viel stärker begegnet man ihnen jedoch im Plenum der Kommission sowie bei einigen anderen Theologen und Sozialwissenschaftlern.

Man kann nur hoffen, daß es nicht der Ausdruck eines maßlosen Optimismus ist, wenn man an den Einzug der Zeit glaubt, in der die als „Marxismus-Leninismus" sich bezeichnende Theorie und Praxis nicht mehr mit Marxismus und Sozialismus verwechselt wird.

4

Hinter der zuletzt geäußerten Überlegung verbirgt sich im Grunde ein Plädoyer für eine solche Betrachtung der aufgeworfenen theoretischen Probleme, bei der jeweils auch die faktischen konkret-historischen Umstände streng berücksichtigt werden. Sonst setzt man sich der Gefahr aus, daß auch die relevanten und mit Recht an den Marxismus gerichteten Fragen nicht adäquat gestellt werden. So ist es z. B. in dem Argumentationsvorgang, der das Problem von „cupido dominandi" reflektiert.

„Bleibt man zunächst in dem von Marx anvisierten Problemhorizont" – steht in dem Referat –, „so muß man fragen, was denn den Menschen hindert, aus einem egoistischen Individuum ein Gattungsmensch für andere zu werden, nachdem doch die sein Wesen konstituierende Produktion im besten Fall von der Notwendigkeit der lebenserhaltenden Arbeit entlastet ist und die Produkte kollektiv zur Verfügung stehen." (s. S. 49) Diese Fragestellung setzt allerdings einen solchen Zustand voraus, der in der Tat nirgends existiert: weder ist die Produktion von der Notwendigkeit der lebenserhaltenden Arbeit entlastet, noch stehen die Produkte kollektiv zur Verfügung – jedenfalls nicht im Marxschen Sinne, auf den man hier hinzuweisen glaubt.

Da diese Prämisse nicht stimmt, befindet sich auch die nachstehende Behauptung, daß der „Bereich der Hybris (superbia) oder der Herrschsucht (cupido dominandi) ... auch bestehen bleibt, wenn die Gier (concupiscentia) nach Gütern bereits abgedeckt ist", in der Luftleere: die Gier nach Gütern hat sich zwar in unseren Zeiten oft auf eine andere, anspruchsvollere Ebene übertragen, bleibt jedoch weiterhin bestehen[35]

---

[35] Die menschlichen Bedürfnisse sind bekanntlich nicht konstant: sie verschieben sich parallel mit der Entwicklung der Produktivkräfte. Unter den Bedingungen des Spätkapitalismus werden sie darüber hinaus künstlich stimuliert. Die heutige industrielle Gesellschaft unterscheidet sich von ihren Vorläufern u. a. eben dadurch, daß sie immer neuere, vollkommenere und / oder vielfältigere Verbrauchsgüter bietet und die ständige Erweiterung des Konsums fordert und fördert. So wird die Gier nach

und stellt daher immer noch einen starken Anreiz zum Erreichen jener Posten dar, die den Weg zur Erlangung solcher Güter ebnen. Zu diesen Posten gehören nicht zuletzt eben auch die Machtpositionen. Aus diesem Grunde trifft kaum eine weitere Vorstellung zu, nach der die Neigungen zum Besitz solcher Positionen heutzutage „allein von der masochistischen Befriedigung einer Herrschaft (herrühren)“ (s. S. 43). Sie rühren zwar nicht mehr vom Mangel an den elementarsten biologischen Bedürfnissen her; die Unmöglichkeit einer Befriedigung der Bedürfnisse hinsichtlich eines höchst komfortablen Lebens kann jedoch subjektiv genau so scharf empfunden werden wie eine elementare materielle Not – besonders darum, weil die heute geltenden bürgerlichen Prestigemaßstäbe den Besitz bestimmter luxuriöser Statussymbole weithin subjektiv erfordern.

Aus demselben Grunde schließlich ist kaum zutreffend, über die „um ihrer selbst willen reproduzierte Herrschaft“ zu sprechen: Die Herrschaft reproduziert sich immer noch auch um eines optimalen „Ortes an der Sonne“ willen. Dies dürfte mindestens solange der Fall sein, als der Anteil an dem Nationaleinkommen durch die soziale Position eines jeden Bürgers bedingt bleibt[36].

Durch all dies will der Korreferent keineswegs behaupten, daß das hier als „cupido dominandi“ Bezeichnete allein durch den Aufbau einer „klassenlosen Gesellschaft“ absterben müßte. Eher scheint es, daß man hier mit einem anthropologischen Phänomen konfrontiert ist, das verschiedene Komponenten beinhaltet und daher nicht eindimensional erfaßt werden kann[37]. Dabei zeigt sich allerdings – und darauf zielten die oben skizzierten Überlegungen –, daß auch bei diesem Phänomen nicht von seinem materiell-ökonomischen Substrat abgesehen werden darf – heute ebensowenig wie bei der Interpretation der Ursachen, die die Geburt und die Entwicklung der Klassengesellschaft bedingten.

Gütern nicht eingeschränkt oder „abgedeckt“. Noch weniger gedeckt ist sie in den sogenannten sozialistischen Ländern – also unter den Bedingungen, auf die die Argumentation des Referats in erster Linie abzielte.

[36] Der Anreiz zu einem privilegierten Verbrauch dürfte unter den Bedingungen eines ausgereiften, „allgemeinen“ Wohlstands zwar gemildert, kaum jedoch ausgeschaltet werden – und daher ebenso wenig auch das Streben nach den Positionen, die das Genießen solcher Privilegien ermöglichen.

[37] Die Kritik an der cupido dominandi, die auch im Marxismus fortbesteht und sich erneuert, eint beispielsweise sog. Revisionisten und Anarchisten. (Vgl. den Aufsatz von W. *Lienemann*, aaO.)

Mit den bisherigen Bemerkungen ging es dem Korreferenten vor allem darum, einige Aspekte der Problematik aufzuzeigen, in der Marx oft einseitig verstanden bzw. mißverstanden wird. Dadurch dürfte zugleich das Terrain der Diskussion – so hofft zumindest der Korreferent – ein wenig bereinigt und nun für die Fragen offengehalten sein, die den eigentlichen Kern der Duchrowschen Gedanken darstellen.

III. Zu einigen Fragen des Gott–Mensch- sowie des Christentum–Marxismus-Verhältnisses

Die Grundfrage des Referenten war – mit Duchrow gesagt – „das Problem der Spannung zwischen totaler Selbstschöpfung und einer Lebenshaltung, die dem dankbaren Anerkennen von Vorgaben eine wichtige Bedeutung beimißt". Versuchen wir nun einige Aspekte dieser Duchrowschen Grundfrage zu reflektieren.

1

Eine der Zentralthesen, durch die diese Grundfrage zum Ausdruck kam, besagt: Die emanzipative Gesellschaft kann nur gewährleistet oder zumindest gefördert werden, wenn sich der Mensch als cooperator dei versteht. „Denn wenn der Mensch immer gleichzeitig auf seine eigene Selbstverwirklichung in der Tat sehen muß, so kann er dabei nicht allein auf die zu verantwortende Aufgabe und das Bedürfnis des Mitmenschen und der Gesamtheit sehen – jedenfalls nicht aus wirklicher Freiheit von sich selbst. Anders – immerhin anfangsweise und ständig neu vom Glauben dazu provoziert – liegt es bei den Menschen, die im Anschluß an Jesus ihr Selbst preisgeben können, weil sie es als empfangen annehmen und erhoffen von dem Gott..." (siehe S. 54).

Inwiefern und in welchem Sinne diese Position für einen Nichtgläubigen annehmbar, ja von erstrangiger positiver Bedeutung sein dürfte, wird in einem späteren Zusammenhang erläutert. Zunächst sei jedoch diese Grundhaltung in eine soziologische Sprache übersetzt und ihr die marxistische Sicht gegenübergestellt.

Die hier aufgeworfene Frage berührt das soziologische Problem des Ausgleichs zwischen dem Interesse eines einzelnen und dem der Gesellschaft. In dem Rahmen traditioneller marxistischer Betrachtungsweise beruht die „endgültige" Lösung nicht in der Präferenz des einen Interesses auf dem Altar des anderen (z. B. in einer „Selbst-Preisgabe"), sondern in der Schaffung solcher gesellschaftlicher Bedingungen, unter denen die Entfaltung jedes einzelnen (*eigene* Selbstverwirklichung) zum eigentlichen gesamtgesellschaftlichen Interesse geworden ist, so daß dieser sich natürlicherweise und hemmungslos nach den Prinzipien richten kann, die die Befriedigung der Gesamtinteressen, also der „Bedürfnisse der Mitmenschen und der Gesamtheit" (die Selbstverwirklichung *aller*), regulieren. Zwischen den Dimensionen, die bei Duchrow als konträre aufgefaßt wurden, nämlich zwischen der „eigenen Selbstverwirklichung" und der „Verantwortung gegenüber der Gesamtheit", besteht dann kein unüberbrückbarer Widerspruch, da die eigene Selbstverwirklichung den eigentlichen Ausdruck und Inhalt einer Verantwortung der Gesamtheit gegenüber darstellt, so wie andererseits die Verantwortung der Gesamtheit dem Individuum gegenüber in der Gewährleistung der Bedingungen seiner Selbstverwirklichung zum Ausdruck kommt.

Aus diesem Horizont betrachtet, dürfte man in diesem Zusammenhang die andere Duchrowsche Frage, „Woher gewinnt (der Mensch) die Freiheit von sich selbst zum Gattungswesen für andere und dadurch zur vernünftigen, heilvollen Gestaltung der Welt?", etwa folgendermaßen beantworten: Der Mensch gewinnt diese Freiheit daher, daß eine solche heilvolle Gestaltung der Welt und nur eben eine solche Gestaltung mit seinen eigentlichen Bedürfnissen identisch ist. Da es diese Identität gibt, gibt es auch eine freie Identifizierung, die „Freiheit von sich selbst".

Diese Aussage muß allerdings gleich relativiert werden. Auch in diesem extremen Modellfall ist nämlich die Beziehung zwischen dem Interesse der Gemeinschaft und dem des einzelnen nicht absolut widerspruchslos und die konkrete Gestalt dieser Beziehung nicht für immer gegeben. Sie ist nicht widerspruchslos, denn das gesamtgesellschaftliche Interesse ist nicht die Summe *aller* Aspirationen aller Angehörigen der Gesellschaft, sondern eine Resultante derjenigen Interessen der Individuen, die die Gemeinschaft vorwärtstreiben. Und sie ist auch nicht für immer gegeben, denn ihre konkrete Gestalt wird je nachdem modifiziert, welche Prioritäten an dem bestimmten Grad der gesellschaftlichen Entwicklung objektiv in den Vordergrund treten. In jeder menschlichen Gemeinschaft, in jedem Zusammenleben entstehen Keime verschiedener Widersprüche; unter den oben angedeuteten Umständen entstünde sicherlich zugleich eine reale Aussicht auf ihre weitgehende Aufhebung – allerdings nicht im Sinne eines einmaligen Aktes, sondern eines immer erneut zu erzielenden Ausgleichs der Interessen und einer Optimierung der Beziehungen. Daher dürfte auch die oben erwähnte „freie Identifizierung" kaum automatisch erfolgen. Insofern aber eine gewisse Anstrengung „zur heilvollen Gestaltung der Welt" nötig sei und bestehen bliebe, bleibt auch die von Duchrow aufgeworfene Frage bestehen. Wir kommen auf sie in einem anderen Zusammenhang – wenn auch nicht explizit – zurück.

So etwa – um sich nun wieder der Ausgangsfrage zuzuwenden – ist der marxistische Modellfall zu kennzeichnen. Ihm gegenüber steht die Forderung an die Christen, „im Anschluß an Jesus ihr Selbst preiszugeben", auch wenn diese dafür seitens der Gesamtheit mit keinem entsprechenden Äquivalent rechnen können. Dieses Postulat ist an sich äußerst gewichtig: zugleich ruft es aber große Fragen hervor.

Erstens sei darauf hingewiesen, daß eine solche, an sich hochachtungsvolle Haltung in der Tat oft eben denen zugute kommt, die selbst unwillig sind, im Interesse ihrer Mitmenschen etwas preiszugeben – solange auf sie seitens der Unterprivilegierten kein genügend starker Druck ausgeübt wird. Da aber ein solcher Druck oft auch mit Gewalt – oder zumindest mit einer Weigerung den Gewalten gegenüber – verbunden ist, wird er herkömmlicherweise von den Christen – etwa mit Berufung auf die Forderung der Feindesliebe, der Gewaltlosigkeit, der Gewaltgehorsamkeit u. ä. – für illegitim erklärt.

Zweitens sei daran erinnert, daß die Preisgabe im positiven Sinne jeweils nur die Sache eines ziemlich kleinen Menschenkreises (darunter auch der Nicht-Christen) war. Dies ist keineswegs als zufällig anzusehen. Kann man überhaupt ernsthaft damit rechnen, daß ein beträchtlicher Teil der Menschengattung dafür gewonnen werden kann, sein „Selbst preiszugeben" und „auf das Bedürfnis der Mitmenschen und der Gesamtheit zu sehen", solange die soziale Wirklichkeit mit verschiedenartigen Antagonismen gekennzeichnet ist? Kann man auf die Bedürfnisse eines Mitmenschen sehen, solange diese nur auf Kosten der eigenen Bedürfnisse befriedigt (bzw. maximiert) werden? Kann man auf das Bedürfnis der „Gesamtheit" sehen, solange diese in der Gestalt eines Staates auftritt, der sich in erster Linie nach den partikularen, nicht den gesamtgesellschaftlichen Interessen richtet?

Der Referent hat bemerkt, daß „die Christenheit gerade im bürgerlichen Zeitalter ... weitgehend versagt hat in der geistigen Durchdringung und praktisch menschlichen Durchgestaltung der neuen industriellen Arbeits- und Kommunikationsprozesse und Institutionen" (siehe S. 54). Es wäre zu fragen, ob man dies – strenggenommen – als

Versagen betrachten kann, d. h., ob die Christenheit eine faktische Möglichkeit besaß, die neuen industriellen Prozesse menschlich durchzugestalten. Pointiert könnte man vielleicht sagen, daß die Gesetze der Akkumulation des Kapitals eine viel zu starke Konkurrenz zu den christlichen Forderungen der Nächstenliebe waren – und es ist zu befürchten, daß man analoge Erfahrung auch im Blick auf die Gesetze der „Technostrukturen“ [38] durchmacht, wenn es nicht rechtzeitig gelingen sollte, diesem Trend zu begegnen.

2

Ist es aber so, daß der Mensch in der Regel nur insofern auf das „Bedürfnis der Mitmenschen und der Gesamtheit“ sehen kann, als die Befriedigung der Interessen seiner Mitmenschen nicht im Gegensatz zur Befriedigung seiner eigenen steht, sondern vielmehr die Bedingung einer solchen Selbst-Befriedigung darstellt, und daß sich dies im breiten Maß nur unter den Umständen eines relativen Einklangs, nicht eines Antagonismus der Interessen vollziehen kann, dann liegt der Gedanke nahe, daß das von Marx anvisierte Gesellschaftsbild auch für die Christenheit nicht ohne Interesse und Bedeutung sein dürfte. Dieses Bild sieht bekanntlich – stichwortartig gesagt – etwa folgende Bedingungen voraus:

- Alle materiellen Bedürfnisse sind gestillt, so daß man um ihrer Befriedigung willen nicht mit den anderen ringen muß.
- Die Interessen des einzelnen sind weitgehend denen seiner Nächsten angeglichen, so daß diese, ihren Interessen folgend, ihn nicht mehr gefährden.
- Die Arbeit steht nicht mehr unter dem Druck der äußeren Notwendigkeit und kann zum Genuß werden, so daß man in ihrem Verlauf seine Fähigkeiten und Bildung voll entfalten kann.
- Durch die Erweiterung der Freizeit erweitert sich auch die Sphäre des schöpferischen Tuns, man wird kultivierter, etc.

Unter ähnlichen Bedingungen, für die die materiell-ökonomischen Voraussetzungen schnell heranwachsen, dürfte aber auch der Prozeß positiver Umgestaltungen in den *zwischenmenschlichen* Beziehungen auf breiter Front einsetzen. Dann würden nämlich die meisten Hinder-

[38] Siehe *J. K. Galbraith,* Die moderne Industriegesellschaft, München – Zürich 1968, Droemer-Knaur.

nisse absterben, die die Menschen daran hindern, ihre inneren Barrieren zu durchbrechen und den *Nächsten* – nicht die materiellen Güter – als das Wertvollste zu erkennen. Dann könnten das Marxsche Postulat: „Höchster Reichtum für den Menschen ist der Mensch“ [39] sowie das christliche Postulat der Nächstenliebe einem breiten, positiven Widerhall begegnen.

Insofern dürfte festgestellt werden, daß beide Bewegungen, die von Marx sowie die von Christus inspirierte, um Verwirklichung ihrer Ideale willen an *ähnlichen* gesellschaftlichen Umgestaltungen interessiert sind; daß beide, trotz allem, was sie voneinander trennt, objektiv daran gebunden sind, den optimalen Ausweg aus den Sackgassen unseres Zeitalters *gemeinsam* zu suchen, zu finden und durchzusetzen. Wenn dies zutrifft, hört die Forderung einer effektiven Zusammenarbeit auf, nur ein Wunsch zu sein, und wird für beide Seiten zum erstrangigen Bedarf, für die Menschheit dann zur lebenswichtigen Notwendigkeit.

3

Zu dieser Einsicht gelangen heute immer breitere Kreise der christlichen sowie der marxistischen Denker. Dies impliziert allerdings, daß jede Seite bestimmte Beiträge der anderen anerkennt und gewisse Werte hochachtet.

Seitens der Christen wird am Marxismus vor allem seine humanistische Intention sowie die gesellschaftliche Problemstellung geschätzt – wie es teilweise bereits in dem Referat zum Ausdruck kam. Dieser Haltung begegnet man heutzutage nicht nur in den Kreisen der Ökumene, sondern zunehmend auch außerhalb dieser. Man könnte es beispielsweise an den Stellungnahmen des Jesuitenpaters Quentin Lauer (USA) demonstrieren, die er in einem Streitgespräch mit Roger Garaudy äußerte [40]: er stellt „eine gewisse grundsätzliche Übereinstimmung in den Zielvorstellungen fest“ [41], wobei er sie in dem „Willen“ sichtet, „allen Formen der Entfremdung wie Ausbeutung, Unterdrückung, der Erniedrigung des Menschen ein Ende zu setzen“ [42]. Noch radikalere Stimmen in derselben Richtung kommen bekanntlich von einigen – darunter auch prominenten – katholischen Priestern der unterentwickelten Länder.

[39] Die Frühschriften, S. 245.

[40] *Quentin Lauer S. J. / Roger Garaudy*, Sind die Marxisten bessere Christen? Ein Streitgespräch, Hamburg 1969, Hoffmann und Campe.

[41] Ebenda, S. 12. [42] Ebenda, S. 28.

Seitens der Marxisten wird – zunächst allgemein gesagt – zunehmend das gesamte herkömmliche Verhältnis zum christlichen Erbe überprüft. „Die Marxisten erkannten, daß ihr Humanismus Gefahr lief..., tot und unzugänglich zu wirken, wenn sie im kulturellen Erbe der Vergangenheit das christliche Moment unterschätzen" – hört man beispielsweise von Roger Garaudy[43]. Das religiöse Bewußtsein ist „ein unabsetzbarer Teil der menschlichen Kultur" auch für Leszek Kolakowski. Nach seiner Auffassung gilt, daß „sich die Menschen nirgends auf so eine gänzliche Weise selbst zu identifizieren wissen als in religiösen Symbolen", so daß „das Bedürfnis nach einer solchen Selbstidentifizierung nicht abgegeben oder beseitigt werden kann"[44]. Eine ganze Reihe ähnlicher Stimmen könnte auch aus dem Heimatland des Korreferenten zitiert werden.

Vor allem aber ist es das christliche Wertesystem, an dem die Züge entdeckt werden, denen eine enorme Bedeutung nicht nur für die Sphäre einer abstrakten Ethik, sondern für die der gesellschaftlichen Praxis selbst zugesprochen wird. Dabei handelt es sich im Grunde um zwei voneinander abhängige, analytisch jedoch differenzierbare Momente.

Einmal geht es um dasselbe Postulat, das zuvor in dem Korreferat einer kritischen Reflexion unterworfen wurde – um das Postulat, auf das Bedürfnis der Mitmenschen und der Gesamtheit zu sehen. Daß diese Forderung, wie gesagt, nur unter bestimmten gesellschaftlichen Verhältnissen im breitesten Maß ihr Echo finden dürfte, ist eine Sache. Daß sie jedoch in jeder Zeit von einer gewissen Anzahl der Menschen aufgenommen werden kann, ist eine andere und im betreffenden Zusammenhang ausschlaggebende Sache. „Die Schwäche der Marxisten scheint darin zu liegen zu übersehen, daß die Veränderung der Verhältnisse zwar eine notwendige, aber nicht eine zureichende Bedingung der neuen Menschheit ist" – faßte der Referent einige seiner Überlegungen im Abschlußteil seines Referats zusammen. Dies dürfte wohl stimmen. Noch genauer wäre vielleicht etwa die Formulierung, daß nicht nur um der Veränderung des Menschen willen die Verhältnisse, sondern bereits um Veränderung der Verhältnisse willen die Menschen selbst – soweit möglich – „verändert" werden müssen. Wenn aber „der Erzieher selbst erzogen werden muß", öffnet sich unter Umständen den christlichen Aktivitäten ein unbegrenztes Feld. Keine Transformation vorhandener Systeme erfolgt ohne Hindernisse seitens der welt-

[43] Ebenda, S. 14.

[44] In: Die Zeit, 1971/11, S. 3.

lichen Mächte; jede ist für ihre Vollzieher mehr oder weniger mit Entbehrungen losgekauft, mit hohen Anstrengungen begleitet. Für all dies sind eben die Christen mit ihrem Wertesystem gerüstet – vorausgesetzt, daß ihr innerliches Gottesverhältnis vornehmlich in der Menschenliebe und diese auch in ihrer „sozialen Verantwortung" zum Ausdruck kommt[45].

Die enorme Bedeutung des christlichen Wertesystems für die gesellschaftliche Praxis erschöpft sich jedoch nicht nur darin, daß sie den Gläubigen die erforderliche Kraft zu den unentbehrlichen Anstrengungen verleiht: sie manifestiert sich auch in der Art und Weise dieser Anstrengungen. So zum Beispiel, wenn heute die Marxisten einsehen, daß „die Gewalt nur als Antwort auf die Gewalt gerechtfertigt ist", wobei nicht alles, was ungerecht ist, schlicht als Gewalt bezeichnet und mit Gegengewalt beantwortet werden dürfe, sondern eine Minimalisierung der Gewalt konsequent angestrebt werden müsse, dann ist dies als eine *politische Einstellung* vorwiegend zwar auf die geschichtliche Erfahrung zurückzuführen, als eine *ethische Einsicht* jedoch vorwiegend durch ein christliches Wertesystem vermittelt. Dasselbe gilt für alle Fragen, die die Art des Umgangs mit dem Menschen im Prozeß einer revolutionären gesellschaftlichen Umwandlung betreffen: selbst im Namen des herzustellenden Humanismus ist es unzulässig, die humanistischen Prinzipien – sei es nur für befristete Zeit – in der Praxis aufzugeben. Bei allen solchen Erkenntnissen ist das Siegel einer vermittelten christlichen Einsicht unverkennbar.

Während also in den vorangegangenen Darstellungen eine bestimmte Abhängigkeit des Schicksals der christlichen Ideale von dem durch die Marxisten anvisierten Gesellschaftsbild festgestellt wurde, taucht andererseits nun wieder eine gewisse Abhängigkeit des Schicksals der marxistischen Ideale von der Durchsetzung einiger Aspekte des christlichen Menschenbildes auf. „Denn wir sind zutiefst davon überzeugt: Der Kommunismus wird sich so lange nicht völlig durchsetzen können, wie er nicht das Beste an christlichem Gedankengut seinem Menschenbild eingegliedert hat." Dies ist nicht die Auffassung eines kontemplativen Christen, sondern die eines revolutionären Atheisten – Roger Garaudy[46].

---

[45] Insofern ist der alte Streit, ob „neue Verhältnisse" oder aber das neue Herz entscheidend seien, als ein Pseudoproblem – und jegliche scharfe Dichotomie in dieser Hinsicht als falsch – zu betrachten. Worauf der Akzent zu legen ist, dürfte dann nur in Anbetracht der konkret-historischen Umstände entschieden werden.

[46] *Lauer/Garaudy*, aaO, S. 51.

4

Allein das bereits Festgestellte läßt spüren, daß der Referent mit der Frage der „Doppelrelation", der „Spannung zwischen superbia und humilitas" ein solches Problem angeschnitten hat, das auch aus der Sicht des gegenwärtigen Marxismus als relevant angesehen werden muß. Der Wert einer solchen Fragestellung, die einer theologischen Betrachtungsweise entspringt, dürfte schon darin liegen, daß sie dem Menschen seine Fehlbarkeit und Beschränktheit stets vor Augen stellt. Inwieweit diese warnende Stimme der Theologen begründet und berechtigt ist, haben eben die letzten Generationen der Marxisten anhand eigener Erfahrung, oft sogar buchstäblich am eigenen Leib miterlebt: Bringt die Geschichte dieses Jahrhunderts nicht genug Beispiele dafür, wie das Handeln eines jeden Menschen verfehlt sein kann – auch dann, wenn es nicht durch seine Eigensucht motiviert ist, auch dann, wenn es sich im Einklang mit den Erfordernissen der Zeit, der „Gesetze der Geschichte" versteht, auch dann, wenn man im vermeintlichen Interesse der Menschheit sich selbst Opfer auferlegt?

Vielleicht noch dringender trifft das Postulat einer „humilitas" in bezug auf die zukünftigen Entwicklungen zu. Bereits die heutige Stufe der „wissenschaftlich-technischen Revolution" öffnet der Menschengattung vordem ungeahnte Horizonte: diese werden sich voraussichtlich durch die fortschreitende Naturbeherrschung und die damit verbundene steil anwachsende Erkenntnis-Kapazität in einer heute kaum faßbaren Weise beständig erweitern. Infolgedessen dürfte sich aber der Mensch der Zukunft schrittweise einigen der Eigenschaften nähern, die als Prädikate Gottes gelten: pointiert gesagt, dürfte er zunehmend „allwissend" und „allmächtig" sein. Es müßte schwerwiegendste Folgen nach sich ziehen, wenn ein solches Wesen sich nicht auch anderen Prädikaten Gottes annähern sollte; wenn die wachsende Naturbeherrschung nicht von entsprechender Selbstbeherrschung begleitet würde; wenn die Gemeinschaft der Menschen nicht von gewissen unverletzbaren Prinzipien beherrscht werden sollte, die auf etwas hinweisen, was den Menschen überschreitet.

Dabei scheint es nicht das Entscheidendste zu sein, wie dieses Transzendente – sei es in der Zukunft, sei es heutzutage – aufgefaßt wird. Bei den einen sei es – mit Lauer gesprochen – Gott als „ein Wesen, das über den Menschen steht, und ein Bewußtsein, das der bloß menschlichen Vernunft weit überlegen ist"[47]. Bei den anderen muß aber dieses Transzendente keineswegs als etwas dem Menschen Äußeres und ihm Unzugängliches aufgefaßt werden, sondern, sagen wir, vielmehr als ein idealtypisches Bild *seiner* besten Potenzen, die zum Kriterium der Qualitäten einer wahrhaft menschlichen Gemeinschaft erhoben werden können.

In beiden dieser Fälle wird die Notwendigkeit transzendenter Maßstäbe, nach denen sich der Mensch und die Gesellschaft richten müssen und an denen das menschliche Handeln gemessen wird, uneingeschränkt anerkannt. Eine solche Fragestellung ist sicherlich in erster Linie den Christen zu verdanken – und die Marxisten sollten ihr folgen. In dieser Hinsicht ist auch die Position des Referenten, nach der „die Dimension der Spannung zwischen superbia und humilitas nicht im Widerspruch zu der Dimension der Arbeit (steht), sondern vielmehr deren Ermöglichungsgrund ist", dem Korreferenten einleuchtend.

5

Ohne die oben geäußerte Achtung der christlichen (bzw. der Duchrowschen) Fragestellung im geringsten abschwächen zu wollen, sei zugleich einiges hinzugefügt, was die herkömmliche marxistische Position und die aus dieser geübten Kritik an der christlichen Auffassung verständlicher machen dürfte.

Erstens sei darauf hingewiesen, daß ohne den Akzent, den Marx auf die uneingeschränkte menschliche Schaffenskraft legte und der dann geschichtlich zu einer gewissen Hypertrophie von „superbia" führte, kaum die gesellschaftlichen Umwälzungen möglich gewesen wären, auf deren Grundlage die heutigen Möglichkeiten positiver Entwicklungen aller Art – darunter auch die in dem Christentum – Marxismus-Verhältnis – geschaffen wurden[48].

Zweitens sei bemerkt, daß dies leider nur gegen das herkömmliche christliche Verständnis – bzw. dessen Perversion – getan werden konnte. War nicht die Religion – mit Rimbaud gesagt – „ewiger Räuber mensch-

---

[47] Ebenda, S. 23.

[48] In diesem Zusammenhang dürfte eine Äußerung *Lauers* nicht uninteressant sein: „Das Christentum kann, wenn es über die Ideen von Marx ernstlich nachdenkt, nur profitieren, weil – oder besser obwohl – hier ein Materialismus vorliegt, dem es gelingt, die Funktion selbständiger menschlicher Schaffenskraft adäquat zu erfassen." (ebenda, S. 64)

licher Tatkraft“? War es tatsächlich nicht so, daß „die Kritik der Religion die Voraussetzung aller Kritik“ war[49], da die Religion einen „Heiligenschein des Jammertales“ darstellte[50]? Traf damals die Marxsche Feststellung nicht genau zu, daß die Menschen „selbst dies, daß sie beherrscht, regiert, besessen sind, ... als eine Konzession des Himmels anerkennen und bekennen (müssen)“[51]? Von der sozialen Rolle, die die Religion einst spielte, ist die Art und die Härte der von Marx geübten Kritik unabdenkbar; um diese richtig verstehen zu können, ist daher unausweichlich, sie in die geschichtlichen Koordinaten einzuordnen.

Schließlich sei festgestellt, daß nicht in letzter Linie eben dieser scharfsinnigen Kritik – wenn immer sie auch nicht in aller Breite ganz sauber durchgeführt worden sein dürfte – diejenige selbstkritische Reflexion zu verdanken ist, die heutzutage die Christenheit kennzeichnet und die die christlichen Kirchen allmählich von ihrer vorwiegend stark konservativen Vergangenheit entfernt[52].

Was im Korreferat gesagt wurde, ist im besten Fall eine Annäherung an die betreffende Problematik, nicht ihre adäquate Reflexion. Man kann sich allerdings damit trösten, daß sich noch Gelegenheit findet, den Dialog fortzusetzen. Denn das christlich-marxistische Gespräch wird ebensowenig aufhören wie die geschichtliche Entwicklung selbst; ihr ein humanistisches Antlitz aufzuprägen, stellt das eigentliche Streben sowohl der Christen als auch der Marxisten dar.

---

[49] Zur Kritik der Hegelschen Rechtsphilosophie, in: Die Frühschriften, S. 207.

[50] Ebenda, S. 208. [51] Ebenda, S. 211.

[52] „Insofern haben Sie recht“ – erwidert Lauer auf die Ausführungen Garaudys –, „daß ‚die fundamentalen christlichen Werte‘ durch ‚eine konservative Kirchenpolitik verfälscht‘ wurden. Ich will noch weiter gehen und zugeben, daß eben diese Werte häufig in Bewegungen zu finden sind, die angeblich im Gegensatz zum Christentum stehen – der Marxismus *kann* der Kirche helfen und hat ihr auch geholfen, ihren wegbereitenden Auftrag wiederzuentdecken.“ (aaO, S. 56)

Humanität und Recht im oekumenischen Denken

von

HELMUT SIMON

In der oekumenischen Studienarbeit der letzten Jahre rückte zunehmend das Bedürfnis nach einer umfassenden Untersuchung über das Humanum in den Vordergrund. Immer wieder stießen die Überlegungen auf die Frage, was der Mensch ist, ob er sich verändert hat und in seiner Natur veränderbar ist, wie es um seine Zukunft und die Bewahrung des Humanum in Zeiten stürmischer Veränderungen und der Machbarkeit aller Dinge steht[1]. Dabei erkannte man durchaus, daß zum Umkreis dieser Problematik auch das „Recht im Dienste des Menschen in einem Zeitalter des radikalen Umbruchs" gehört. Aber nach wie vor tut sich die Oekumene in Sachen Recht schwer:

Die Rechtsfremdheit vieler Christen, die stiefmütterliche Behandlung des Rechtsgedankens durch die traditionelle kontinentale Theologie und die zwar lebendige, aber doch mehr pragmatische angelsächsische Rechtstradition ließen von vornherein kein gesteigertes Interesse an rechtstheologischen Forschungen erwarten. Zögernde Versuche gerieten alsbald vor eine verwirrende Vielfalt und Unterschiedlichkeit der weltweiten rechtlich relevanten Phänomene. Auch brachen erneut alte Gegensätze im grundsätzlichen auf: Bewahrende und stabilisierende Funktion des Rechts (verläßliche Rechtssicherheit und Ordnung) – dynamische und schöpferische Funktion des Rechts (revolutionäres Verlangen nach Gerechtigkeit); Recht als Niederschlag höchster Werte (ideologischer Überbau) – Recht als Spielregel des Homo faber (Instrument des social engineering); Recht als Norm und Entscheidung – Recht als Struktur sozialer Prozesse und Systeme; Würde der freien Person als

[1] Bericht aus Uppsala 1968, S. 212 f.

oberster Rechtswert – Recht im Dienste der Solidargemeinschaft; Recht als Instrument eines kräftigen Staates – Begrenzung der Staatsmacht durch die Rule of Law im Rechtsstaat. Hinzu kommt eine gefühlsmäßige Abneigung gegen das Recht in der Dritten Welt. Zwar finden wir hier die Forderung: Wer wenig im Leben hat, soll viel im Recht haben; aber dieses Recht hatte man bisher vorwiegend als fremdbestimmtes importiertes Mittel der Interessensicherung der Herrschenden und Niederhaltung der Ausgebeuteten erduldet. Auch glaubte man im amerikanischen Bürgerrechtskampf zu beobachten, daß es nicht genügt, im Recht zu sein, daß vielmehr die eigentlichen Entscheidungen im gesellschaftlichen, wirtschaftlichen und technologischen Vorfeld fallen. Da menschliches Recht ohnehin dazu neigt, statisch und konservierend der Entwicklung nachzuhinken, und in Zeiten tiefgreifender Veränderungen eher ein Hindernis für zukunftsgerichtete Gestaltung zu sein scheint, kann es kaum überraschen, daß sich das sozialethische Nachdenken der Oekumene bevorzugt anderen Gegenständen zuwandte. Andererseits zeigt aber schon ein kurzer fragmentarischer Überblick über die bisherigen oekumenischen Konferenzen, daß die Oekumene je länger je weniger an der Frage nach dem Recht vorbeidenken kann, daß vielmehr das Recht auch und gerade in einer Welt des technischen und sozialen Umbruchs einen so wesentlichen unverzichtbaren Beitrag zu leisten hat, daß es keinesfalls allein den konservativen Verteidigern des status quo überlassen bleiben darf.

I

1. Bereits die Weltkonferenz von *Oxford* im Jahre 1937 über „Kirche, Volk und Staat", die sich mit Volkstumsideologien und dem neuen faschistischen Totalitarismus auseinanderzusetzen hatte, bezeichnete die „Aufrechterhaltung von Recht und Gerechtigkeit als christliches Anliegen" und nannte mehrere Ansätze für ein christliches Rechtsdenken[2]. Im wesentlichen blieb es freilich bei einem allgemeinen Appell, die Autorität des Rechts zu achten.

2. Diesen Appell nahm deutlicher die *Amsterdamer* Weltkirchenkonferenz im Jahre 1948 auf[3]. Sie prägte gegenüber extrem kapitalistischen oder kommunistischen Systemen die Formel von der „verantwortlichen Gesellschaft", die sich mit der Diskussion um sogenannte „mittlere

---

[2] Kirche und Welt in ökumenischer Sicht, Genf 1938, S. 134 ff.

[3] *Lüpsen*, Amsterdamer Dokumente, 1948, S. 69 f.

Axiome“ als Kriterien für rechtes Verhalten verband. Gegen beides regte sich in der Folgezeit Widerspruch; denn es entstand der Verdacht, das Modell der parlamentarisch-rechtsstaatlichen Demokratie westlicher Prägung solle als Idealtypus einer verantwortlichen Gesellschaft der ganzen Welt übergestülpt werden und die herkömmliche naturrechtliche Garantie des Privateigentums sei der Prototyp der mittleren Axiome. Diese Kritik bewirkte aber nicht etwa eine Preisgabe des Leitbildes von der verantwortlichen Gesellschaft, wohl aber – unter Überwindung der Frontstellungen des kalten Krieges – eine inhaltliche Relativierung: Kein bestimmtes Gesellschafts- und Wirtschaftsmodell, keine Rechtsordnung kann als allein christlich gewertet werden[4]. Vielmehr muß jede Gesellschaft in ihrer Situation und unter den besonderen Bedingungen ihrer vorfindlichen Gegebenheiten Gestaltungsformen suchen, die eine verantwortliche Gesellschaft gewährleisten. Mögen sich auch allenthalben einige gleichgelagerte Aufgaben stellen – z. B. die Probleme der Machtkontrolle, der Beteiligung des Volkes am Prozeß der Entscheidungsbildung oder des Schutzes von Minderheiten und Andersdenkenden –, so können doch die Lösungen in den verschiedenen Situationen durchaus verschieden ausfallen. Diese Relativierung erweist sich als höchst fruchtbar: Sie verbietet es, in missionarischer Selbstgerechtigkeit das eigene Modell als Exportartikel zu mißbrauchen, und gebietet zugleich, in der eigenen Situation die eigene vorfindliche Lösung – für uns selbst also den unter schweren Opfern erkämpften demokratischen Rechtsstaat – um so ernster zu nehmen und nach dem Leitbild der verantwortlichen Gesellschaft fortzuentwickeln. Als Kriterien für die Bewältigung dieser Aufgabe gewinnen im oekumenischen Denken zunehmend die Menschenrechte an Bedeutung. Als praktikable mittlere Axiome leisten sie für die Gestaltung eines menschenwürdigen Zusammenlebens einen großen Dienst, wenn man sie nicht als unabänderliches Naturrecht begreift, sondern als die Erfahrungsweisheit eines durch schwere Erfahrungen geläuterten späten Menschentums.

3. Die Appelle, mit denen sich die großen Konferenzen in Sachen Recht begnügen mußten, wurden in der Folgezeit von der Studienabteilung des Oekumenischen Rates aufgenommen. Von deren Tagungen ist namentlich die *Treysa*-Konferenz im Jahre 1950 hervorzuheben mit dem Arbeitsthema: „Was kann die Kirche auf Grund der Bibel zur

---

[4] Appell an die Kirchen der Welt, Stuttgart u. Berlin 1967, Sektionsbericht I Nr. 16, 94; II Nr. 19 ff., 54, 89.

Wiederaufrichtung des menschlichen Rechts sagen?" [5] Das berührte sich eng mit ähnlichen Bestrebungen im deutschen Sprachbereich, wo es neben zahlreichen Beiträgen einzelner Autoren schon 1949 auf Veranlassung der ersten Synode der EKD zu dem *Göttinger* Gespräch über „Kirche und Recht" gekommen war [6].

In ihrem Schwerpunkt waren diese Studien zunächst bestimmt durch Fragestellungen, die der Mißbrauch des Rechts im Dritten Reich für die praktische Rechtsanwendung aufgeworfen hatte: Gibt es Grenzen für die Verbindlichkeit des staatlichen Rechts? Nach welchen verbindlichen Kriterien läßt sich beurteilen, ob staatliches Recht als gesetzliches Unrecht ungültig ist? Diese Diskussion entzündete erneut den alten Streit zwischen Positivismus und Naturrecht, der sich in Deutschland in zahlreichen Gerichtsentscheidungen widerspiegelte [7]. Die anfangs auffallend naturrechtsfreundliche Rechtsprechung westdeutscher Gerichte, insbesondere des Bundesgerichtshofs, zog sich später schrittweise zurück auf ein weniger angreifbares Kulturrecht, eine Art ius gentium, nämlich auf übereinstimmende, von den Wertvorstellungen fremder Kulturvölker abzugrenzende Rechtsüberzeugungen des eigenen Kulturkreises, also gewissermaßen auf mittlere Axiome als orts- und zeitbedingte Konkretionen allgemeiner ethischer Weisungen. Die Frage nach übergesetzlichen materialen Kriterien zur Beurteilung ungerechten Rechts trat dann in dem Maße zurück, in dem kulturrechtliche Postulate in den Grundrechtskatalogen als unmittelbar geltendes Recht positiviert wurden.

Die rechtstheologische Diskussion der fünfziger Jahre führte bald über die genannten praktischen Fragestellungen hinaus vor das allgemeine Problem, worin das Recht begründet ist. Es zeichneten sich drei verschiedene Richtungen protestantischen Rechtsdenkens ab, die schließlich auf das Bemühen um eine „trinitarische" Begründung des Rechts in allen drei Artikeln des christlichen Glaubens hinausliefen [8]. Diese theologisch höchst ergiebige Diskussion löste sich im Laufe der Zeit von einer einseitig normativen Betrachtungsweise des Rechts und griff das Phänomen rechtlicher Institutionen auf, ohne dabei in die Enge herkömmlicher Ordnungstheologien zu geraten [9]. Die anfangs so

---

[5] Die Treysa-Konferenz 1950, herausgegeben von der Studienabteilung des ÖRK.

[6] Kirche und Recht, Göttingen 1950.

[7] Überblick vgl. *Simon,* Katholisierung des Rechts?, Göttingen 1962.

[8] Überblick vgl. *Simon,* in: Festschrift für Ernst Wolf, 1962, S. 341 ff.

[9] *Dombois,* Recht und Institution, Witten 1956, und Band II, Stuttgart 1969.

hoffnungsvollen Bemühungen um ein systematisches Rechtsdenken ermatteten aber im Laufe der sechziger Jahre mehr und mehr. Das beruhte möglicherweise darauf, daß die zweifellos notwendige, mit einem hohen Abstraktionsgrad geführte Grundsatzdiskussion zu ausschließlich um theologisch-axiomatische Grundpositionen kreiste und nicht immer hinreichend den Zusammenhang mit der Funktion des Rechts als Mittel der Gestaltung konkreter und drängender Gegenwartsaufgaben erkennen ließ.

4. Wesentliche rechtstheologische Anstöße gingen erst wieder von der *Genfer* Weltkonferenz für Kirche und Gesellschaft im Jahre 1966 aus, die beherrscht war von der Einsicht, daß wir in einer Zeit tiefgreifender Veränderungen leben, die einerseits durch die stürmische technisch-wissenschaftliche Entwicklung, andererseits durch den Aufbruch der Dritten Welt charakterisiert werden. Auf diesem Hintergrund entstand die Theologie der Revolution oder richtiger: die Theologie der Veränderungen, die sich durch ein entschlossenes Abrücken von jeder theologischen Verklärung des status quo auszeichnet. Ein Beobachter berichtete über diese Konferenz, es habe ein deutlicher Hang zu christlichem Enthusiasmus geherrscht, dem die Zukunft zu gehören scheine, weil er kompromißlos veränderungswillig sei. Auch das Problem des Rechts, das von einer Unterkommission ausführlich behandelt wurde, sah man naturgemäß in engem Zusammenhang mit dem Generalthema der Theologie der Veränderungen[10]. Man blieb dabei aber durchaus nüchtern und warnte im Blick auf revolutionären Umsturz davor, in der Revolution romantisierend den Vater aller Dinge zu sehen. Auch Revolutionen könnten niemals ein Paradies vollkommener Gerechtigkeit schaffen; oft würden im Gegenteil die Revolutionäre von heute nach ihrem Sieg zu reaktionären Verteidigern einer statischen Ordnung von morgen. Ziel einer Revolution könne daher immer nur eine dynamische Rechtsordnung sein, die von vorneherein offen für den weiteren dialektischen Prozeß ständiger Veränderungen sein müsse.

Im übrigen wurde auf der Genfer Konferenz überraschend eindeutig der Gedanke des Widerstandsrechts anerkannt[11], wobei man zwischen Situationen unterschied, in denen die Verfassung die Geltung der Menschenrechte und die Würde der Person nicht angemessen garantiere oder die Gesetzgebung nicht verfassungskonform sei oder die Macht-

---

[10] Appell an die Kirchen der Welt, S. 157 ff.

[11] Appell an die Kirchen der Welt, S. 170 f.

strukturen eine gute Verfassung und Gesetzgebung unwirksam machten oder keine angemessenen Möglichkeiten für wirksame, hinreichend rasche Änderungen und Ergänzungen zur Verfügung stünden. Dieses neuerdings auch im Grundgesetz anerkannte Widerstandsrecht betrifft freilich immer nur den äußersten Grenzfall und setzt als ultima ratio zumindest voraus, daß das bekämpfte Unrecht offenkundig ist und daß alle in der Rechtsordnung vorgesehenen Rechtsbehelfe keine Aussicht auf wirksame Hilfe mehr bieten. Da dieser äußerste Grenzfall in der Regel erst das Ergebnis langer komplizierter Entwicklungen ist, besteht die eigentliche Aufgabe darin, diese Entwicklung so zu beeinflussen, daß dieser Grenzfall gar nicht erst eintritt. In Uppsala wies später eine Juristenkommission des Ausschusses für Kirche und Gesellschaft darauf hin, daß die traditionelle Lehre vom Widerstandsrecht auf statisch-defensiven Voraussetzungen beruhe und daß zu prüfen sei, ob sich Konflikte im gebotenen Prozeß von Veränderungen rechtlich überhaupt noch zureichend unter dem Gesichtspunkt des Widerstandsrechts erfassen ließen [12].

Als bleibender Ertrag der Genfer Konferenz erwies sich die Formel von der Doppelfunktion des Rechts, das einerseits eine protektive, schützende und andererseits eine produktive, schöpferische Funktion habe. In dieser Formel spiegelt sich das bekannte Mit- und Gegeneinander zweier fundamentaler Leitgedanken für rechtliche Gestaltung – Rechtssicherheit und Gerechtigkeit – wider. Wie sind, so fragte man später in Uppsala [13], diese Leitgedanken zu konkretisieren in einer Zeit tiefgreifenden Wandels, in der einerseits der Mensch als besonders verletzlich des bewahrenden Rechtsschutzes bedarf, in der aber andererseits die Strukturen der Rechtsordnung offen sein müssen für den Prozeß der Veränderungen, in der es also darum geht, den sozialen Wandel rechtlich abzusichern und zugleich durch geeignete institutionelle Strukturen zu fördern?

Eines der wichtigsten Ergebnisse der Genfer Konferenz dürfte darin zu erblicken sein, daß sie – ohne sich dessen theoretisch bewußt zu sein – eine neue elastische Methode in der Behandlung auch der Rechtsfrage praktizierte. Während man früher häufig von theologischen Grunderkenntnissen und Prinzipien ausging und deduktiv zu prüfen pflegte, welche Aussagen sich von daher über Recht und Staat gewinnen lassen, führte in Genf schon die starke Beteiligung von Nichttheologen und

---

[12] Bericht aus Uppsala, S. 256.

[13] Bericht aus Uppsala, S. 256.

wohl auch die wachsende allgemeine theologische Unsicherheit in Grundlagenfragen dazu, gerade umgekehrt bei den faktisch vorfindlichen Gegebenheiten, Nöten und Fragestellungen anzusetzen und zunächst die verschiedenen, eventuell gegensätzlichen Lösungsversuche zu erörtern, die von Wissenschaftlern und Praktikern angeboten werden und zwischen denen dann aus der Erkenntnis des Glaubens zu wählen wäre. Diese pragmatisch-induktive Methode wurde 1968 auf einer Konsultation in *Sagorsk*[14] fortentwickelt zu einer Methode dialektischen Aufeinanderangewiesenseins von theologischen Prinzipien und Analysen der Humanwissenschaften und unserer eigenen Erfahrung der menschlichen Wirklichkeit und später in der Denkschrift über Aufgaben und Grenzen kirchlicher Äußerungen zu gesellschaftlichen Fragen[15] ausdrücklich aufgenommen. Bei dieser Methode, die nicht nur unmittelbarer als bisher an die konkreten Probleme der modernen industriellen Massengesellschaft heranführt, sondern auch den Dialog mit Nichtchristen erheblich erleichtert, ist von vorneherein klar, daß die gewonnenen Ergebnisse immer nur eine geschichtlich bedingte und damit überholbare Entscheidung sein können.

5. Die Ergebnisse der Genfer Konferenz wurden von der Vollversammlung in *Uppsala* im Jahre 1968 überraschend wenig kritisiert, sondern weitgehend bestätigt[16]. Auf dem Gebiet der Sozialethik läßt sich deren Charakteristikum wohl am ehesten durch einen Vergleich mit der Weltkonferenz von Amsterdam erläutern. Damals, im Jahre 1948, ging es um die verantwortliche Gesellschaft als innerstaatliche, an den Kriterien der mittleren Axiome zu messende Gesellschaftsordnung für den jeweiligen nationalen Bereich. Uppsala greift demgegenüber weiter und höher: Es geht jetzt um die gesamte Weltgesellschaft, die so sehr als eine untereinander verantwortliche Einheit gewürdigt wird, daß beispielsweise die Entwicklungspolitik nur noch in unmittelbarer Parallele zum innerstaatlichen Finanz- und Lastenausgleich zu verstehen ist. Leitmotiv für den Weg zur Weltgesellschaft ist jetzt die Forderung nach weltweiter Gerechtigkeit für jedermann, die auf die Utopie einer Welt ohne Hunger, ohne Krieg, ohne Ausbeutung des Menschen durch den Menschen abzielt. Dabei wurde schon in Uppsala hervorgehoben, daß der Enthusiasmus für Gerechtigkeit schwärmerisch und uneffektiv bleiben und in Resignation umschlagen kann, wenn wir nicht die Forderung

[14] Ökumenische Diskussion, Band IV Nr. 2, 1968, S. 75 ff.

[15] Erschienen 1960 in Gütersloh, vgl. Ziff. 64.

[16] Vgl. insbesondere Bericht aus Uppsala, S. 73 und S. 252 ff.

nach Gerechtigkeit in die Realität einer funktionierenden Rechtsordnung umsetzen und darüber nachdenken, wie in bestimmten Situationen eine pragmatische Gerechtigkeit durch anwendbare, durchsetzbare und rechtsverbindliche Gesetze und rechtliche Institutionen zu realisieren ist.

6. Der Aufforderung der Vollversammlung in Uppsala, die Funktionen des Rechts und die Verwirklichung sozialer Gerechtigkeit näher zu untersuchen, wollte das Referat für Kirche und Gesellschaft zunächst durch Konsultationen über „Das Recht im Dienste des Menschen in einem Zeitalter des radikalen Wandels“ im Rahmen der großen Humanum-Studie unter Beteiligung von Katholiken und Marxisten nachkommen. Schon auf der Züricher Sitzung des Arbeitsausschusses im Jahre 1969 und noch ausschließlicher auf den späteren Sitzungen wandte sich jedoch das Interesse mehr allgemeinen futurologischen Aspekten der wissenschaftlich-technologischen Welt von morgen zu. Dabei erkannte man durchaus, daß die technische und wissenschaftliche Entwicklung auch neue Probleme rechtlicher Gestaltung aufwirft. Dementsprechend fragte man beispielsweise in Zürich, ob nicht die überkommenen Merkmale der Rechtsstaatsidee fortentwickelt werden müßten, um unter den veränderten Bedingungen einer technischen Massengesellschaft funktionstüchtig zu bleiben. Eine Antwort auf diese Frage wird aber wohl zunächst innerhalb der betroffenen Industriegesellschaften selbst zu suchen sein, zumal sich die Oekumene mit zahlreichen anderen Problemen, insbesondere auch der durch die Rassismus-Diskussion erneut aufgeworfenen Frage nach gebotenen und erlaubten Mitteln zur Herbeiführung sozialer Veränderungen konfrontiert sieht.

Die Auseinandersetzung darüber, ob sich Christen an gewaltsamen Konfliktslösungen beteiligen dürfen, ist in der Oekumene in ein eigentümliches Stadium getreten. In den ersten Nachkriegsjahren galt die Sorge der Verhütung des heißen Krieges zwischen Staaten und Machtblöcken, wobei unter der Drohung der Massenvernichtungsmittel die Absage an gewaltsame Konfliktslösungen zunehmend an Boden gewann. In den letzten Jahren setzte sich aber die Einsicht durch, daß bloße Sicherung und Erhaltung des status quo nicht einmal zur Kriegsverhütung genügt, daß vielmehr die Beseitigung der eigentlichen Kriegsursachen eine Veränderung der bestehenden Verhältnisse erfordert. Da sich bei dieser gebotenen Änderung der Verhältnisse revolutionäre Gewaltanwendung nicht von vorneherein ausschließen läßt, geriet nunmehr die Gewaltdiskussion in einen Zwiespalt, auf den M. M. Thomas schon in Uppsala ausdrücklich hinwies[17]: Kreise, die den Krieg als Instrument nationaler Politik verurteilen, halten vielfach eine revolutionäre Veränderung der Verhältnisse auch unter Anwendung von Gewalt für gerechtfertigt. Konservative hingegen, die umgekehrt die Möglichkeit gerechter Kriege immer noch nicht gänzlich ausschließen wollen, stehen der Beteiligung an einer gewaltsamen Revolution zumindest äußerst zurückhaltend gegenüber. Müssen aber nicht beide Seiten einräumen, daß angesichts der Machtmittel der modernen Staatsapparate die gewaltsame Revolution mit der Gefahr des Bürgerkrieges ähnlich fragwürdig geworden ist wie angesichts der Massenvernichtungsmittel eine kriegerische Lösung zwischen den Staaten, zumal es keine Garantie dafür gibt, daß die tatsächlichen Ergebnisse der Gewaltanwendung den erstrebten entsprechen und daß Gewalt, wenn sie einmal freigesetzt ist, von ihren Initiatoren ausreichend kontrolliert werden kann? Zwingt diese Einsicht – so wurde schon in Uppsala gefragt – nicht dazu, nicht nur energisch für gerechtere Verhältnisse und damit für die Beseitigung der Ursachen von sozialen und internationalen Konflikten einzutreten, sondern zugleich dafür, daß verbleibende Konflikte mit den Mitteln einer dazu geeigneten innerstaatlichen und internationalen Rechtsordnung gelöst werden? Dieser Forderung wird freilich jedermann gerne zustimmen. Sehr viel schwieriger ist aber die Antwort darauf, welchen Beitrag das Recht in diesem Zusammenhang überhaupt leisten kann, insbesondere in den internationalen Beziehungen, wo es nur sehr unvollkommen gelingt, rechtlichen Geboten durch überstaatliche Einrichtungen, durch eine Pönalisierung des Völkerrechts wenigstens für den Verlierer oder durch die Einklagbarkeit der Menschenrechtscharta vor internationalen Gerichtshöfen einigermaßen Geltung zu verschaffen.

II

Schon dieser lückenhafte Überblick zeigt, daß die Weiterarbeit an einer oekumenischen Rechtstheologie vor einer Fülle klärungsbedürftiger Probleme steht, von denen abschließend nur zwei etwas näher erörtert werden sollen[18].

1. Durch das sozialethische Denken der Oekumene zieht sich seit Genf und Uppsala wie ein roter Faden die Forderung nach *Gerechtig-*

[17] Vorträge in Uppsala, Beiheft Nr. 9/10 zur Ökumenischen Rundschau, S. 123.

[18] Zu weiteren Fragen vgl. *Simon,* Beiträge zu einer ökumenischen Rechtstheologie, Ökumenische Rundschau 1967, S. 338 ff.

keit. Sie spielte zwar schon in den ersten Nachkriegsauseinandersetzungen zwischen Naturrecht und Positivismus eine erhebliche Rolle. Damals entstand die bekannte Formel, daß das positive Recht auch dann den Vorrang habe, wenn es inhaltlich ungerecht und unzweckmäßig sei, es sei denn, daß der Widerspruch des positiven Gesetzes zur Gerechtigkeit ein so unerträgliches Maß erreiche, daß das positive Gesetz als unrichtiges Recht der Gerechtigkeit zu weichen habe. Während man sich aber damals mit der Beschreibung eines mehr statischen Gegenübers von positivem Recht und Gerechtigkeit begnügte, ist das gegenwärtige Gerechtigkeitsdenken mehr durch dynamisch verändernde Motivationen bestimmt. Es beherrscht namentlich die Argumentation derer, die sich mit dem vorfindlichen Zustand der Welt nicht abfinden wollen und die Gesellschaftsordnung durch systemüberwindende Reformen oder gar durch revolutionären Umsturz auf mehr Gerechtigkeit hin verändern, zumindest aber Ungerechtigkeiten überwinden wollen.

Angesichts der in der Rechtsgeschichte zu beobachtenden Pluralität von Gerechtigkeitsvorstellungen sah sich dieses Gerechtigkeitsdenken immer schon der kritischen Frage ausgesetzt, was denn der gültige Inhalt der Gerechtigkeit sei und wer darüber entscheide, was als gerechte Lösung zu gelten habe. Die Skeptiker wiesen zudem auf eine unverkennbare Schwäche hin, die schon in der Parole „fiat iustitia pereat mundus" anklingt: Dem Eifer nach Gerechtigkeit wohne häufig ein zerstörerisches Sendungsbewußtsein inne. Denn wer sich im Besitz der Gerechtigkeit wähne, neige zu missionarischer Intoleranz und ende leicht in totalitären und gar unmenschlichen Haltungen, was sich beim mittelalterlichen Naturrecht ebenso beobachten lasse wie bei der Schwärmerbewegung, dem Marxismus und in der Studentenrebellion, die sich sämtlich in zumeist bester Absicht der Gerechtigkeit verpflichtet gewußt hätten.

Die skeptische Erkenntnis, daß wir Menschen nicht über die gültige Gerechtigkeit verfügen, bestimmt wohl auch die Vorstellungswelt der westlichen rechtsstaatlichen Demokratie. Im KPD-Urteil des Bundesverfassungsgerichts wird das wie folgt umschrieben: Die Grundanschauung der liberalen westlichen Demokratie gehe dahin, daß eine Übereinstimmung von Ideal und Wirklichkeit unerreichbar sei und daß die historisch gewordenen Verhältnisse daher stets verbesserungsbedürftig seien. Damit werde eine nie endende Aufgabe gestellt, eine Aufgabe, die in ständiger Anpassung an die sich verändernden sozialen und politischen Tatbestände durch stets erneute Willensentscheidung zu lösen sei. Der richtige Weg zur Bildung dieser Entscheidung könne nur die ständige geistige Auseinandersetzung zwischen den einander begegnenden sozialen Kräften und politischen Ideen sein – nicht in dem Sinne, daß dieser Weg immer objektiv richtige Ergebnisse liefere; denn dieser Weg sei ein Prozeß von Irrtümern und Versuchen –, aber doch so, daß er durch die ständige gegenseitige Kontrolle und Kritik die beste Gewähr für eine relativ richtige politische Linie als Resultante zwischen den in der Gesellschaft wirksamen Kräften liefere.

In diesem Urteil wird also die rechtsverbindliche Gestaltung der Gesellschaftsordnung als dialogischer Prozeß verstanden, in dem die relativ gerechte Lösung als Resultante im Parallelogramm der Kräfte annäherungsweise herausprozessiert werden muß. Auch diese Haltung hat unverkennbare Schwächen. Sie kapituliert zu früh im Bemühen um mehr Gerechtigkeit und läßt erheblichen Spielraum für die Durchsetzung individualistischer Interessen auf Kosten des Gemeinwohls.

Die Beurteilung der beiden unterschiedlichen Denkweisen dürfte wesentlich von dem jeweils vertretenen Menschenbild abhängen, das bei den einen eine mehr skeptische und bei den anderen eine mehr optimistische Tönung zeigt. Die Oekumene scheint einen Mittelweg zu suchen, indem sie den Gerechtigkeitsgedanken auf die eschatologisch verstandene Gerechtigkeit des Reiches Gottes bezieht. Daraus folgt einerseits die Einsicht in die Unerreichbarkeit und Unverfügbarkeit absoluter Gerechtigkeit für den Menschen, eine Einsicht, die uns bescheidener macht und das Extrem eines unduldsamen Gerechtigkeitsfanatismus verbietet. Gerade im Lichte der kommenden Gerechtigkeit Gottes erweist sich aber andererseits jedes menschliche Recht als höchst vorläufige, höchst unzulängliche, äußerst verbesserungsbedürftige Ordnung. Gerade die Ausrichtung auf eine eschatologisch verstandene Gerechtigkeit bedeutet, daß die Gestaltung der Gesellschaftsordnung ein zukunftsgerichteter offener Prozeß ist, dessen jeweilige Lösung zwar notwendig überholbar bleibt, der aber entscheidend bestimmt wird durch das Fernziel der Gerechtigkeit. Der Gerechtigkeitsgedanke ist gleichsam das Gewissen des menschlichen Rechts und wie jedes Gewissen zwar nicht unfehlbar, aber doch höchst beunruhigend und anspornend. Das schließt in jedem Fall die Beruhigung beim status quo des jeweils Erreichten aus und verpflichtet uns zum Einsatz für jeweils bessere und menschenwürdigere Gesellschaftsordnungen, so wie es in der Schlußbotschaft von Uppsala heißt: Beteiligt euch an dieser Vorwegnahme des

Reiches Gottes und laßt schon heute etwas von der Neuschöpfung sichtbar werden, die Christus an seinem Tag vollenden wird.

Deutet sich bei dieser auffallenden Wiederentdeckung des Gerechtigkeitsgedankens eine allgemeine Tendenz im sozialethischen Denken der Gegenwart an? Zumindest in der außerjuristischen Diskussion wird die Forderung nach mehr Gerechtigkeit immer kräftiger und in immer mehr Lebensbereichen laut. Auch die neuere Rechtsprechung, namentlich des Bundesverfassungsgerichts, argumentiert in beachtlichem Maße unter Anrufung des Gerechtigkeitsgedankens, der schon an einer anderen Stelle des erwähnten KPD-Urteils mit der Wendung anklingt, der Fortschritt zu sozialer Gerechtigkeit sei ein leitendes Prinzip aller staatlicher Maßnahmen. Der Gleichheitssatz gilt nach ständiger Rechtsprechung dieses Gerichtes beispielsweise dann als verletzt, wenn eine Ungleichbehandlung bei einer am Gerechtigkeitsgedanken orientierten Betrachtungsweise willkürlich erscheint oder wenn fundierte allgemeine Gerechtigkeitsvorstellungen der Gemeinschaft mißachtet werden. Sollte sich diese Tendenz durchsetzen, dann könnte dafür der erwähnte oekumenische Ansatz wegweisend sein, da sich hier gesellschaftskritische Veränderungsbereitschaft mit der gebotenen Selbstbescheidung paart. Dabei wird aber weiter zu beachten sein, daß in den Gerechtigkeitsgedanken als formale Leerformel unversehens die verschiedensten Inhalte einströmen könnten, wenn er unreflektiert verwendet wird. Die systematische Klärung darüber, was die Forderung nach sozialer Gerechtigkeit inhaltlich bedeutet und ob es hier verläßliche Kriterien gibt, wird um so dringlicher, je mehr die dynamisch verändernde Funktion des Rechts in den Vordergrund rückt und je mehr sich die planende und gewährende Staatstätigkeit auf dem Wege zum sozialen und demokratischen Rechtsstaat ausweitet. Im interdisziplinären Gespräch sollte sich daher auch die Rechtstheologie daran beteiligen, Argumentationsvorschläge für die Konkretisierung des Gerechtigkeitspostulats herauszuarbeiten.

2. Folgt man der Aufforderung, jeweils im eigenen Lebens- und Erfahrungsbereich zu prüfen, ob und wie die vorfindliche Ordnung in Richtung auf mehr Gerechtigkeit zu verändern ist, dann führt dies vor die schon erwähnte, auch vom Grundgesetz gestellte Aufgabe, den auf die autonome Einzelperson bezogenen Rechtsstaat herkömmlicher Prägung fortzubilden zu dem Dreiklang vom demokratischen und sozialen Rechtsstaat, der auf die Sozialität des Menschen bezogen ist und der sich als Glied einer untereinander verantwortlichen Weltgesellschaft be-

greift[19]. Im Auftrag des deutschen oekumenischen Studienausschusses hat eine kleine Arbeitsgruppe den Versuch unternommen, diese Aufgabe systematisch zu durchdenken. Sie folgt dabei der induktiven Methode und untersucht daher nach einer Bestandsaufnahme des herkömmlichen Demokratie- und Rechtsstaatsverständnisses zunächst die Veränderungen der wesentlichen, die Gesellschaft bestimmenden Faktoren, um daraus unter Heranziehung theologischer Beurteilungskriterien die gebotenen Folgerungen für eine Ergänzung und Fortbildung der bisherigen Vorstellungen zu ziehen.

Für die vorfindliche Rechtsordnung und für ihren Lebenswert ist nach moderner Auffassung charakteristisch die innige Verbindung demokratischer und rechtsstaatlicher Strukturelemente, wobei der freiheitsverbürgende Rechtsstaatsgedanke gegen einen Machtmißbrauch durch die demokratische Mehrheit schützen soll. Demgegenüber hatte die klassische deutsche Theorie ursprünglich gemeint, die Idee des Rechtsstaats sei mit den verschiedensten Staatsformen vereinbar, also auch mit der konstitutionellen Monarchie. Man begnügte sich also mit einem obrigkeitlich verordneten Rechtsstaat und ließ sich von einem formalen Rechtsstaatsbegriff leiten, indem man es für ausreichend hielt, staatliches Handeln an förmliche Gesetze – von wem auch immer verabschiedet – zu binden. Spätestens das Dritte Reich hat aber gelehrt, daß ein formaler Rechtsstaatsbegriff gegenüber dem Unrecht in Gesetzesform versagt und daß das förmliche Gesetz zum Vehikel des Unrechts werden kann. Das Grundgesetz legt daher einen materialen Rechtsstaatsbegriff zugrunde. Das bedeutet: Verbindlich sind nur solche Gesetze, welche die freigewählte Volksvertretung verantwortet, und diese Gesetzgebung ist ihrerseits auf die Achtung vor der unantastbaren Würde des Menschen und seiner personalen Freiheit verpflichtet. Gemeint ist dabei der Staatsbürger als mitverantwortliches, in freier Selbstbestimmung wirkendes Glied einer freien Gesellschaft – ein Menschenbild also, in dem sich besonders deutlich die Verschmelzung des demokratischen Teilhabegedankens und des rechtsstaatlichen Freiheitsgedankens widerspiegelt.

[19] Zu ersten Versuchen einer theologischen Würdigung des Rechtsstaates vgl. *Simon*, Ist in der Theologischen Ethik Platz für den Rechtsstaat?, in: Kirche in der Zeit, 1963, S. 6 ff.; ferner *Scheuner, Wolf* und *Simon*, in: Theologische Existenz heute, Heft 119/1964; *Heinemann*, in: Plädoyer für den Rechtsstaat, 1969. Zur Fortentwicklung des Rechtsstaatsgedankens vgl. *Simon*, in: Kirche in der Zeit, 1966, S. 486 ff., und in: Politik für Nichtpolitiker, Bd. II, 1970, S. 121 ff.

Im einzelnen läßt sich der Idealtypus der rechtsstaatlichen Demokratie durch folgende Merkmale kennzeichnen: Das Volk als der gedachte Inhaber der Staatsgewalt verleiht in allgemeinen, freien und geheimen Wahlen mit regelmäßiger Wiederholung Herrschaft auf Zeit, wobei es in Mehrparteiensystemen zwischen den Repräsentanten verschiedener grundsätzlich chancengleicher Richtung wählen kann. Das schließt das Recht auf verfassungsmäßige Bildung und Ausübung einer Opposition und den Schutz der andersdenkenden Minderheiten durch Gewährleistung politischer Freiheitsrechte ein. Als konstituierend für eine demokratische Ordnung gilt namentlich die Meinungs- und Pressefreiheit, zumal die Mehrheitsentscheidung erst dadurch demokratisch legitimiert wird, daß sie am Ende eines vorangegangenen dialogischen Willensbildungsprozesses steht. Die Staatsgewalt ist nach einem der ältesten rechtsstaatlichen Prinzipien zwischen Parlament, Exekutive und Gerichten aufgeteilt, die sich gegenseitig unterstützen, aber zur Vermeidung von Machtmißbrauch auch hemmen und kontrollieren sollen. Ein ähnliches Ziel verfolgt die Übertragung von Bereichen der Staatstätigkeit auf leichter überschaubare Körperschaften zur grundsätzlich selbstverantwortlichen Wahrnehmung. Für alle Staatsorgane, auch das Parlament, sind die Verfassung und die darin verbürgten Grundrechte verbindlich, die dem Bürger in Gestalt unmittelbar anwendbarer einklagbarer Rechte einen unantastbaren Kernbereich freier Lebensgestaltung gewährleisten sollen. Die Regierung ist dem vom Volk gewählten Parlament verantwortlich. Die Verwaltung darf nach dem Grundsatz der Gesetzmäßigkeit staatlichen Handelns nur in Bindung an förmliche, vom Parlament verabschiedete Gesetze handeln, damit Eingriffe in die Lebensgestaltung des Bürgers vorhersehbar, berechenbar und kontrollierbar sind. Der Grundsatz der Verhältnismäßigkeit, auch als Übermaßverbot bezeichnet, verpflichtet dazu, bei Eingriffen das schonendste Mittel anzuwenden. Voraussehbarkeit, Verbot von Rückwirkungen und Übermaßverbot sind besonders streng zu beachten, wo der Staat das schwerwiegende Mittel der Kriminalstrafe verhängt. Gegen Rechtsverletzungen kann der Bürger den Schutz unabhängiger Gerichte anrufen, die ihrerseits unter Bindung an Verfassung und Gesetze nach vorgeschriebenen Verfahrensordnungen, insbesondere unter peinlicher Beachtung des Rechts auf Gehör für jeden Beteiligten zu entscheiden haben.

Das Zusammenspiel dieser und noch weiterer Gestaltungselemente ergibt ein höchst kunstvolles System, das von unseren Vorfahren mit schöpferischer Phantasie und unter schweren Opfern gestaltet wurde und das man als die beste aller schlechten Möglichkeiten für unseren Lebensbereich bezeichnet hat. Gerade derjenige, der dieses System zu Recht für unaufgebbar hält, wird nach einer Erklärung dafür suchen müssen, daß sich diese Ordnung in den Augen namentlich jüngerer Menschen gleichsam wie ein Schattenriß zwar deutlich, aber mit wenig eigener Leuchtkraft vom historischen Hintergrund abhebt. Das dürfte nicht allein auf Unkenntnis beruhen und auch nicht nur jenen zuzuschreiben sein, die den freiheitlichen Rechtsstaat als wohlfeile Parole im kalten Krieg oder als Alibi zur Verschleierung handfester Eigeninteressen – etwa auf dem Gebiet des besonders reformbedürftigen Bodenrechts[20] – entwerteten, so daß mancher aus Überdruß vor solchem Mißbrauch aus dem Wort Rechtsstaat nur noch „rechts" im Gegensatz zu „links" heraushörte und in ihm ein Hindernis für zukunftsweisende soziale Reformen sah. Das eigentliche Unbehagen hängt damit zusammen, daß es auf die Dauer nicht genügen kann, uns auf das Erbe der Väter gleichsam einen Erbschein in Gestalt des Grundgesetzes ausstellen zu lassen. Dabei mag auf sich beruhen, wie weit der in Genf vertretenen pauschalen Meinung beizupflichten wäre, „daß jedes Verständnis des Rechtsstaates, das den moralischen und menschlichen Idealen nicht gerecht wird, dem christlichen Glauben widerspricht und völlig unfähig ist, eine dynamische Gerechtigkeit in der Welt von heute zu fördern".[21] Haben sich nicht jedenfalls die gesellschaftlichen und wirtschaftlichen Bedingungen inzwischen tiefgreifend gewandelt und wird dadurch nicht die immer und überall vorhandene Kluft zwischen Verfassung und Verfassungswirklichkeit noch mehr verbreitert? Gerade die Oekumene weist unermüdlich auf die Veränderungen durch die technisch-wissenschaftliche Entwicklung hin, vor deren Problematik die saturierten hochentwickelten Gesellschaften allzu gern die Augen verschließen möchten. Ist nicht beispielsweise das Übergewicht informierter Insider und technokratischer Eliten gewachsen und der Spielraum der gewählten Parlamente schmäler geworden, schaffen nicht Informationsmaschinen und Entscheidungsautomaten neue Machtzentren und Abhängigkeiten, hat nicht die teilautomatisierte, unter Effizienzdruck stehende Massenproduktion das Schadensrisiko für Umwelt und Verbraucher erhöht, schwinden nicht die Mitwirkungsmöglichkeiten des Bürgers, der

[20] Vgl. dazu die Rede Heinemanns auf dem Münchener Städtetag 1971: Bulletin der Bundesregierung Nr. 81/1971.

[21] Appell an die Kirchen der Welt, S. 189.

sich durch eine Informationslawine überrollt sieht, gegenüber einem übermächtigen und für ihn nicht mehr transparenten Establishment als ohnmächtig empfindet und in mannigfacher Weise bis hin zum Konsumzwang als manipuliert erlebt, und läßt sich daher überhaupt noch an dem der tradierten Ordnung zugrunde liegenden Menschenbild festhalten? Noch quälender werden die Fragen, die daraus folgen, daß die wohlhabenden Gesellschaften immer reicher und die ohnehin unterentwickelten Völker immer ärmer zu werden drohen.

Eine notwendige Analyse der bereits eingetretenen oder zu erwartenden Veränderungen könnte zureichend nur in enger interdisziplinärer Zusammenarbeit und gewiß nicht allein von Juristen geleistet werden. Wenn sich aber die Verhältnisse wirklich geändert haben, müssen dann nicht zumindest die überkommenen Gestaltungselemente der rechtsstaatlichen Demokratie so fortentwickelt werden, daß sie auch unter den veränderten Bedingungen des technischen und industriellen Massenzeitalters funktionstüchtig bleiben und weiterhin das bewirken, was unsere Väter unter den Bedingungen ihrer Zeit mit ihnen bezweckten? Kommt es anderenfalls nicht zwangsläufig zu Konflikten, die den sozialen Frieden schwer gefährden?

Die damit gestellten Aufgaben reichen außerordentlich weit. Sie sind – soweit ersichtlich – bislang nicht systematisch untersucht worden und können hier nur beispielhaft unter Anknüpfung an herkömmliche Gestaltungselemente und mit dem Vorbehalt des Irrtums angedeutet werden. Schon die ältesten Rechtsstaatsmerkmale, die Gewaltenteilungslehre und der Grundsatz der Gesetzmäßigkeit staatlichen Handelns, sind neu zu durchdenken. Abgesehen davon, daß die Annahme, Parlament und Regierung stünden sich kontrollierend gegenüber, die gegenwärtige Verfassungswirklichkeit idealisiert, sind allein schon durch Massenmedien und die Automatisierung von Information und Planung neue Machtzentren im Entstehen, die den Rahmen der überlieferten Gewaltenteilungslehre sprengen. Je mehr sich ferner die Staatstätigkeit auf planende, versorgende und verteilende Funktionen ausweitet, desto schwieriger wird es, diese erweiterte Staatstätigkeit an berechenbare und kontrollierbare Gesetze zu binden, obwohl diese Tätigkeit in Form von Vergünstigungen und Benachteiligungen ein wirksameres Mittel willkürlicher Machtausübung werden könnte als etwa Zwang und Befehl in der an die Grundsätze der Gesetzmäßigkeit und Verhältnismäßigkeit gebundenen klassischen Eingriffsverwaltung. Im Bereich der Menschenrechte verstärkt sich die Tendenz, nach weitgehender Durchsetzung der politischen Freiheitsrechte nunmehr die sozialen Teilhaberechte zu stärken. Parallel dazu verlagert sich in der Demokratie-Diskussion der Schwerpunkt von den für die repräsentative Demokratie charakteristischen mehr formalen Strukturprinzipien, wie zum Beispiel dem Wahlrecht, hin zum Bedürfnis nach demokratischer Teilhabe und Mitbestimmung. Dabei konzentriert sich das Interesse auch in der Oekumene auf die neuralgischen Probleme des Eigentums und der Betriebsverfassung. Das Eigentum soll nach klassischer Lehre dazu dienen, daß der Einzelne frei und eigenverantwortlich leben kann. Diese auch heute noch nicht überholte Auffassung provoziert aber nicht nur die Gegenforderung nach einer gesellschaftlichen Kontrolle des Eigentums überall dort, wo es Herrschaft über Menschen ermöglicht, sondern erhält in der modernen Dienstleistungsgesellschaft einen neuen Akzent: Da die große Mehrzahl der Staatsbürger nicht vom privaten Sachvermögen, sondern von der Arbeit lebt, hängt deren Freiheit und Unabhängigkeit davon ab, in welchem Maße Ausbildung und Arbeitsplatz gesichert sind. Ob sich demgemäß Tendenzen zu einem garantierten Recht auf Bildung und zur Anerkennung des Arbeitsplatzes als eigentumsähnliches Recht durchsetzen werden und wie das mit dem Erfordernis erhöhter Mobilität in Einklang zu bringen wäre, ist noch nicht abzusehen. Nach Meinung mancher Beobachter ist aber schon jetzt die Entwicklung von der durch Sacheigentum strukturierten Gesellschaft im bürgerlichen Rechtsstaat zu der durch Arbeit strukturierten Gesellschaft im sozialen und demokratischen Rechtsstaat unverkennbar. Diese Entwicklung zeichnet sich zumindest auf dem Gebiet der Unternehmensverfassung deutlich ab, wo der Faktor Arbeit zur Gleichberechtigung mit dem Faktor Kapital in Gestalt der Gewinnbeteiligung und insbesondere der wirtschaftlichen Mitbestimmung drängt. Gerade diese heute noch lebhaft umstrittene Mitbestimmung stellt ein klassisches Beispiel für das Bemühen dar, einen Weg zu finden zwischen Extremen, dem unternehmerischen Herr im Haus-Standpunkt einerseits und der Verstaatlichung andererseits, und damit im Geist des demokratischen und sozialen Rechtsstaats zur Lösung der ebenso schwierigen wie unabweisbaren Zukunftsaufgabe beizutragen, unter den Bedingungen des industriellen Massenzeitalters eine Synthese zu finden, die einerseits die unaufgebbare Freiheit der Person als vorrangig wahrt, andererseits aber die individuelle Freiheit in das Gebot partnerschaftlicher Solidarität einbindet.

Gemeinsame humanistische Verantwortung von Christen und Marxisten

– Tendenzen der Diskussion bei J. L. Hromádka und seiner Arbeit in der Christlichen Friedenskonferenz Prag (CFK) –*

von

MARTIN STÖHR

1. Dialog der Praxis

Es ist über eine Diskussion zu berichten, die im Bereich der Praxis kommunistischer Staatsorganisationen stattfand. Sie konnte diese nicht mehr als theoretische Modelle nach ihrer Wünschbarkeit oder Verwirklichungschance diskutieren. Anstelle der Hoffnung oder des Hinarbeitens auf den Zerfall kommunistischer Staaten mußte sie deren Intentionen und Möglichkeiten, gerade auch zur Verbesserung des Vorfindlichen, suchen und damit eine kritische Anfrage an die nichtkommunistischen Systeme formulieren. Die Katastrophe eines nicht von den Kommunisten ausgelösten Krieges, der Zwang, primitivste Lebensmöglichkeiten und neue Organisationsformen der Wirtschaft, der Erziehung, der Massenmedien zu entwickeln, das Gefühl ständiger Bedrohung und Negation des Aufbauwerkes (von innen und außen), die Zwangsjacke des Stalinismus, der Monopolcharakter des sowjetischen Modells und die Vehemenz des kalten Krieges bezeichnen einige Schwierigkeiten dieser „Dialog"situation zwischen Christen und Marxisten, die jeweils mit dem Hintergrund ihrer Geschichte, der Vulgarität, Trägheit und argumentationslosen Selbstbehauptung ihrer Anhänger und Apparate

* Erweiterte Fassung eines in der Sitzung der Marxismus-Kommission am 1. 4. 1969 in Heidelberg gegebenen Berichtes.

in diesen Dialog des Alltags und der Praxis gingen. Und doch ergab sich aus ihm (die Diskussion der Ökumene, des Reformsozialismus und der sog. Neuen Linken zeigten es) eine befruchtende Fragestellung, die die humanen Intentionen der Partner gegen ihre eigenen Versteinerungen zur Geltung bringen sollte und dann später auch einen politischen und theoretisch-wissenschaftlichen Dialog erlaubte.

Josef L. Hromádka (geb. 1889), nach dem Studium der Evangelischen Theologie in Wien, Basel, Heidelberg, Aberdeen, und der Philosophie in Prag, 1921 Professor für Systematische Theologie in Prag, 1939 bis 1947 in Princeton (USA), seit 1947 wieder in Prag, langjähriges Mitglied des Exekutivausschusses des Weltkirchenrates, Vizepräsident des Reformierten Weltbundes, und bis 1968 (nach seinem Protest gegen staatliche Eingriffe in die Autonomie der Christlichen Friedenskonferenz) deren Präsident, hat an der Diskussion und der Aufnahme der in der Überschrift genannten Thematik in Kirche und Gesellschaft großen Anteil. Sein Vertrauen und seine Integrität in Ost und West, von der jeweiligen Gegenseite immer so mißtrauisch befragt, daß sie sich bestätigten, seine „Koine" einer traditionellen ökumenischen Theologie und Sprache, die ihre Präzision keineswegs in der Begrifflichkeit gewann, sondern im glaubwürdigen politischen Engagement und im Mut, politische Gegenwart jenseits einer apodiktischen Prophetenpose zu deuten und zur Diskussion zu stellen, machen ihn zu einer Schlüsselfigur der politischen ökumenischen Debatte nach dem Zweiten Weltkrieg.

2. *Die Anfänge der Christlichen Friedenskonferenz*

Gleiches läßt sich auch von seinem Werk sagen, das zugleich auch das Werk B. Pospíšils, Direktor des Ökumenischen Institutes an der Evangelischen Comenius-Fakultät in Prag, und des Ordinarius für Systematische Theologie in Bonn, H. J. Iwand, ist. Die Christliche Friedenskonferenz (= CFK) begann ihre Arbeit 1958 mit 39 Teilnehmern aus Bulgarien, der BRD, der DDR, Polen, Rumänien, der Südafrikanischen Union, Ungarn, der UdSSR und der ČSR. Die Zahl der Teilnehmer verdreifachte sich im folgenden Jahr, um über die dritte CFK 1960, die erste Allchristliche Friedensversammlung (= ACFV) 1961, die zweite ACFV 1964 und die dritte ACFV 1968 offizielle Kirchendelegationen aller nichtkatholischen Kirchen der sozialistischen Länder, zeitweise auch der Volksrepublik China, und Einzeldelegierte und offizielle Kirchenvertreter aus fast allen Ländern der Dritten Welt und des Westens zusammenzuführen. Die CFK gewann auf dem Weg zur ersten ACFV feste Arbeitsformen in einem Präsidium, einem Arbeitsausschuß, im internationalen Sekretariat und dem beratenden Ausschuß für die Fortsetzung der Arbeit, vor allem aber in einer wechselnden Zahl von kontinuierlichen Studienkommissionen[1].

Die hier geleistete ökumenische und politische Arbeit, weitergetragen – bei aller Einschränkung – durch die Kirchen in den osteuropäischen Ländern und die Regionalausschüsse in den Ländern der Dritten Welt und des Westens, hatte zunächst einmal ihren Wert als „Klippschule" grenzüberschreitender Kommunikation verschiedener Systeme, die die Christen in ihrer Verschiedenheit stärker prägten, als die behauptete Universalität des christlichen Glaubens vermuten läßt. Finanziert wurde die Arbeit der CFK vor allem durch Beiträge der osteuropäischen Kirchen, Beiträge und Spenden einzelner Mitglieder in Westeuropa und in den USA. Die physische und psychische Bedrohung der Menschheit durch nukleare Waffen war der unmittelbare Anlaß, daß 1957 in zwei Vorkonferenzen in der ČSR eine Christliche Friedenskonferenz einberufen wurde[2].

---

[1] Hierüber informieren genauer der Pressedienst des Ökumenischen Rates der Kirchen in der Tschechoslowakei (Prag) ab Jahrgang 1957, das Informationsbulletin der CFK und seit 1962 auch die Zeitschrift „Christliche Friedenskonferenz", hrsg. vom Internationalen Sekretariat der CFK in Prag.

[2] Zur Geschichte vgl. *B. Pospíšil,* Die Prager Christliche Friedenskonferenz (Hefte aus Burgscheidungen, Berlin 1959); *J. Smolik-B. Ruys,* Stimmen aus der Kirche der ČSSR, München 1968, sowie die Dokumentationsbände 1. Kampf gegen thermonukleare Waffen als Aufgabe der Kirche (ed. Ökum. Institut der Ev. Theol. Comenius-Fakultät), Prag 1958; 2. Aufgabe und Zeugnis, 1. CFK, Prag 1958; 3. Elige Vitam, 2. CFK, Prag 1959; 4. Einzige Zukunft, 3. CFK, Prag 1960; 5. ... und Frieden auf Erden (1. Allchristl. Friedensversammlung = 1. ACFV), Prag 1961; 6. Mein Bund ist Leben und Frieden, 2. ACFV, Prag 1964; 7. Mein Bund ist Leben und Frieden – Vorbereitungsheft zur 2. ACFV, Prag 1964; 8. Suche den Frieden – 3. ACFV 1968 (Polis, ev. Zeitbuchreihe 38), Zürich 1969. Seit Heft 8, 1970 erscheint im Evangelischen Pfarrerblatt der DDR in Fortsetzungen „Zur Geschichte der CFK" von *Günther Wirth,* Cheflektor des Union-Verlages und Mitarbeiter der CDU der DDR.

In diesem Zusammenhang ist darauf zu verweisen, daß Hromádka, Visser 't Hooft, Stafford Cripps und D. Bonhoeffer zur Jugendkommission des Weltbundes für Freundschaftsarbeit der Kirchen gehörten. Die Kommission war 1928 in Prag gegründet worden. Vgl. *E. Bethge,* Dietrich Bonhoeffer, München 1967, S. 243 u. ö. Pospíšil u. a. zitierten diese Versuche bis zu den Vorberatungen zur CFK.

Der Impuls dazu steht in einer Reihe mit der Arbeit der kirchlichen Bruderschaften, jener freien Arbeitsgemeinschaften, die das Erbe des „Linken" Flügels der Bekennenden Kirche nicht nur bewahren, sondern in politischer Stellungnahme und Theologie kritisch in dem von ihnen als restaurativ empfundenen Aufbau von Kirche und Gesellschaft nach 1945 wirksam werden lassen wollten. Sie stellten die Mehrzahl der deutschen Teilnehmer. Ihr Kampf konzentrierte sich auf eine Alternative zu Adenauers Politik der Westintegration, der Wiederaufrüstung und der atomaren Bewaffnung der Bundeswehr[3]. Im Kern war die in den Bruderschaften entfaltete Theologie – bis hin zu einem neuen, positiveren Verhältnis zum Sozialismus – im sogenannten Darmstädter Wort des Bruderrates der EKiD vom 8. 8. 1947 enthalten. Dort hieß es: „... 3. Wir sind in die Irre gegangen, als wir begannen, eine ‚christliche Front' aufzurichten gegenüber notwendig gewordenen Neuordnungen im gesellschaftlichen Leben der Menschen. Das Bündnis der Kirche mit den das Alte und Herkömmliche konservierenden Mächten hat sich schwer an uns gerächt. Wir haben die christliche Freiheit verraten, die uns erlaubt und gebietet, Lebensformen abzuändern, wo das Zusammenleben der Menschen solche Wandlung erfordert. Wir haben das Recht zur Revolution verneint, aber die Entwicklung zur absoluten Diktatur geduldet und gutgeheißen. ... 5. Wir sind in die Irre gegangen, als wir übersahen, daß der ökonomische Materialismus der marxistischen Lehre die Kirche an den Auftrag und die Verheißung der Gemeinde für das Leben und Zusammenleben der Menschen im Diesseits hätte gemahnen müssen. Wir haben es unterlassen, die Sache der Armen und Entrechteten gemäß dem Evangelium von Gottes kommendem Reich zur Sache der Christenheit zu machen." (In: Hat die Kirche geschwiegen?, hrsg von G. Heidtmann, Berlin o. J., 3. Auflage.)

Diese politische Stellungnahme im Bereich der Evangelischen Kirche ist ein Stück einer breiteren Protestbewegung, die sich organisatorisch auch in der Aktion „Kampf dem Atomtod" darstellte. Sie griff die

---

[3] Zwei zusammenhängende Darstellungen des Jahres 1970 schildern diese Bemühungen materialreich: *Hans-Gerhard Fischer*, Evangelische Kirche und Demokratie nach 1945, Hist. Studien, hrsg. von W. Berges u. a., H. 407, Lübeck und Hamburg 1970; *Hans Karl Rupp*, Außerparlamentarische Opposition in der Ära Adenauer (Sammlung Junge Wissenschaft), Köln 1970. Eine theologische Basis dieses gesellschaftskritischen Engagements für Demokratie und Entspannung zwischen den Machtblöcken findet sich in: Christusbekenntnis im Atomzeitalter, hrsg. von E. Wolf, H. Kloppenburg und Helmut Simon (Theol. Ex. heute, N. F. Nr. 70), München 1959 – dort weitere Literatur.

Appelle Albert Schweitzers, des nordamerikanischen Nobelpreisträgers für Chemie (und später für den Frieden) Linus Pauling, den Protest der achtzehn Göttinger Wissenschaftler gegen eine atomare Ausrüstung der Bundeswehr, die Arbeit des Weltfriedensrates und Verurteilungen des Atomkrieges durch den Weltkirchenrat seit der Weltkirchenkonferenz 1954 in Evanston/USA auf[4].

„Frieden" wurde thematisiert, als er durch die modernen Waffen alternativlos geworden war[5]. In den sozialistischen Ländern setzte dieses Thema einen großen Konsensus zwischen Volk und Regierung voraus, der sich nach dem dort weniger als im Westen vergessenen Grauen des Zweiten Weltkrieges als öffentliche Meinung artikulieren, aber auch propagandistisch mißbrauchen lassen konnte. Trotz allem darf nicht übersehen werden, daß in der im „Osten" vorgenommenen Thematisierung des „Friedens" die stärkere Zukunftsperspektive enthalten war als bei der im Westen häufig anzutreffenden Gleichgültigkeit. Dem „Osten" gelang eine Initiative, aus welchen Gründen auch immer, als er das Thema des Friedens auf die internationale Tagesordnung setzte, die die Kirche mit ihren reichen Kriegsethiken noch unvorbereiteter traf als die Politiker. So gewiß am Anfang der CFK die Bemühung um eine Mobilisierung der christlichen Gewissen und der öffentlichen Meinung vorherrschte, die man nicht als puren Goodwill abtun sollte, so bedeutsam wurde die Tatsache, daß diese Arbeit in einem sozialistischen Land und im ständigen Gespräch mit Christen aus sozialistischen Ländern und Gruppen und mit Sozialisten verschiedener Provenienz getrieben wurde. Der Friedensfrage wurde die Frage nach der gerechten Gesellschaftsordnung, die Frage nach dem sozialistischen Gesellschaftssystem, also auch nach einem verbesserlichen Sozialismus, mit der ständig diskutierten Kapitalismuskritik beigegeben. Die Initiative lag sachlich zu Recht im „Osten", der in dem Versuch, mit der marxistischen Theorie nach den ökonomischen und gesellschaftlichen Bedingungen des Friedens

[4] Die Dokumente des Protestes der genannten Personen und Gruppen sind in authentischer Vollständigkeit zusammengetragen in: Es geht ums Leben! Der Kampf gegen die Bombe 1945 bis 1965, eine Dokumentation, hrsg. von G. Heipp, Hamburg 1965. Die wissenschaftliche Diskussion innerhalb der EKiD ist in dem Band Atomzeitalter – Krieg und Frieden, hrsg. von G. Howe, Witten/Berlin 1959, zusammengefaßt. Zum ganzen vgl.: *H. E. Tödt*, Friedensforschung als Problem für Kirche und Theologie, in: G. Picht und H. E. Tödt (Hrsg.), Studien zur Friedensforschung, Bd. 1, Stuttgart 1969, bes. S. 34 ff.

[5] *H. Gollwitzer,* 3. CFK, Prag 1960, S. 21 f.; S. 24 einen Slogan Eisenhowers aufgreifend.

zu fragen, eine fruchtbare Fragestellung vorlegte. Die Feststellung, „Der Westen neigt mehr der Gefahr zu, der Gegenwart um einer Vergangenheit willen ihr Recht zu nehmen, der Osten mehr dazu, die Gegenwart um einer Zukunft willen zu vernachlässigen“ [6], meint diese produktivere Fragestellung und Zukunftsorientierung, auch wenn sie inhaltlich erst noch zu entfalten waren. Voraussetzung aber war: Hören, Reisen, Informieren und Erfahrung: „Trotz aller Distanz zwischen Christen und Nichtchristen, die keiner von ihnen zugunsten einer alles nivellierenden ‚revisionistischen‘ Vermischung aufgeben darf, gibt es also eine verheißungsvolle Koexistenz.“ [7] So gewiß die CFK im Chor vieler Warner mitruft, so gewiß sie eine mögliche, in den Augen östlicher und westlicher Machthaber „ungefährliche“ Friedensposition naiv mitzubesetzen und lediglich zu akklamieren schien, was schon kanalisiert war (die Presseberichterstattung beider Seiten fand häufig nur bestätigt, was sie in ihrer von der jeweiligen Gesellschaft fixierten Erwartungshaltung finden wollte), so gewiß gewann sie dennoch einen eigenen Part in der Partitur durch ihre christliche und ökumenische Basis und die Herausforderung der Geschichte, das christliche Hauptwort „Frieden“ in eben dieser Geschichte auszulegen. Für alle nichtrömischen tschechoslowakischen Kirchen wurde dieser Zwang zum Anlaß, sich zusammenzuschließen und Ökumene zu praktizieren.

3. Für eine verbesserliche Ökumene

Schon 1956 hatte Hromádka, ein Jahr nach seiner Chinareise [8], die auch der Suche nach einem anderen sozialistischen Modell neben dem sowjetischen galt (dessen Mängel offenkundig waren), Kritik am Weltkirchenrat geübt. Er tat dies in Loyalität zum Weltkirchenrat, dessen Verlautbarungen z. B. zu Korea und Ungarn und dessen Begriff der „verantwortlichen Gesellschaft“ er aber öffentlich kritisierte. Seine Bedenken brachte er bei seiner Mitarbeit im ÖRK stän-

---

[6] *K. P. Hertzsch* (Prag 1960) in: Dimensionen des Friedens, ed. M. Stöhr, R. Tietz, Hamburg 1961, S. 60.

[7] *R. Tietz*, aaO, S. 79.

[8] Sein Bericht mit der Kritik an der unkritischen Dominanz westlicher Gesellschaftsvorstellungen in den Verlautbarungen des ÖRK erschien 1956 in Prag: Kirche und Theologie im Umbruch der Gegenwart. Ein tschechoslowakischer Beitrag zu den ökumenischen Gesprächen (erweitert 1961 in Hamburg, als Heft 7 der Ev. Zeitstimmen, nachgedruckt).

dig vor[9]. Er wollte die in der Ökumene fast ganz fehlenden Christen der sozialistischen Länder in einen Dialog[10] einbringen, der ohne sie irreal blieb, weil er die geistige und physische Existenz von Christen negierte, die sich im Westen dauernd gegen den Vorwurf zu wehren hatten, ihre Existenz sei nur als die von Märtyrern oder die von Kollaborateuren möglich. Die Forderungen nach Kennenlernen, Kommunikation, Austausch und wahrer Information macht die Christen zu „Grenzgängern", die goldene, eiserne und Bambus-Vorhänge zu überschreiten haben und damit eine Klischeezerstörung und „Relativierung" der Ansprüche der jeweiligen, sich absolut setzenden Systeme vollziehen[11]. Die Machtbasis sozialistischer Staaten allerdings total in Frage zu stellen, schien für Hromádka zutiefst inhuman, da der Westen weder moralisch noch politisch legitim die Frage positiv beantworten konnte, wer denn das dann entstehende Chaos meistern könne[12]. Es gab in der CFK eine klare Trennung von allen subversiven Kommunikationsversuchen, allerdings mit der Absicht, den Marxisten besser zu verstehen, als er sich selbst (in seiner aktuellen Verwirklichung) versteht; also darauf vertrauend, daß die humanistischen Intentionen des Marxismus sich gegen seine eigene Petrifizierung durchsetzen[13]. Christen

[9] *H. E. Tödt* hat in den Marxismus-Studien, 6. Folge, hrsg. v. Ulrich Duchrow, Tübingen 1969, (S. 1–42) „Die Marxismus-Diskussion in der ökumenischen Bewegung" zusammenhängend dargestellt.

[10] Dieses Wort wird in den Veröffentlichungen *Hromádkas* zuerst auf das Gespräch der Christen verschiedener Kirchen, Theologien und Milieuprägungen und dann auf das notwendige Gespräch zwischen den Staaten verschiedener Gesellschaftsordnungen, also auf die praktische Begegnung und Anerkenntnis praktisch Einfluß und Macht ausübender Größen angewandt und dann erst (1956 in: Evangelium für Atheisten, Berlin 1958, und in: An der Schwelle des Dialogs zwischen Christen und Marxisten, tschechisch in Prag 1964, deutsch 1965 in Berlin und Frankfurt/M.) auf den Dialog zwischen Christen und Marxisten.

[11] Vgl. *H. Gollwitzer*, CFK 3, Prag 1960, S. 28; *Collins*, aaO, S. 79 ff.; *K. P. Hertzsch*, Dimensionen . . ., S. 61.

[12] Vgl. *Hromádka*, Mahnung vor dem Horror vacui, in: Evangelium für Atheisten, S. 38 ff. (1956), konkret exemplifiziert in seiner Stellungnahme zum ungarischen Aufstand in: Ökumen. Pressedienst, Prag, Dez. 1956.

[13] Sein Buch „Evangelium für Atheisten" ist eine einzige Entfaltung dieser These, die er 1968 bestätigt sieht. „Denn die Erneuerung hier bei uns ist in der kommunistischen Partei entstanden ... nicht von außen her... Das ist wichtig zu bemerken, daß es nicht eine Rückkehr zur liberalen Bourgeoisie ist, sondern ein Versuch, auf dem Boden dessen, was wir manchmal in zwei Jahrzehnten falsch und mit vielen Fehlern aufgebaut haben, es jetzt besser zu tun . . .". Und wieder fragt er, wie sein ganzes Leben lang: „. . . inwieweit können wir Christen unseren Kommunisten und Sozia-

sind für Interpretation, Fehler und Gelingen des sozialistischen Gesellschaftsaufbaus mitverantwortlich[14]. Da die Kirche als ihre ureigene Gefahr die der Versteinerung kennt, kann sie ihr nur durch die auch dem „Gegner" helfende grundsätzliche Offenheit begegnen. „Die sowjetischen Christen sowie die chinesischen Brüder sind heute noch nicht im Weltkirchenrat vertreten, und gerade durch die letzten Ereignisse wurde der Augenblick weiter verschoben, in dem diese sowjetischen und chinesischen Christen Mitarbeiter des Weltkirchenrates würden. Unsere Aufgabe ist es, mit ihnen Verbindungen zu pflegen, um für sie dereinst zur Brücke zum Weltkirchenrat zu werden. Dazu brauchen wir eine Offenheit und Loyalität zum Weltkirchenrat, aber auch eine Offenheit für die Fragen, auf die der Weltkirchenrat keine Antwort findet." [15] Es geht ihm also nicht um eine separate Ostökumene, sondern um die Vollendung der unvollkommenen separaten „West"-Ökumene und die Zuwendung eines „Weltkonzils" der Christen zu dem wichtigsten Thema der Gegenwart: dem Frieden[16]. Immer wieder wendet er sich gegen die Professionalisierung der Ökumene, gegen die Gefahr der Normierung von Dogmen und Ethiken, die nur die getaufte Fassung politischer Interessen, Theorien oder Freund-Feind-Verhältnisse sind.

4. Deutung der Geschichte als Aufklärung

Die Kirche darf sich und ihre Einheit nicht zum Thema machen. An der Friedensthematik lernt man Weltverantwortung gegen dialektische, pietistische oder kultische Weltverachtung. Es geht darum, „den Menschen zu helfen, zu begreifen, in was für einer Welt wir leben und wie wir in ihr dienen können. Ein Christ, der sich nicht die Frage stellt,

---

listen zu einem besseren menschlichen Leben helfen und zum Frieden?" *Hromádka* auf der 3. ACFV März 1968 in Prag (Suche den Frieden ..., S. 18). Ausführlich noch einmal entfaltet in seinem gegen die Okkupation 1968 protestierenden Memorandum, abgedruckt in: Neues Forum, Wien, Heft 181, 1, 1969, S. 64 ff.; vgl. *R. Selucky*, Reformmodell ČSSR, rororo aktuell 1207, S. 60 ff.

[14] *Hromádka*, in: 2. CFK 1959, S. 61 ff.; Evangelium für Atheisten, S. 21 ff.

[15] Kampf gegen ... (Prag 1957), S. 24 ff.

[16] Zum Vorwurf der „roten" oder „Ost-"Ökumene vgl. *Dibelius*, Ein Christ ist immer im Dienst, Stuttgart 1961, S. 326; zum später bescheidener geplanten „ökumenischen Konzil" den Bericht über die Vorbereitungskonferenzen der CFK 1957: Kampf gegen ...

wie soll ich diese Welt verstehen, wie soll ich dem Menschen helfen, daß er nicht hungert und leidet, nicht durch diese Welt im Chaos hoffnungslos taumelt; wie soll ich dieser Welt helfen, daß sie sich nicht selbst mordet, sich nicht selbst tötet, ein Christ, der sich diese Fragen nicht stellt, ist schwach auch in seinem Glauben." [17] Fehlende Weltorientierung und fehlende Weltverantwortung der Christen sind nicht periphere Entbehrlichkeiten, sondern zentrales Glaubensdefizit, Irrlehren gleich, eine zerstörte Wahrheit. Immer wieder taucht die Frage der Welt-Interpretation auf, das Erschrecken darüber, daß „unsere einfachen Brüder und Schwestern nicht wissen, worum es geht..." [18] Hier liegt jenes „aufklärerische" Pathos begründet, das Hromádka z. B. von Barth unterscheidet und ihm den Vorwurf der Geschichtsphilosophie einbrachte [19]. Er will gerade den einfachen Menschen aufklären über das, was gespielt wird. Die Auseinandersetzung mit der Wirklichkeit kann nur sinnvoll geschehen, wenn sie in der Perspektive ihrer geschichtlichen Entwicklung gesehen wird, den Menschen „mit der nackten Geschichte konfrontiert" [20], die Flucht in Illusionen verbietet, indem a) eine „nüchterne Anerkennung der Weltlichkeit" erfolgt, b) „eine Begegnung in der Tiefe des Menschseins", die nicht vergißt, „daß der Kommunismus auch mit seinem Atheismus nicht in erster Linie eine Weltanschauung ist; daß er um den Menschen ringt und seine Rechte, Freiheit und Würde durch bessere, adäquatere soziale Institutionen, rechtliche Satzungen und politische Formen gestalten möchte, als es die älteren Gesellschaftssysteme getan haben". c) Christen und Marxisten sollten wissen, daß „die menschliche Gemeinschaft durch allgemein anerkannte Grundsätze und Anschauungen über den Sinn des Menschen, der Geschichte und der ganzen Welt integriert und vor der Auflösung geschützt werden muß" [21].

Hromádkas theologischer Kampf um die Freiheit der Theologie und des Glaubens an Jesus Christus ist geprägt – wiederum in spezifischem Unterschied zu Barth – von der Auseinandersetzung mit dem gerade in

[17] *Hromádka,* in: Kampf gegen... (Prag 1957), S. 16.

[18] AaO, S. 20 f.

[19] Vgl. *H. Ruh,* Geschichte und Theologie, Grundlinien der Theologie Hromádkas, Zürich 1963; *J. B. Souček,* Theology in Action, in: Communio Viatorum II, S. 276 ff., Prag 1959; *J. M. Lochman,* Zur Frage der Geschichtsphilosophie J. L. Hromádkas, in: Ev. Theologie 1965, S. 414 ff.; *J. Smolik,* Von Amsterdam nach Prag, eine ökumenische Freundesgabe an Prof. D. J. L. Hromádka, Hamburg 1969, S. 13 ff.: Zum theologischen Profil Josef Hromádkas.

[20] Evangelium für Atheisten, S. 20.

[21] AaO, S. 34 ff.

der tschechischen Geisteswelt tief verwurzelten Skeptizismus, einer Flucht ins Private und einer intellektuellen Müdigkeit, die von den schmutzigen Aufgaben der Politik sich dispensiert[22]. Die auf der Hand liegende Mediokrität des normalen Christentums, seine „praktische Gottlosigkeit“[23] ist mitschuldig an der tiefen Bedrohung des Menschseins heute. Eine schonungslose Analyse hat das aufzudecken wie nach Wegen zur Hilfe zu suchen.

Sehr rasch entfaltete sich die Friedensthematik in vielen Studienkommissionen und Themen der CFK. „Schalom ... ist die Fülle der Gaben Gottes, seiner Liebe und Gnade, seiner Vergebung und Identifizierung mit uns. Friede, wie wir ihn aus der Weihnachtsbotschaft kennen, ist die Erfüllung dieses Friedens, den die Profeten als Angeld erfahren haben, der in Jesus von Nazareth in die verborgensten Winkel des menschlichen Wesens und der menschlichen Beziehungen eingekehrt ist. Das wollen wir in das heutige Ringen um den Frieden hineintragen. Wir folgen den Menschen dorthin, wo um diesen Frieden gerungen wird.“[24] Die Massen der Christen schaffen das Klima des Friedens bzw. Unfriedens mit. Das Scheitern politischer Verhandlungen (z. B. in Wien zwischen Kennedy und Chruschtschow) geht mit zu ihren Lasten, da sie nicht halfen, die Atmosphäre und die öffentliche Meinung vorzubereiten, was für das Gespräch der Sprecher der verschiedenen Lager notwendig ist. Der in Prag referierende Physiker G. Burkhardt verknüpfte den christlichen Impuls mit der „Wiener Erklärung“ der Pugwash-Konferenz 1958: „Vertrauen kann nicht durch Beteuerungen des guten Willens allein hergestellt werden, es braucht einen langen Prozeß von politischem Ausgleich und aktiver Zusammenarbeit.“[25] Nur neue Erfahrungen der Christen miteinander, der Christen und Nichtchristen, der Völker untereinander schaffen Vertrauen, korrigieren in der Begegnung face to face die Urteile und Erwartungen gegenüber den anderen[26].

Die CFK hat in der inhaltlichen Entfaltung des Themas Frieden in den internationalen, regelmäßig tagenden Studienkommissionen ‚Friede und Gerechtigkeit‘, ‚Friede und Freiheit‘, ‚Kalter Krieg‘, ‚Frieden und

---

[22] Vgl. *J. B. Souček*, aaO.

[23] *Hromádka*, in: 1. ACFV 1961, S. 30 ff.; und: Evangelium für Atheisten, S. 21 ff.

[24] *Hromádka*, in: 1. ACFV, Prag 1961, S. 33.

[25] Prag 1960, 3. CFK, S. 65.

[26] Vgl. *J. L. Hromádka*, in: 1. CFK, S. 9 ff.; *L. M. Pakozdy*, in: 2. CFK, S. 46 ff.

neue Staaten' (der sog. Dritten Welt), ,Deutschlandfrage', ,Mißbrauch des Christentums', ,Abrüstungsproblematik', ,Friedensdienst der Jugend' (mit sehr konkreten Versuchen an Jugendaustausch, Dialog mit Marxisten, Work-Camps, Schulbuchrevision), ,Ökumene' und die ,Frage der nuklearen Waffen' internationale und interkirchliche Arbeitsgruppen geschaffen, die durch ihre faktische Existenz, ihre analytische Arbeit und ihre konkreten Forderungen an Staaten und Kirchen Friedensschritte bedeuteten. In ihren Vorschlägen z. B. zur Lösung der Deutschlandfrage zeigten sich gangbare Wege der Lösung[27].

Der genannten Leidenschaft zur Aufklärung und Praxis wurden Wissenschaften und Ideologien wichtig: diese im Aufweisen der Einzelaspekte und Bedingungen des Friedens, jene positiv als Versuche der Theoriebildung und Weltinterpretation. Das Erbe von Comenius wird mit Recht an zahllosen Stellen beschworen. H. J. Iwand und J. M. Lochman vor allem sind es, die auf diesen christlichen Beitrag hinweisen, der gerade den christlichen Glauben davon entlastet, entweder als Wissenschaftsdisziplin oder als Weltanschauung aufzutreten, statt in gemeindlicher Praxis zu leben. In Konsequenz von Hromádkas Gedanken wurde 1960 in Prag formuliert: „Am Dienst Christi wird deutlich, daß unser Dienst Ordnungen und Mächte der Gesellschaft anerkennen und sprengen kann. Sprengen immer dann, wenn es um die Rettung des von Gott geliebten Menschen geht. Damit setzt die Kirche durch ihr Glauben und Leben Stücke oder Modelle neuer, guter Gesellschaftsordnungen, ohne einem Gesamtgesellschaftsbild verbunden zu sein. Der Dienst der Kirche gilt zuerst den Menschen, die unter den Ordnungen und Verhältnissen der Gesellschaft leiden, die außerhalb oder unterhalb der Gesellschaft leben. Die Kirche ist vor Gott und Mensch Mund der Unmündigen und Entmündigten, der helfende Arm der Hilflosen und Entrechteten." [28] „Ideologie", im Sinne von Theorie von Marxisten benutzt, ist, wenn die Christen die genannten Aufgaben anpacken wollen, nicht entbehrlich, sie muß gerettet werden vor einer vordergründigen Ideologiekritik, die insgeheim einer Totalitarismus-Theorie, die Marxismus und Faschismus gleichsetzt[29], huldigt.

„Es geht um die Ideologie. Wenn wir auch ein neues Ethos wagen, dann dürfen wir nicht Scharfschützen werden gegen die Ideologie.

---

[27] Vgl. 2. ACFV 1964, S. 131 ff., und die ihr vorangegangene Studienarbeit.

[28] *M. Stöhr*, in: Dimensionen des Friedens, S. 51.

[29] Hierzu *Hromádka*, in: Evangelium für Atheisten, S. 31 ff. (über den Unterschied von Faschismus und Sozialismus).

... bei uns heute ist geradezu ein Schützenfest entbrannt gegen die Ideologie. Unsere jungen Studenten haben sich darauf so eingeschossen, daß sie nicht erst alte Hasen treffen, sondern ganz junge, welche gerade erst ausgekrochen sind. Ich bin der Meinung, daß der Mensch ohne Ideologie nicht leben kann, und zwar deswegen, weil er kein Tier ist." [30] Iwand wendet sich in diesem Zusammenhang ausdrücklich gegen den Positivismus, der die Wissenschaft theorielos und daher auch ethos-frei gemacht habe. Lochman[31] macht darauf aufmerksam, daß Marx', Nietzsches und Freuds Ideologiekritik (der sich oft, aber erst später die Christen anschlossen, das Evangelium als die Krise der Ideologie anpreisend und meinend, damit genug gegen die Ideologisierung des Christentums getan zu haben) ihre Berechtigung hat, wenn sie warnt vor einer Ideologie, die 1. miserable Wirklichkeit lediglich illusionär verklärt, die 2. Menschen im Interesse einer Theorie oder eines Dogmas stilisiert und die 3. den Versuch macht, das Evangelium als Lehrsystem zu etablieren. Lochman verweist auf Lenins Fassung des Ideologiebegriffs: „Das verstehen die Marxisten auf folgende Weise: In dem Augenblick, wo das Denken dem Sein, oder besser der Bewegung der Geschichte entspreche, wo es den Interessen der Zukunft entspricht, wird ein ‚falsches Bewußtsein' durch eine positive Ideologie ersetzt. ... Die Ideologie bekommt in dem gesellschaftlichen Aufbau eine entscheidende Bedeutung: sie wird zum Licht des gesellschaftlichen Lebens, sie führt an diesem entscheidenden Ort die Menschen aus der blinden Unmündigkeit, sie interpretiert die Kräfte der neuen Gesellschaft." [32]

Blendet man von hier aus noch einmal zurück auf Hromádkas Begründung der CFK-Arbeit 1957: „Die Kirche Christi soll sich jeden Augenblick die Frage stellen, was das wichtigste und ernsteste Problem, die schwerste und ernsteste Frage, die schwerste Aufgabe der Kirche ist..." [33], so wird Hromádkas Wunsch deutlich, aus der christlichen Handlungsmotivation nicht nur augenblickliche Impulse, sondern auch Ansätze einer theoretischen Durchdringung menschlicher Gefährdung und deren Überwindung zu gewinnen. Die gemeinsame Verantwortung für das gefährdete Humanum ist also nicht in einem gemeinsamen Wertesystem begründet, obwohl der Zusammenhang mit den ethischen und emanzipatorischen Bewegungen der Vergangenheit und der Gegenwart zu wahren ist und als Ziel ein neues Ethos, das Engagement zugunsten

---

[30] *H. J. Iwand,* 2. CFK 1959, S. 49.

[31] Vortrag Santa Barbara 1968, S. 4 (unveröffentlicht).

[32] *Lochman,* aaO, S. 6.

[33] Der Kampf gegen ... (Prag 1957), S. 24.

des Menschen gegen Apathie und Manipulation erlaubt, gesucht werden muß[34]. Die aktuellen Bedrängnisse und Leiden des konkreten Menschen, in der Analyse der Verhältnisse gewonnen, bestimmen die inhaltliche Füllung und die Tendenzen dessen, was „human" heißt. Der christliche Glaube ist der Überzeugung, die Definitionen und Analysen, die allerdings der machtorientierten Verfälschung verfallen können, durch den Inhalt des Glaubens: Die Humanität Gottes in Jesus Christus als ihren spezifischen Impuls und als ständiges Korrektiv – der Kirche und der Welt – einzubringen[35]. „Ecce homo" verweist auf die den Menschen zugedachte und ermöglichte Freiheit und Würde. Die in seinem Namen vollzogene Aufklärung über den Standort des Menschen in der Geschichte, seine Mündigkeit auch im Blick auf den mutmaßlichen Schritt, der dem Sinn und Ziel der Geschichte entspricht, d. h. der im Sinn der Hilfe zum menschenwürdigen Leben liegt, der den „Weg Gottes zum Menschen" nachgeht, ist praxisbezogen. Sie steht im Dienst der Frage: Was soll ich tun?

Es spricht sich in der Forderung, dem Menschen transparent zu machen, was gespielt wird, eine ähnliche Notwendigkeit aus, Geschichtsphilosophie zu betreiben, wie sie C. F. v. Weizsäcker in seinem Buch „Die Tragweite der Wissenschaft" (Stuttgart 1965, S. VI ff.) be-

---

[34] *J. L. Hromádka,* in: 3. ACFV, Prag 1968, S. 18: „... wir stehen vor einer Riesenaufgabe: auf sozialistischer Grundlage die großen Werke und das große Erbe der Reformation und der Neuzeit wieder zu erneuern und zu re-interpretieren und schöpferisch weiterzugestalten." Vgl. weiter: Memorandum, in: Neues Forum, S. 73: „Worum es wirklich geht, ist wahrer Sozialismus, nicht nur ein soziales, menschenfreundliches Gefühl. Und es ist Demokratie in ihrer moralischen, geistigen, menschlichen und kulturellen Tiefe, in ihrer Freiheit, Gerechtigkeit, persönlichen Verantwortung und kulturellen Schöpfungskraft ... Sozialismus bedeutet Fortschritt in der gesellschaftlichen und politischen Entwicklung. Die tödliche Macht des Kapitals sollte gebrochen, gleiche Bedingungen für die persönliche Sicherheit und die menschliche Würde aller Menschen, ob jung oder alt, sollten geschaffen werden. Sozialismus kann aber auch ein monolithisches Machtsystem werden, in dem die Interessen des arbeitenden Menschen der Macht und den Forderungen des Staates unterworfen werden und in dem der einzelne letztlich zum Rad einer riesigen Maschine wird ... Unser Volk hat eine Synthese zwischen dem wirklichen Sozialismus und der wirklichen persönlichen Freiheit und kulturellen Reife versucht. Sollte es auf dem Weg zu diesem Ziel gestoppt werden, würde eine skeptische, zynische, apathische, verantwortungslose Stimmung entstehen oder erneuert werden. Eine weitere Generation junger Menschen wäre das Opfer des hilflosen Gefühls, daß jede Initiative oder jeder Fortschritt der Schwachen mit Gewalt von den Starken bestraft wird" (Sept. 1968).

[35] Vgl. *J. L. Hromádka,* in: Theologie und Kirche zwischen gestern und morgen (Vorlesungen aus dem Jahre 1956), Neukirchen 1960, S. 91 ff.

gründet: Es gilt, sich über die unbewußten Prämissen klar zu werden. Es handelt sich also um Ideologie im Dienste der Ideologiekritik wie auch im Dienst „der Therapie der Krankheiten unserer Zeit". Marxistische Theorie kann so kritisch als Hilfe zum Weltverständnis wie die Ergebnisse der Wissenschaft von der Theologie aufgenommen werden[36].

5. Kalter Krieg und Versöhnung

„Die sozialen Fernziele, zu denen sich die Sowjetführer bekennen, sind in vieler Hinsicht den Zielen ähnlich, nach denen die Christen streben." Was die proletarische Organisation anlangt, so betrachte die Sowjetlehre nicht ihre „Diktatur des Proletariats" als das endgültig beste Ergebnis, sondern den Abbau des Staates und der Herrschaft: höhere Produktivität der Arbeit, Vernichtung der Ausbeutung des Menschen durch Menschen, eine Verteilung der Arbeitsprodukte nach dem Motto ‚jeder nach seinen Fähigkeiten, jedem nach seinen Bedürfnissen'; gleiche Bürgerrechte in Bereichen der Wirtschaft, des Staates, der Kultur, die Verbreitung des internationalen Gedankens und das Programm der Entkolonialisierung – „in diesen langfristigen Zielen des Kommunismus ist nichts unvereinbar mit den Bestrebungen der Christen. Tatsächlich wurden die meisten dieser Ziele – und noch mehr – von den Christen bereits verfolgt, lange bevor es irgendeine kommunistische Partei gab."[37] So formuliert J. F. Dulles 1948 auf der Weltkirchenkonferenz in Amsterdam die Gemeinsamkeit christlicher und kommunistischer Verantwortung, um sofort hinzuzufügen, warum diese Gemeinsamkeit bedeutungslos bleiben müsse: „Das sowjetische Denken geht von einer materialistischen Voraussetzung aus, während christliches Denken von einer religiösen Verantwortung ausgeht."[38] Die materialistische Basis erlaube dann Methoden der Gewalt, während eine religiös bestimmte Anthropologie, die in den freien Gesellschaften wirksam wird (auch in den nichtchristlichen, die – entweder z. B. durch Islam, Buddhismus oder durch Einflüsse christ-

---

[36] Vgl. *Hromádka*, aaO, S. 75 ff., ebenso in: An der Schwelle . . ., S. 49 ff.

[37] Die Unordnung der Welt und Gottes Heilsplan, Bd. IV: Die Kirche und die internationale Unordnung, hrsg. von der Studienkommission des Ök. Rates in Genf, Tübingen/Stuttgart 1948, S. 105 f.

[38] AaO, S. 107.

licher Mission, beispielsweise in China, – ein religiöses Apriori kennen), Gewalt höchstens in Gestalt „der leidenschaftslosen Gewalt der Polizei" zulasse. Der prinzipielle und methodische Antagonismus bei gemeinsamen – cum grano salis – Zielen darf nun auf keinen Fall zu einer gewaltsamen militärischen Auseinandersetzung, sondern nur zu einem friedlichen Wettbewerb führen. Dulles sprach diese Theorie aus, bevor er amerikanischer Außenminister wurde, im Bewußtsein des amerikanischen Monopols der Atombombe und vor Ausbruch des Koreakrieges. Die Prämissen seiner späteren „Roll-Back-Theorie" sind jedoch schon in aller wünschenswerten Klarheit dargestellt[39]. Dulles nannte zwei Bedingungen dafür, daß diese friedliche Konkurrenz und Koexistenz gelinge, d. h. aber auch, daß die Überlegenheit der freien Gesellschaften und die Niederlage des kommunistischen Systems offenbar werde: „Zuerst müssen die Christen die sowjetische These von der Unvermeidbarkeit eines gewaltsamen Konfliktes zurückweisen und darauf sehen, daß auch ihre Völker das tun; und sie dürfen die Sowjetführer nicht darin nachahmen, daß sie sich selbst auf gewaltsame Mittel verlassen. Zweitens müssen die Christen darnach trachten, daß ihre Nationen bezeugen: mit friedlichen Methoden können die Ziele verwirklicht werden, die wir alle vertreten." [40]

Die erste Grundbedingung – mehr der marxistischen Lehrbuchtheorie als der realistischen Analyse der sowjetischen Politik entnommen[41] – ging wider Dulles' Erwartung in Erfüllung. Chruschtschow erklärte auf dem XX. Parteikongreß der KPdSU (1956) und noch prononcierter in der Folgezeit – gegen den Widerspruch Chinas – die These von der Vermeidbarkeit des Krieges, d. h. internationaler Kriege, wozu nicht nationale Freiheitskriege und Volksaufstände gehören[42]. Die wichtigste Antwort aber, nämlich „diejenigen Reformen friedlich durchzuführen, von denen die Sowjetführer behaupten, man könne sie nur durch gewaltsame Mittel erreichen", blieben die freien Gesellschaften und mit ihnen und

---

[39] Vgl. *N. A. Graebners* kritische Darstellung: Cold war diplomacy (New York 1962).

[40] AaO, S. 115.

[41] Dulles beruft sich (aaO, S. 104 u. ö.) auf die englische Fassung von *J. Stalins* Buch: Problems of Leninism, Moskau 1940, ein Buch, das auch in der offiziösen „Geschichte der kommunistischen Partei der Sowjetunion" (B), Berlin 1953[16], und in vielen kommunistischen Publikationen häufig und normativ zitiert wurde.

[42] Vgl. *Boris Meissner*, Das Parteiprogramm der KPdSU 1903 bis 1961, Köln 1962, S. 59 ff.

durch sie weitgehend die von den freien Gesellschaften freigewordenen, ehemals kolonialen Gesellschaften schuldig.

Hromádkas Gegenposition, als Korreferat vorgetragen, beschrieb und begründete die Skepsis, warum der Westen diese Antwort schuldig bleiben mußte. Hromádkas These, implizit in seiner theologischen Arbeit enthalten, immer wieder in seine umfangreiche ökumenische Arbeit und vor allem in die von ihm wesentlich initiierte Christliche Friedenskonferenz eingebracht, stellt eine stillschweigende Voraussetzung, die bei Dulles und ähnlichen Stimmen unreflektiert blieb, in Frage: Die westliche, liberaldemokratische oder freie Gesellschaftsordnung (oft mit der christlichen schlechthin gleichgesetzt oder in besonderer Affinität gesehen) setzt sich selbst als Norm gesellschaftlicher Organisation, auch als Normalfall des Verhältnisses von Staat und Kirche. Sie übersieht dabei, sich selbst idealtypisch sehend, Perversionen ihrer selbst wie beispielsweise Portugal, Kuba, die Macht der United-Fruit-Company oder Südkorea. Sie übersieht gerade das Scheitern an den von Dulles genannten Aufgaben, auch wenn diese in den klassischen Demokratien zu Hause, innenpolitisch annähernd gelöst sein sollten. Ihre Lösungen erwiesen sich jedoch als nicht übertragbar in die neuen Dimensionen internationaler Verflechtung und Sehnsucht nach sozialer Gerechtigkeit. Steckt schon in dieser Position von Dulles ein erhebliches Defizit an Wahrnehmung von Realitäten, so wird die Haltung zur Bedrohung der als anormal gesetzten „Minderheit" kommunistischer Staaten. Vor allem Imperialismus-Verdacht steckt in dieser Behauptung des Eigentlichen gegenüber dem Uneigentlichen eine latente Aggression. In Verknüpfung mit der amerikanischen Stützpunktpolitik mußte der Sowjetunion sich diese Optik aufdrängen [43].

Diese Diskriminierung des kommunistischen Systems wirkte sich dort innenpolitisch dogmatisierend und verhärtend aus. Dieses Argument – das keineswegs das Phänomen des Stalinismus zureichend erklären sollte – wurde auf der Christlichen Friedenskonferenz immer wieder zur Begründung der Aufnahme Chinas in die UNO und für den Abbau westlicher Militärbasen rund um die Sowjetunion verwandt [44].

Hromádkas Arbeit zielt nun nicht auf ein Hinnehmen und eine statische Anerkennung dessen, was als Folge zweier Weltkriege geworden war. Die Christenheit ist eine Potenz, die Veränderung bewirkt. Sie muß wahrnehmen, was sie in ihrer Schwäche kann. Sie darf ihre

[43] *Hromádka,* in: Theologie und Kirche ..., S. 48 ff.; Evangelium für ..., S. 7 ff.
[44] Z. B. 3. CFK 1960, S. 93 – Brief an den Weltkirchenrat.

Ohnmacht nicht als Tugend der Tatenlosigkeit und der politischen Abstinenz hinnehmen. Die Christenheit, immer benutzt Hromádka diesen universellen Terminus, ist für die Gestaltung der Welt der Zukunft mit zuständig[45]. In christlich geprägten Ländern nahmen diese Kriege ihren Ausgang. Die sie begleitende revolutionäre Umgestaltung Ost- und Mitteleuropas ist wiederum nicht denkbar ohne das Scheitern gerade wieder der „christlichen" Nationen vor den Fragen der sozialen Gerechtigkeit und der Emanzipation der unterprivilegierten Volksmassen. Das Aufkommen des Faschismus und die Kapitulation liberal-demokratischer Staaten vor ihm z. B. in Spanien und im Münchener Abkommen 1938 sind Erfahrungen, die auch in die theologische Reflexion Hromádkas aufgenommen wurden, um Theologie nicht ohne Wahrnehmung und Beurteilung der Wirklichkeit und ihrer geschichtlichen Erfahrungen zu treiben. Es ist absurd, in diesem Zusammenhang von Hromádkas Geschichtsphilosophie zu sprechen[46], die ihn in die Nähe der Deutschen Christen und ihrer Qualifikation historischer Ereignisse als Offenbarungsquelle rücken soll.

Die Frage nach der gerechten Gesellschaftsordnung, nach Krieg und Frieden ist nicht zu lösen, ohne die vorhandenen sozialistischen Modelle und Staaten ernstzunehmen und zu beurteilen. Theologische und kirchliche Arbeit, die das nicht wagt und leistet, verfällt einer unkritischen

[45] In einer Predigt 1949 verdeutlicht *Hromádka* den von ihm angenommenen Standort so: „Vergessen wir nicht: Wer euch fesselt, bindet auch sich selbst an euch! Wenn jemand die Kirche Christi bindet, gerät sie in die Nähe dessen, der sie bindet, und sie erhält aus Gottes Gnade die besondere Sendung, das Evangelium dort zu verkündigen und gerade dort Zeugnis abzulegen, wo ihre Ketten klirren." (Predigt über Ap. Gesch. 28, 30 f. in Prag am 16. 10. 49, in: Das Evangelium bricht sich Bahn, Berlin 1965, S. 33.) Er wird nicht müde, das Ende des konstantinischen Zeitalters anzusagen – mit seelsorgerlichem Mut: „Es liegt nicht an der Weite des Raumes, in dem du arbeitest. Es liegt daran, womit du ihn füllen wirst" (aaO, S. 33). *Roger Garaudy* beschrieb Hromádkas Haltung: „Indem er unwiderruflich den Aufbau der mit der sozialistischen Oktober-Revolution eröffneten Zukunft angenommen hat, ist für ihn die Frage, wie er seine Kritik so anbringen kann, daß sie die Erbauer niemals rückwärts, sondern im Gegenteil immer vorwärts führt, ein großes Problem" (Ev. Theologie 1969, S. 340).

[46] Vgl. Anm.19; CSU-MdB *Hudak*-Erlangen faßt in seiner Kampfschrift gegen die CFK Hromádkas Theologie so zusammen: „Die vier Wesensmerkmale dieser ‚Theologie des Lebens' sind: Der Einbruch des bolschewistischen Geschichtsverständnisses in das theologische Denken, das neue Verständnis des Atheismus, die biblische Rechtfertigung der sozialistischen Gesellschaftsordnung und die Frage nach dem Frieden in der Welt der atomaren Bewaffnung" (*A. Hudak,* Die Theologie des Lebens und die Prager Friedenskonferenz, München 1961, S. 5).

Politisierung, weil sie das hinnimmt, was ist, und nicht die Freiheit und Distanz hat, die aus dem Wagnis einer Beurteilung sub specie theologiae entsteht.

6. *Humanismus ohne Gott*

Ein Schritt darüber hinaus in einer positiven Einstellung zum Sozialismus betont, daß das sozialistische Gesellschaftssystem die radikalste Infragestellung der westlichen Gesellschaften und zugleich eine eminent schöpferische Fragestellung den bis 1914 allein führenden Nationen und ihren Gesellschaftsordnungen gegenüber ist.

Hromádka versteht den Kommunismus als einen radikalen Humanismus: „Alle Kräfte in den Dienst des Menschen, namentlich der Versklavten, ‚der Beleidigten und Erniedrigten' hinzugeben." [47] Dieser Humanismus ist aus einem respektablen Grunde atheistisch – „aus Glauben": Alle Energie wird für den Menschen eingesetzt. „Man haßte den durch die Kirche gepredigten Gott als den Bundesgenossen der Mächtigen und Reichen." [48] Der Sozialismus versteht sich als ehrlichster und radikalster Ausdruck menschlicher Autonomie, der der Mensch das höchste Wesen ist. Von hier aus kommt Hromádka zu einer Säkularisierungs-„Theorie", die den Kommunismus in positiver Würdigung als ehrlichsten Promotor säkularen Welt- und Menschenverständnisses zu schätzen weiß. Hier ist der „mündige" Mensch in seiner ganzen geschichts- und gesellschaftsgestaltenden Macht am Werk[49]. Der „mündige Mensch" wird nicht ein kulturkritisches Epitheton, noch sein wissenschaftsgeprägtes Weltverständnis als Wissenschaftsgläubigkeit, noch sein „humanistischer Glauben" als Ersatzreligion diffamiert, noch wurde der säkularisierte Mensch als auch latent christlich oder dank seiner christlichen Genesis vereinnahmt. Hromádka wird nicht müde, diese Säkularisierung, in der Gestalt eines praktischen Atheismus oder des methodischen Atheismus der unser Zeitalter prägenden exakten Wissenschaften, auch in der westlichen Welt zu diagnostizieren. Kritische Kooperation mit den Kommunisten zu verweigern hieße a) die eigene Anteilhabe am Säkularisierungsprozeß zu übersehen und b) deren radikalsten und geschichtsmächtigsten Vorreiter zugunsten einer

---

[47] Evangelium für Atheisten, S. 13 f.

[48] AaO, S. 13.

[49] AaO, S. 34 ff.

Orientierung an rückwärts gewandten Gesellschaftsschichten und Entwürfen zu ignorieren und damit ein Stück mögliche Zukunft abzublenden[50]. Die Basis gemeinsamer Bemühungen um das Humanum (sei es durch die Atombombe, sei es durch Hunger, sei es durch Unfreiheit gefährdet) darf also nicht ein wie immer religiöses oder weltanschauliches Apriori sein, sondern der konkret bedrohte, leidende und schuldig werdende Mensch. Er stellt sehr konkrete Aufgaben, die zu lösen weder Marxisten noch Christen ein Monopol haben. Wohl aber haben Christen eine besonders tiefe Voraussetzung und Beauftragung, die in der Inkarnation und Erniedrigung Christi und einem daraus resultierenden nachfolgenden Eintreten für die Erniedrigten und Bedrohten erwächst. „Die Kirche Jesu Christi muß dort ihr Zeugnis ablegen und handeln, wo die Menschen in ihrer Not, Ohnmacht und in ihrem Leid leben. Die Kirche hat keine Ansprüche an die Welt, sie ist der Welt alles schuldig.“ [51] Es ist interessant festzuhalten, daß die an der Arbeit der CFK teilnehmenden orthodoxen Christen eine Säkularisierungsthese vertreten konnten, die das gerade von Hromádka immer festgehaltene Specificum des christlichen Glaubens leichter verlieren konnte, ihr aber andererseits die Möglichkeit bot, eine Selbstverständigung über ihren Platz in einer dezidiert atheistischen Gesellschaft wie der sowjetischen zu finden. In einer feststehenden Hierarchie der Werte steht der Frieden an oberster Stelle. Diese Auffassung sieht jeden heutigen Humanismus in einem genetischen Zusammenhang mit der im Evangelium begonnenen Humanisierung der einzelnen und der Völker, die das Reich Gottes in der ganzen Menschheitsgeschichte fortentwickelt „im Sinne der Einigkeit der höchsten ethischen Ziele der Menschheit, wo keine religiösen Ideen oder ethische Lehren oder geistige Interessen die Völker in verschiedene Lager teilen werden“ [52]. Hier umschließt, von Wurzel und Ziel der Geschichte her, die Kirche auch die ethischen Bemühungen der Nichtchristen in einer letzten Einheit. Wie allerdings ist die Diskrepanz zwischen einer spezifisch christlichen Ethik und der von Nichtchristen zu ertragen? Erzbischof Nikodim antwortet (1961) mit einem interessanten Verweis auf 1. Kor. 7: Gottes Gebot

---

[50] Vgl. Theologie und Kirche ..., S. 58 f.; An der Schwelle ..., S. 49 f.

[51] *J. L. Hromádka,* in: Aufgabe und Zeugnis (1. CFK 1958), S. 14. Der hier angesprochene Gedanke ist der Einsatzpunkt seiner Dogmatik „Das Evangelium auf dem Wege zum Menschen“ (deutsch Witten 1963), in Prag 1958, dem Gründungsjahr der CFK, erschienen.

[52] Metropolit *Pitirim,* in: Einzige Zukunft (3. CFK Prag 1960), S. 42.

– es handelt sich an der bezeichneten Stelle um das Problem der Ehescheidung – „darf in diesem Falle nicht Ursache für Feindschaft mit den Ungläubigen werden, da der allgemeine Frieden mit allen, zu dem Gott uns berufen hat, höher steht als dieses eine Gebot“ [53]. Hier wird eine theologische Begründung geliefert, wie der durchaus erkannte Konflikt zwischen nichtchristlicher (d. i. in diesem Fall marxistischer) Humanität und christlichem Ethos aufgehoben ist im übergreifenden gemeinsamen Eintreten für den Frieden, dem höchsten Wert der Christen und Nichtchristen. Selten nur entwickelten Teilnehmer eine sublime Form der Zwei-Reiche-Lehre, indem man etwa von „der Gesetzlichkeit der gesellschaftlichen Entwicklung“, die Marx und Engels entdeckt hatten, sprach [54]. Dann wird ein Bereich – nämlich der der gesellschaftlichen Entwicklung – des mündig gewordenen Menschen eben diesem mündig gewordenen Menschen ohne Dreinrede des Evangeliums überlassen [55].

Demgegenüber ist in Prag davon die Rede, daß es ein neues Zeitalter der Aufklärung [56] wahrzunehmen gelte. Diesmal ist es nicht von Christen eingeläutet, sondern von Nichtchristen, von ihnen bestimmt und bis ins Politisch-Organisatorische hinein gestaltet. Trotz aller Geburtswehen sei es in seinem Streben nach Emanzipation zu würdigen. Ein streng kausal gedachter Geschichtsablauf behindert aber die spontane Wahrnehmung spontaner Bedürfnisse oder menschlicher Aufgaben, die sich neu und nicht prognostiziert artikulieren wollen. Über die jeweilige Priorität ist offen zu diskutieren, sie entscheidet sich in der Parteinahme für den leidenden Menschen [57].

Das stellte sich als Notwendigkeit rasch heraus, als man auf die atomare Bedrohung reagierte. Vertrauen, Kommunikation und Dialog müssen politische Grundmuster einer gespaltenen Welt werden. „Wenn wir Christen sind, müssen wir festhalten an einer Menschheit. Wir können uns nicht zurückziehen auf einen Teil der

---

[53] ... und Friede auf Erden (1. ACFV Prag 1961), S. 59.

[54] Z. B. *Emil Fuchs,* in: Einzige Zukunft (3. CFK Prag 1960), S. 74. Seine frühen Arbeiten sind jetzt wieder zugänglich: Von Schleiermacher zu Marx, Berlin 1969; 1952 erschien (Berlin) Marxismus und Christentum; 1956 u. 1958 (Berlin) die beiden Bände „Christliche und marxistische Ethik“, die viele Positionen des später sogenannten christlich-marxistischen Dialogs skizzierten; eine Auseinandersetzung mit ihm steht noch aus.

[55] Der interessanteste Versuch ist *Hanfried Müllers* Bonhoeffer-Interpretation in: Mündige Welt, Berlin 1962.

[56] *H. Iwand,* in: 1. CFK, Prag 1958, S. 48.

[57] *V. Hajek,* in: 1. CFK, Prag 1958, S. 5 f.

Menschheit und diesen als die wahre Menschheit bezeichnen." [58] Versöhnung, Freiheit von Angst, Vertrauen und Achtung voreinander sind vom Evangelium aus angebahnte Schritte des Friedens in einer vom Kalten Krieg und vom Mißtrauen zersetzten Welt [59]. Sie sind zugleich säkulare Verwirklichung wahrer Ökumene, wie sie in der CFK mit ihren Vertretungen aus Ost und West – auch von solchen Christen und Kirchen, die nicht im Weltkirchenrat waren! – von Anfang an gesucht wurde [60]. Dieser Versuch blieb oft purer guter Wille – wenn auch der der Weihnachtsbotschaft, der aber doch ein entscheidendes Gegen„gift" im politischen und im kirchlichen Raum wurde gegen die beiderseitige Dämonisierung im Kalten Krieg, die auch die Christenheit zur Parteigängerin der jeweils politisch oder weltanschaulich definierten Front zu machen drohte. Partisan für die vom Krieg, von der Lüge und der Angst, vom Schuldigwerden bedrohten Menschen wollte man sein; Parteilichkeit war geboten, die allerdings quer lag zu den durch die Blockaufteilung der Welt produzierten Parteien. Im Antagonismus der Blöcke wurde die Funktion des Pontifex betont, so sehr sich auch die politischen Vorschläge oft mit Vorschlägen der einen oder anderen Seite deckten. Die faktische Kommunikation in Prag, ein ernsthafter Spielraum der Freiheit im Prag der Nowotny-Zeit, wollte und erreichte eine Relativierung der sich als oberste Werte absolut setzenden Gesellschaftssysteme und eine Konkretion von Begriffen wie Frieden und Freiheit, die in inhumaner Abstraktion menschenfeindlich wirkten [61]. Die dabei vertretene christliche Skepsis gegenüber einer allzu teuer mit der Gegenwart bezahlten herrlichen Zukunft oder aber gegenüber einer allzu positiv und zukunftslos gesehenen Gegenwart berief sich immer wieder auf den unersetzlichen Wert des Einzelmenschen [62].

7. Christlicher Humanismus

Hromádka hatte in seinem 1944 in den USA erschienenen Buch „Doom and Resurrection" [63] die Hoffnung vertreten, „daß Männer wie Masaryk – und in Amerika Franklin D. Roosevelt – schöpferisch bei der ... Synthese zwischen Ost und West mitwirken würden" [64]. Die Werke

[58] *H. Iwand,* in: 1. CFK, Prag 1958, S. 44.

[59] Vgl. die Botschaft der 1. CFK, aaO, S. 83.

[60] Vgl. *Hromádka,* aaO, S. 9.

[61] Vgl. *H. Gollwitzer,* in: 2. CFK, Prag 1959, S. 42 ff.

[62] *M. Niemöller,* in: 2. CFK, Prag 1959, S. 35.

[63] deutsch: Sprung über die Mauer, Berlin 1961.

[64] AaO, S. 133.

von Dostojewski, Masaryk und E. Rádl wie das Werk Karl Barths, die er als Interpret europäischer Geistesgeschichte und Theologie während seiner Emigration in Princeton amerikanischen Theologen vermittelte, haben „uns die erschütternde Tatsache zum Bewußtsein gebracht, daß die unheimliche Dynamik tyrannischer und grausamer Mächte einmal zusammenfällt mit richtungsloser Schwäche und Erschöpfung auf seiten der modernen Intelligenz, zum anderen aber mit dem Versagen der Kirche, ein prophetischer Schutzwall der Wahrheit zu sein“ [65]. Er nennt diese Männer Realisten. „Hinter ihrem Realismus verbarg sich eine mächtige Leidenschaft für den Menschen, eine Liebe zu den Schwachen, Verkommenen, Niedergetretenen, Unterdrückten und Beleidigten, ... ein Realismus männlicher Liebe, tiefer Sympathie für alle, die Beistand, Hilfe und Schutz brauchten. Es war eine Liebe, die von den dunklen Kräften der Ausbeutung, der Machtgier, des brutalen Egoismus und der egoistischen Selbstisolierung wußte und bereit war, im Namen Christi auszuziehen, notfalls mit Schwert, Pulver und Blut. ... Die Theorien, denen sie entgegentraten, hatten menschliche Freiheit, Verantwortlichkeit, Würde und Schönheit gewaltsam getötet oder verkümmern lassen. Im Namen abstrakter Ideologien war eine schreckliche Tyrannei über ursprünglichem, echtem menschlichem Leben aufgerichtet worden. Die Unantastbarkeit der Seele, des Herzens und Gewissens war auf den Altären der Sozialisierung, wirtschaftlicher Interessen, der Rassenreinheit, staatlicher Leviathane und gleichmacherischer Utopien geopfert worden.“ [66]

Man gewinnt fast den Eindruck, als nähere sich Hromádka einer Totalitarismus-Theorie, die am abstrakten Stalinismus- oder Faschismus-Modell die Notwendigkeit differenzierender Betrachtung und Wertung übersieht [67]. Es lassen sich solche Äußerungen häufiger belegen – jedoch sind sie motiviert in einem Aspekt aller Totalitarismus-Theorien: in dem Aufweis eines die Humanität bedrohenden Systemzwanges – und sei es der human begründete Zwang zum Glück. „He always loyally and faithfully stood on the frontiers of the Church

---

[65] AaO, S. 120. [66] AaO, S. 121 f.

[67] Daß sich weder Hromádka noch die CFK dieser Theorie bedienten, liegt in ihrer prinzipiellen Unbrauchbarkeit, da sie a) die Realität in den als „totalitär“ gekennzeichneten Staaten wie in den sich nicht als solche verstehenden Gesellschaften nicht sieht, wie auch, da sie b) graduelle Unterschiede zu prinzipiellen macht und damit den Kalten Krieg gestattet. Vgl. *J. L. Hromádka,* Kirche und Theologie im Umbruch der Gegenwart, Prag 1956, S. 59.

wherever the two spheres, the Church and the world, touched and intersected each other, wherever inflammable material smouldered, threatening unforeseen damage to man and mankind.“ [68]

In diesem Zusammenhang taucht bei Hromádka positiv das Wort „Humanismus“ auf – so gewiß er mit der dialektischen Theologie und, vor ihr, in der kritischen Auseinandersetzung mit Th. G. Masaryks [69] christlichem Humanismus das zutiefst Problematische dieser Redeweise erkannt hatte. Aber, er formuliert positiv (1960) [70] als Ziel und theologische Deckung eines christlichen Humanismus: „Den Menschen durch die Verkündigung der Souveränität Gottes und der Oberhoheit Christi zu retten.“ Tatsächlich würden Dostojewski und Masaryk, Rádl und Barth übereinstimmend betonen, daß die Würde und Freiheit des Menschen dem Untergang geweiht wären, wenn die Menschen den Glauben an die göttliche Wahrheit und Gerechtigkeit, Liebe und Barmherzigkeit verlören. Der Mensch kann nicht bewahrt werden vor den zerstörerischen Kräften menschlicher Instinkte und brutaler Leidenschaften oder vor den grausamen Konsequenzen abstrakter Theorien, wenn es nicht etwas Höheres gibt, das über alle rationalen, sozialen, rassischen und politischen Kategorien hinausgeht. Die Heiligkeit menschlichen Lebens ist von Bestimmung, Ziel und Wahrheit abhängig, die als Gericht und Befreiung jenseits von Natur und Geschichtsprozeß stehen. Die wesentliche Frage unserer Zeit lautet: „Wie lassen sich ‚glühende Hingabe‘, ‚aufopfernde Begeisterung‘, ‚Treue‘ und bedingungslose ‚Loyalität‘ verbinden mit der letzten Wahrheit, mit dem Dienst, mit der Liebe und der Sympathie für den Menschen?“ Die Begründung humanen Handelns wie dessen inhaltliche Grundtendenz sind auf einen vielleicht möglichen, partiellen Konsensus hin zu erfragen.

Diese Stelle zeigt deutlich Distanz und Nähe zu einem von ihm sowohl als Atheismus wie als Humanismus ernstgenommenen Marxismus. In einer Diskussion zwischen Christen und Marxisten, „aux premiers jours de février 1948, avant le coup d’Etat communiste“, so berichtet

---

[68] *Bohuslav Pospíšil,* in: Communio Viatorum, a theological quarterly, Prague 1959, II, No. 2–3, S. 252.

[69] Vgl. seine teilweise Absage im 1960 für die deutsche Ausgabe geschriebenen Nachwort zu „Sprung über die Mauer“, Berlin 1961, S. 133 f.; theologisch formuliert wurde das schon 1922 in dem deutsch nur im Ms. vorliegenden Vortrag: Christentum und Wissenschaft.

[70] AaO, S. 124.

Hromádka in seiner Autobiografie 1968[71], faßte er seine Position so zusammen: „En ma qualité de théologien, je n'ai pas d'objections contre la reconstruction socialiste. Dans la perspective théologique, je suis plus près du socialisme que de la démocratie libérale et bourgeoise. Je suis prêt à coopérer à la reconstruction sociale. Seulement, je dois attirer l'attention sur le fait que les problèmes de l'homme socialiste vont tomber sur nous au moment où notre société sera reconstruite. Il apparaîtra que les problèmes humains de base subsistent dans n'importe quelle structure sociale. Ceci ne veut pas diminuer la valeur de la reconstruction socialiste. Ce n'est que la reconnaissance d'un fait: on ne peut pas manipuler l'homme; les questions de la culpabilité et de la punition, de la conscience et de la responsabilité, de la douleur et de la souffrance, celles de la mort et de la ruine demeurent. Dès que la nouvelle société sera formée, on verra que le problème de l'humanité dépasse les catégories scientifiques et les moyens techniques, et qu'une reconstruction sociale parfaite ne suffira pas à l'homme comme tel." Hromádka fragt dann, welche Konsequenzen daraus zu ziehen sind. Gewiß nicht die eines Triumphes, dessen Überlegenheit nur im Defizit der anderen besteht. Hromádkas radikale Kirchenkritik[72], gedeckt durch die positive und leidensvolle Erfahrung der hussitischen Tradition und der Brüder-Unität, bewahrt ihn vor jedem Überlegenheitsgefühl, raubt ihm aber nicht das Selbstbewußtsein des Glaubens an die Herrschaft Christi, der keine Vorbedingungen an den Nichtglaubenden stellen muß[73], um zum Zuge kommen zu können, der also überzeugt ist, Heil, „tiefstes Menschentum" mit ins Spiel der Welt bringen zu können. „Est-ce que vous, les communistes, ne serez pas obligés d'entendre aussi notre voix et de chercher de l'aide chez nous?", so fragte er 1948, um sogleich auch die Christen zu beauftragen: „Et n'avons-nous pas, nous chrétiens, le devoir de réfléchir à ce que nous pourrions offrir à l'homme d'aujourd'hui, enrichi par la science, la technique et les révolutions sociales, mais qui, dans sa nouvelle situation, reste chargé de ses vieux problèmes humains, de tout de souffrance et d'espoirs non réalisés?"[74] Einige Marxisten der damaligen Gespräche empfinden in dieser christlichen Position nur den Pessimismus, der für die „neue Gesell-

---

[71] *J. L. Hromádka,* Pourquoi je vis, Paris 1968, S. 102 f.

[72] Theologie und Kirche ..., S. 60 f.

[73] „Wir haben nur soviel Freiheit, wie wir Mut haben". *J. L. Hromádka* auf der *„jungen"* CFK – vgl. Dimensionen des Friedens, S. 78.

[74] AaO, S. 103.

schaft“ wertlos sei. Hromádka faßte seine Aufgabe als Zweifrontenkrieg auf, nicht in einer überparteilichen Neutralität, sondern in je wechselnder, der geschichtlichen Herausforderung entsprechender Akzentuierung. Er würdigte den Katholizismus positiv und ökumenisch, als in den zwanziger Jahren die endlich freie Brüderkirche in der ČSR in weiten Kreisen von einem (aus der Zeit der Gegenreformation verständlichen) nationalkirchlichen und antikatholischen Affekt befallen war. Er griff Masaryk in den zwanziger Jahren wegen seiner Religionsphilosophie und seines christlichen (idealistischen) Humanismus aus streng theologischen Gründen an[75], und „puis dans les années où nous étions menacés par le danger barbare de l'Allemagne nazie, j'ai essayé d'éveiller ... l'intérêt et de faire comprendre les racines profondes de la démocratie selon Masaryk“[76]. So auch seine Aufgabe, bei dem sich zuspitzenden Kalten Krieg in der Ökumene für die Legitimität sozialistischer Gesellschaftsordnungen einzutreten. Hromádkas Absicht (1948) war es, angesichts der totalen Katastrophe und offenbaren Destruktion eines jeden, also auch des christlichen Ethos, gegen den exemplarisch bei Dulles ausgesprochenen Optimismus und schließlich auch Monopolanspruch der westlichen Demokratie, dafür einzutreten, daß der radikal humanistische Beitrag der Marxisten in die Bemühung um ein neues Ethos der Geschichte und der Welt eingebracht wurde. Er ist zutiefst davon überzeugt, daß es ein Minimum humaner Leitlinien im universellen Maßstab geben muß[77]. Der Antikommunismus in der westlichen Welt machte Hromádka und der CFK deutlich, daß der beschworene Humanismus des sogenannten christlichen Abendlandes nicht die vorgegebene Substanz hatte und sich gerade der Korrektur beraubte, die ihn, im Interesse der einen Welt, vitalisieren konnte. „Es geht um die letzten Prinzipien und Axiome der Wahrheit, Gerechtigkeit, Persönlichkeit, Liebe und die organische sittliche Gemeinschaft. Der moderne

---

[75] „Masaryk ist nicht in die allerletzte Tiefe des Menschseins eingedrungen und hat die harte Wirklichkeit einer sich auflösenden Menschheit nicht richtig eingeschätzt. Auch in seinem Verständnis des christlichen Glaubens hat er über die Grenzen der rationalen und moralischen Werte – der Religion Jesu – nicht hinausschauen können“ (Sprung ..., S. 134).

[76] Pourquoi ..., S. 118; vgl. *J. Smolik.*

[77] Zum philosophisch-theologischen Hintergrund dieses Gedankens, der die Dichotomie der Wahrheit ablehnt und von einer Wahrheit ausgeht (hier liegt *Hromádkas* Gegensatz zu K. Barth), vgl. seine Dogmatik Das Evangelium auf dem Wege zum Menschen, und *J. Smolik,* Zum theologischen Profil J. Hromádkas (Ev. Zeitstimmen 45/46), S. 13 ff.

Mensch des Westens wie des Ostens hat das wirkliche Verständnis der höchsten Autorität und des höchsten Gerichtshofes verloren, dem sich alle Nationen und Rassen unterwerfen sollten, um einander zu verstehen und den gemeinsamen Boden zu entdecken, von dem aus man zum Aufbau einer neuen und besseren Ordnung ansetzen könnte." [78] Hromádkas Parteinahme für den sozialistischen Aufbau in den Ländern Osteuropas geschah gerade im Interesse der einen Welt und ihrer realistischen Wahrnehmung im ganzen. Eine letzte Polarisierung der beiden Weltlager konnte nach Hromádka nur vermieden werden, wenn der Westen seine geistige Substanz realistisch, d. h. nicht allzu hoch einschätzte und der Osten die Möglichkeit erhielt, seinen Beitrag zur sozialen und politischen Emanzipation zu leisten. Dazu gehörte der Verzicht der nichtsozialistischen Welt, die Auseinandersetzung zu einem prinzipiellen Antagonismus werden zu lassen, der eine wie auch immer geartete religiöse, in ihren profiliertesten Wortführern und Tönen aber häufig penetrant christliche „Weltanschauung" einem militanten und prinzipiellen Atheismus entgegensetzte.

8. Der sozialistische Beitrag

Der von den sozialistischen Staaten zu leistende Beitrag zum „Weltethos" bestand im Programm eines „sozialistischen Humanismus" [79], wie Hromádka ihn schon 1948 nannte und ihn „so positiv wie möglich" [80] beschrieb, um ihn damit in seiner faktischen Vorfindlichkeit auf seine besseren Intentionen und Möglichkeiten hin kritisch anzusprechen [81]. Seine Kritik vor dem Weltforum in Amsterdam wünschte von der Sowjetgesellschaft und den kommunistischen Parteien, „sich weniger auf gewaltsame Agitationsmethoden, Drohung, Propaganda, Deportation, Prozesse und Polizeikontrolle zu verlassen und im Menschen die edelsten Gefühle der Sympathie für die Armen, die Schwachen, die

---

[78] *J. L. Hromádka,* in: Die Unordnung der Welt und Gottes Heilsplan (Bd. IV), Tübingen/Stuttgart 1948, S. 136.

[79] AaO, S. 166. [80] AaO, S. 164.

[81] *Roger Garaudy* (aaO, S. 338 f.): „So hat Hromádka durch sein ganzes Werk und Leben den Beweis dafür geliefert, daß der Dialog mit einem solchen Glauben nicht eine Art von taktischem Kompromiß mit der Konterrevolution ist, sondern eine tiefgreifende Forderung an den lebendigen Marxismus ...". „Er gehört zu denen, die am meisten dazu beigetragen haben, daß der christliche Glaube eine historische, soziale und militante Dimension erhält."

Hilflosen und Elenden zu erregen, ihm die Augen für das zu öffnen, was schließlich das Herz des sozialistischen Humanismus ist"[82]. Seine Befürchtungen richten sich 1. gegen die Versuchung des Machtmißbrauchs der Sowjetunion. „Gleichwohl, welches von den beiden geschichtlichen Gebilden, der revolutionäre Sozialismus oder der russische Nationalismus, stärker und aggressiver ist, die Vereinigung beider mag sich als eine schreckliche Versuchung zur Weltbeherrschung erweisen und eine neue geschichtliche Katastrophe heraufbeschwören." 2. macht er auf die Gefahr des historischen Materialismus aufmerksam: Es „kann die alle Normen, Kriterien und Maßstäbe jenseits der geschichtlichen Entwicklung verneinende und den Menschen zu einem bloßen Erzeugnis seiner sozialen und ökonomischen Umgebung machende Weltanschauung des historischen Materialismus, wenn ihr kein Widerstand und keine Kritik begegnet, die moralischen Hemmungen wie alle Selbstbeherrschung beiseitefegen und den rein animalischen Leidenschaften des Neides, des Hasses, der Gier und der Selbstbehauptung freien Lauf geben." Dieser Weg des Unheils könnte sich mit dem Weg vereinigen, der im Westen den Menschen freispielenden, aber profit- und konsumgesteuerten Kräften ausliefert, ihn also ebenfalls zum bloßen Produkt seiner Umgebung macht und ihn in die Barbarei führt. Hier hat der besondere Einspruch der Christen zu erfolgen, die Grenzen und Gräben aufzuwerfen haben, um mitzuhelfen, ein „unerschütterliches Ganzes moralischer Normen, Rechtsvorstellungen und sozialer Maßstäbe herauszugestalten, ohne daß eine neue Barbarei über die ganze Welt hinwegfegen würde"[83]. 3. ist kritische Aufmerksamkeit gegenüber der Frage geboten, „ob die revolutionäre Tradition und der marxistische Materialismus imstande sind, die Heiligkeit der menschlichen Persönlichkeit und Freiheit" zu „schützen" und „politische Minderheiten und Gegner" fair zu behandeln[84]. Als ein gerade in der tschechoslowakischen Situation bis heute kritisch wirksamer Satz muß noch zitiert werden: „Das Sowjetsystem kann in kein Land von anderer historischer, moralischer und kultureller Tradition verpflanzt werden."[85] In diesen Punkten sind auch die klassischen „westlichen" Einwände gegen den Kommunismus zusammengefaßt. Sie sind allerdings mit der kritischen Rückfrage verbunden, ob sie, wenn sie an die kommunistische Praxis herangetragen werden, dadurch glaubwürdig werden, daß ihre Inhalte auch zu Hause selbstkriti-

[82] AaO, S. 166.
[83] AaO, S. 165.
[84] AaO, S. 166.
[85] AaO, S. 163.

sche Anwendung finden. Weiter, ob sie in einer prinzipiellen Distanz oder in einer kritischen Distanz letzter Solidarität mit den Politikern und Bürgern kommunistischer Staaten und einem vorausgesetzten letzten humanen Ziel gesprochen sind. Es scheint, daß die „offizielle Gesellschaft des Westens den tiefsten Ideen der westlichen Geschichte überhaupt keinen Glauben" schenkt[86]. An diesem Punkt wird die tiefe Kritik am Westen mit ihrem trauernden Unterton deutlich, die feststellen muß, daß 1914, 1917, 1918, 1938, 1939–1945 – alle diese Daten werden genannt – Einschnitte markieren, die eben diese Diskrepanz zwischen Anspruch und Wirklichkeit des westlichen, des liberal-demokratischen oder des hohl gewordenen christlichen Ethos enthüllen.

Die Bemühung um das Wiederlebendigmachen dessen, was „der schöpferische Genius der französischen, britischen und amerikanischen Demokratie ist", hilft zu verstehen, was im Osten vor sich geht, stiftet Hoffnung für die dort Lebenden und Arbeitenden, denn „die Gefahren der Diktatur und des Totalitarismus fehlen nicht" [87]. „Ich sehe alle möglichen Gefahren der ‚östlichen' Gestalt der sozialen und politischen Entwicklung. Aber wir werden nur imstande sein, ihnen zu begegnen und sie zu überwinden, wenn wir die Sehnsucht der östlichen Massen nach mehr Menschenwürde, sozialer Gleichheit, kulturellem Fortschritt und einem angemessenen Anteil an der politischen Verantwortung für die Neuordnung der Welt sehen und ihr sympathisches Verständnis entgegenbringen" [88]. Der Hintergrund feudalistischer Gesellschaftsordnung Rußlands und Südosteuropas darf nicht vergessen werden, ebenso wie – man vergleiche seinen genannten Reisebericht aus China 1956 – die soziale Ungerechtigkeit der kolonialen und halbkolonialen Welt. „Freiheit und politische Rechte ohne soziale Sicherheit und ohne neue, organischere Gemeinschaft der Menschen sind heute sinnlos." [89] Hromádkas ökumenische Arbeit, vor allem in der CFK, in ihrer praktischen Grenzüberschreitung des Eisernen Vorhangs, der intensiven Kontakte[90], der implizit mitlaufenden „Sozialismusdebatte" bei der Frage nach den friedenfördernden politischen Aktivitäten und gesellschaft-

---

[86] AaO, S. 164. [87] AaO, S. 148.

[88] AaO, S. 149 f. [89] AaO, S. 164.

[90] Man muß einmal die Frage stellen: Hätte 1961 eine westliche Regierung erlaubt, 300 Kommunisten zu Vorträgen etc. ungehindert im Anschluß an eine kommunistische Konferenz durchs Land reisen zu lassen? Die westlichen Teilnehmer hatten die freie Möglichkeit, im Anschluß an die 1. ACFV 1961 zu Gottesdiensten, Unterricht, Vorträgen und Diskussionen in die christlichen Gemeinden in der ČSSR zu reisen.

lichen Strukturen enthielt diesen kontinuierlichen Ton: Die totalitärste Inhumanität sieht Hromádka in der in gewissem Sinn als geistige Endlösung vertretenen Idee, daß es den atheistischen Kommunismus gar nicht geben dürfe, daß er das Uneigentliche, das bereits Gescheiterte angesichts des Eigentlichen sei, das sich im Westen verwirklicht bzw. angestrebt finde[91]. Nie hat Hromádka seine letzte kritische Loyalität mit den vorhandenen sozialistischen Staaten, besonders nicht mit der Sowjetunion, aufgegeben, nie eine Abwendung vom „Sozialismus" vollzogen. Seine Mitarbeit am „Prager Frühling" war Konsequenz seines lebenslangen Eintretens für einen humanistischen und demokratischen Sozialismus.

9. Der Dialog für andere

Die bisherigen Ausführungen zeigen, daß die Diskussion zwischen Christen und Marxisten einmal impliziert war „in unseren Dialog" der Christen auf der CFK, wobei nicht zu vergessen ist, „daß wir von der Atmosphäre, in der wir leben, von den Ansichten der Staatsmänner unserer Länder, unserer geschichtlichen Situation usw. beeinflußt sind. Es ist anders gar nicht möglich. Unsere Beziehung zu den sozialen und politischen Fragen wird nie mit hundertprozentiger Reinheit nur vom Evangelium geformt. Das ist gar nicht möglich." [92] Die Frage ist nur, ob Christen ihre Milieu-Prägung theologischer Reflexion, die dann die Geschichte und ihre Realitäten einbeziehen muß, aussetzen. Anfangs wurde als Folge des gegenseitigen Informationsdefizits, des gegenseitigen Mißtrauens und der offiziellen Diffamierung von westlicher staatlicher und kirchlicher Seite [93] sachliche Information gefordert und die

[91] Diesen Gedanken trug Hromádka ausführlich 1946 vor, als er besuchsweise aus der amerikanischen Emigration in Princeton kommend vor einem Pfarrerkonvent in Prag sprach: Christentum und Kommunismus (deutsch nur im übersetzten Manuskript vorliegend).

[92] *J. L. Hromádka,* in: 1. ACFV, S. 37.

[93] Der Bundesverfassungsschutz rechnet die CFK unter die kommunistischen Tarnorganisationen. *Otto Dibelius,* in: Ein Christ ist immer im Dienst, Stuttgart 1961, beschwert sich über die deutschen Pastoren, die „begeistert an der CFK teilnahmen, obwohl sie von ihren Kirchenleitungen, auch von mir, auf das ernsthafteste davor gewarnt worden waren. ... Schon daß man die Konferenz in einem kommunistischen Lande abhielt, sagt alles. ... die Konferenz lief dementsprechend ab ... über allem die Theologie von Professor Hromádka, nach der die neue Gesellschaftsordnung des Kommunismus von der Christenheit freudig zu begrüßen und der

Losung ausgegeben, daß Christen der einen Welthälfte Interpreten und Advokaten der anderen Seite im eigenen „Lager" zu sein haben[94].

Dieser keineswegs „akademische" Dialog, begleitet von unzähligen privaten, später öffentlichen Diskussionen zwischen Marxisten und Christen in Prag[95] und von praktischer, aber kritischer Kooperation – z.B. in der Friedensfrage – war deswegen als Voraussetzung eines auch wissenschaftlich geführten Dialogs notwendig, weil er Vertrauensräume schuf, Personen bekannt machte, Christen und Marxisten jeweils über den anderen irritierende, klischeezerstörende neue Erfahrungen vermittelte. Offene Marxisten und Christen in sozialistischen Ländern mußten sich von dem Makel befreien, entweder fünfte Kolonne einer auf Vernichtung des Sozialismus bedachten Macht zu sein, oder aber einer Gesellschaftsordnung anzugehören, deren Versagen und Antiquiertheit doch offenkundig sei. Es ist keineswegs so, daß der CFK ein Kreis religiöser Sozialisten angehörte. Hromádka selber gehörte nie einer derartigen Gruppierung (auch nicht einer Partei) an[96]. Eine Minderheit nur verfügte über genauere Kenntnisse des Marxismus oder bekannte sich anfangs zu sozialistischen Grundgedanken, oder entstammte – wie Emil Fuchs – der Bewegung religiöser Sozialisten. Die Existenz verschiedener sozialistischer Staaten und die Widersprüche in der nichtkommunistischen Welt ließen jedoch einen doppelten Lernprozeß, der sich mit einiger Verspätung auch in der Ökumene abspielte, in Gang kommen.

Einmal wurde, je tiefer man die Bedingungen der Ost-West-Spannung und Möglichkeiten ihrer Lösung untersuchte, je mehr sich die Arbeit der CFK in Studienkommissionen und weg vom verbalen Protest verlagerte, desto deutlicher, daß die Frage des Friedens nicht ohne eine Debatte über seine sozio-ökonomischen Voraussetzungen und Konsequenzen ernsthaft zu führen ist. Es erfolgte eine Marx-Rezeption, bei der sich die Christenheit als eine ebenso verspätete Nation wie die Deutschen erwies. Es ist schon deutlich geworden, daß diese indirekte Marx-Rezeption sich auch kritisch gegen etablierte kommunistische Praxis zeigte. Die Grundbegriffe gesellschaftlichen Denkens und die

Atheismus, von dem diese neue Ordnung nun einmal durchdrungen ist, als nichtexistent zu betrachten sei" (S. 326 f.).

[94] So *K. P. Hertzsch*, Dimensionen des Friedens, S. 61.

[95] Vgl. *Milan Opocenski,* in: Reflections on Protest, ed. by B. Douglous, Richmond/O. 1967, S. 121 ff.: Christian-Marxist Dialogue in Prague.

[96] *J. Smolik,* Die Geschichtsphilosophie – K. Barth und J. L. Hromádka, in: Ev. Theologie 1969, S. 341 ff.

Erkenntnis der Interdependenz der Welt- und Kirchenprobleme („Wer heute in Deutschland in der evangelischen Kirche gegen Atombomben redet und nicht sieht, wie das mit dem Problem der Konfirmation und der Betriebsverfassung zusammenhängt, der tut so, als könne man auf einem Bein stehen")[97] hatten sich gegen eine christliche Tradition durchzusetzen, die, bei aller ökumenischen Vielfalt, doch zwei Kategorien christlichen Denkens gemeinsam hatte: a) die Dominanz des Individuums, das seine Prägung und Abhängigkeit durch die Umgebung gern bestreitet oder verkleinert, b) einen Dualismus von Kirche und Welt, der aus einem prinzipiellen Überlegenheitsgefühl der Christen resultiert. Damit zerstört er die Solidarität der Christen mit den Nichtchristen und ersetzt die realistische Wahrnehmung der Geschichte und der Welt durch deren bloße Definition.

Hier konnte die böhmische Kirchentradition zum guten Katalysator werden, weil sie in ihrer Geschichte eine ecclesia semper reformanda zusammenzubringen versuchte mit einer societas semper reformanda. Das zentrale ekklesiologische Theologumenon von der Communio viatorum erwies sich als ein besseres Vorverständnis für eine seit 1914 sich radikal revolutionierende Welt als die Vorstellung von Ordnungen als ontologische Aussagen über Staat und Kirche[98]. Es handelte sich im Grunde um die Erkenntnis, daß christliche Existenz immer eine politische Existenz ist. Die erste Phase der CFK 1958–1960 wäre in gewissem Sinn als ein ökumenischer Schritt zu interpretieren, der ein Problembewußtsein in der Christenheit, und da die Christen nicht für sich und ihre Interessen zu leben haben, auch in der Welt, zu schaffen versuchte. Es ging „um die Überwindung der Ignoranz, der Gleichgültigkeit, Selbstzufriedenheit und Passivität – Lethargie war das vielbenutzte Wort. Und es sollte sich auch darum handeln, daß das erweckte Gewissen und das geschärfte Gewissen der Christen in die Sackgassen, unüberbrückbaren Spaltungen und Scheinalternativen der internationalen Szene ein schöpferisches, befreiendes, ermutigendes Wort hineinbringt, eine lockere Atmosphäre schafft und dadurch neue Möglichkeiten auftauchen läßt für die Lösung drohender Probleme."[99]

---

[97] *H. Symanowski,* zit. in: Stöhr/Gollwitzer/Tietz, Dimensionen des Friedens, Ev. Zeitstimmen 4, Hamburg 1961 (Junge CFK Prag 1960), S. 74.

[98] Vgl. Hromádkas Kritik an der Deutschen Bekennenden Kirche und ihrer Formalisierung der Demokratie in der Barth-Festschrift Antwort, Zürich 1956, S. 3 ff.

[99] So *Pavel Filipi* (Prag), in: Konfrontation mit neuen Realitäten, die CFK, ihr Werden und ihre Probleme, in: Frieden konkret, ed. R. Schmidt, Essen 1968, S. 91 f.

Diese Arbeit wurde inhaltlich an Hand der damals brennendsten Fragen erörtert, nämlich a) der atomaren Rüstung, b) des Kalten Krieges, c) des Mißbrauchs des Christentums als Gegen-Weltanschauung zum atheistischen Marxismus.

10. Friede = Brot für alle

Ein zweiter Lernprozeß griff den bleibenden Beitrag auf, den Marx zur Anthropologie und Gesellschaftsanalyse geleistet hatte: Es ist die Frage nach der Emanzipation des Menschen auch von ökonomischem Elend. Hromádka formulierte sie häufiger als die Frage nach der Ergänzung der französischen Revolution und ihrer bürgerlich-individuellen Freiheit durch soziale Gerechtigkeit. Sein Haupteinwand gegen die liberaldemokratischen Länder des Westens leugnete nicht deren Bürgerrechte und -freiheiten, sondern fragte, ob sie genügten und erst recht hilfreich anwendbar seien unter den Massen der Armen und Ausgebeuteten: „Ist durch die politischen Institutionen die Freiheit gesichert, die seit der französischen Revolution als Vorbedingung der bürgerlichen Freiheit aller Art betrachtet wurde, oder ist es notwendig, neue Wege, Bürgschaften und Institutionen zu suchen“, die Freiheit „für eine größtmögliche Zahl der Völker und Bürger zur Geltung kommen läßt?“ [100] Was man auch gegen die russische Revolution haben mag – ihre Intentionen und die dahinter liegenden humanistischen Impulse sind heute mehr denn je nötig, um die Ergebnisse der französischen Revolution, die ja nicht abgeschafft werden sollen, zu sichern. Exempel dieses Lehr- und Diskussionsstückes der Christen der CFK wurde – hier ab und zu auch unter Heranziehung marxistischer und westlicher Experten in den Studienkommissionen – die Lage der Völker der sogenannten dritten Welt. Waren sie bis dahin nur Staffage bei der Beschreibung der Welt von heute gewesen („rasch wachsende Bevölkerung“, „Kolonialismus“ etc.), so entfaltete 1959 auf der 2. CFK André Trocmé (Paris) detailliert ihre Situation. Er tat es – mit großem, positiven Echo – unter der doppelten biblischen Voraussetzung, die eine doppelte christliche Verantwortung stiftet: a) Die Kirche hat „menschlichen Kollektiven“ gegenüber zur Metanoia aufzurufen, „d. h. zu einer radikalen Veränderung ihrer Haltung, damit die Gerechtigkeit Gottes angesichts des kom-

---

[100] *J. L. Hromádka,* in: 1. ACFV, Prag 1961, S. 44.

menden Reiches Gottes bezeugt werde." b) Die Kirche hat, in der Nachfolge Jesu, „das biblische und geistliche Heil der Einzelnen als eine noch dringendere Angelegenheit als das Aufrichten des Reiches Gottes auf dieser Erde" zu betrachten. Jesus „betrachtet ihn als einzigartiges Wesen, für welches er sein Leben gab" [101].

„Die Krankheit von heute ist Hunger, Unwissenheit, Abhängigkeit ohne Hoffnung. Ein Christ soll sich an allen gewaltlosen Bemühungen um die Heilung dieser Krankheiten beteiligen." Guerillatätigkeit wird wegen der damit verbundenen Gewalt als Möglichkeit der Christen abgelehnt. Allerdings ist festzuhalten: „Bestimmte Länder, Rußland, China haben versucht, durch drakonische Methoden die verspätete Industrialisierung nachzuholen. Das russische Experiment ist gelungen." Deshalb gilt: „Für die menschlichen Kollektive verantwortlich, sollte die Kirche verschiedene Systeme der Hilfe für die wirtschaftlich schwachen Länder studieren und wählen." [102] Trocmés Erörterung der notwendigen Maßnahmen kommt zu dem Fazit: „Die einzig saubere Art von wirtschaftlicher und kultureller Hilfe wäre die Aufstellung eines internationalen Fonds (pool), welchem die reichen Völker von Ost und West beitragen würden. Als Experten einer solchen Institution sollten die entnationalisierten Agenten der UNO, der UNESCO und FAO dienen. Die Kirche, die der universelle Leib Christi ist, sollte also Hilfsmaßnahmen, die einen wirklich unparteiischen und universellen Charakter haben, unterstützen." [103] Die hier anfangende Diskussion über Revolution und ihr Recht und die Stellung der Christen dazu sollte erst 1964 – nach verstärkter Teilnahme aus der 3. Welt – in offizielle Verlautbarungen der CFK vordringen [104]. Allerdings blieben die Themen des Neokolonialismus, des Imperialismus, der Erziehung, des Welthandels die wichtigsten Sachpunkte bei dem Versuch „einer Entwicklung einer neuen nationalen und internationalen Ethik auf der Grundlage der Nächstenliebe" [105]. Sie wurden intensiv in vielen hier nicht zu schildernden Kommissionen und Publikationen weiterverfolgt. Die

[101] 2. CFK, Prag 1959, S. 68, noch deutlicher formuliert durch den Japaner Yoshio Inoue: „Friede = Brot für alle" (1. ACFV, Prag 1961, S. 78 ff.).

[102] AaO, S. 69. [103] AaO, S. 70.

[104] Vgl. 2. ACFV, Prag 1964, S. 139 f. „Status quo und Revolution" (und die unveröffentlichten Vorbereitungspapiere dazu), in Auszügen abgedruckt in: Diskussion zur „Theologie der Revolution" (ed. E. Teil u. R. Weth), München/Mainz 1969, S. 291 f.; Hromádkas Position: vgl. „Der Christ inmitten der Weltrevolution" in: G. Götting u. a., Reformation und Revolution, Berlin 1967.

[105] AaO, S. 129.

Erkenntnis 1959 bestimmte in entscheidendem Maße die Arbeit der kommenden Jahre in der CFK, im Dialog der Marxisten und Christen und in der Ökumene: „Die Ungleichheit zwischen den reichen (Abendland, Rußland, Volksdemokratien) und den unterentwickelten Völkern wird die erste Ursache des Krieges in naher Zukunft sein." [106] Die in diesem Satz enthaltene Aufgabenstellung hält bis jetzt noch die durch die Okkupation 1968 aufs stärkste betroffene CFK zusammen [107].

Für die Situation der Völker in der dritten Welt hatte marxistisches Denken nicht nur Kategorien zur Hand, um die Vorgänge der Pauperisierung der schon Armen und der Akkumulation des Reichtums bei den schon Reichen zu begreifen und darzustellen, sondern es bot auch intentional ein politisches Instrumentarium. Die Rolle einer Demokratie von unten, die freiheitsbedrohende Macht nationaler und wirtschaftlicher Machtanhäufung gegenüber noch oder ehemals kolonial abhängigen Ländern, die Inhalte einer möglichen „Theologie der Revolution" kommen zur Sprache. Emilio Castro, ein Methodist aus Uruguay, faßt zusammen [108]: Ein Christ steht in der Gemeinschaft seines Volkes. „Darüber hinaus stellt er sich natürlich gewisse Aufgaben, die seinem Glauben entspringen ..." 1) ist er allen sozialen Umwandlungen gegenüber offen. „Jede Situation, die durch eine soziale Umwälzung oder Revolution entsteht, ist für den Christen ein Aufruf im Namen des Reiches Gottes: dieses kann sich nicht mit dem Hunger und der Ungerechtigkeit abfinden." 2) Kritik am eigenen Volk bleibt „als prophetische Aufgabe." 3) Sein „Nationalismus" drückt „seine Loyalität der Menschheit gegenüber aus, nicht aber die Unterscheidung der Menschen." 4) „Es wird sehr schwierig sein, radikale Änderungen durchzuführen, ohne daß dabei Leid entsteht." Der Christ trägt hier entstehende Ungerechtigkeit und Schuld und entzieht den Betroffenen nicht seine Solidarität. „Ein Christ wird immer das Risiko auf sich nehmen, ein Freund derer zu sein, die keine Freunde haben" – auch der Unrechttuenden! 5) Ein Christ wird immer ein Freund des Gespräches sein (wozu auch „ehrlicher Handelsaustausch" gehört), da „Worte ein Geschenk Gottes an den Menschen sind und da wir sie zum Nutzen anwenden sollen". 6) Ökumenische Verbindungen sind dazu zu organisieren, damit Christen sich gegenseitig korrigieren und Propheten in ihrem Volk sein können. Bis zuletzt war die CFK eine in der Frage der Gewaltanwen-

[106] *Trocmé,* aaO, S. 70.

[107] Vgl. die Verlautbarung der CFK vom Okt. 1968 in: Junge Kirche, Nov. 1968.

[108] 2. ACFV, Prag 1964, S. 65 f.

dung uneinige Versammlung. Durchgesetzt hat sich nicht der prinzipielle Pazifismus. Schon H. Iwand hatte sich 1958 dagegen ausgesprochen [109]. Der Weg der Theologischen Kommission, die 1966 in Sofia ihre Beratung über Revolution in eine Thesenreihe mit Berührungspunkten zur Lehre vom gerechten Krieg führte, blieb offen [110].

Zur Ausgangsfrage nach der gemeinsamen humanistischen Verantwortung von Christen und Marxisten wäre abschließend zu formulieren: Eine gemeinsame christlich-marxistische Verantwortung für den Menschen wird auf der Ebene der Praxis gefunden [111]. Keine Axiologie, kein gemeinsames Wertesystem wird vorausgesetzt – so sehr vom Marxismus gilt, daß er nicht denkbar ist ohne jüdisch-christliche Verkündigung [112]. Das gilt nicht nur in bezug auf ihren humanistischen Ansatz, sondern auch in bezug auf die damit radikal vollzogene Säkularisierung des Lebens. „Es ist eine wirkliche und bedrängende Frage, ob irgendeine idealistische Philosophie dem christlichen Glauben und der christlichen Botschaft nähersteht als eine materialistische Methode des Denkens und Erklärens.“ [113] Die Leidenschaft fürs Konkrete, genauer, den bedrohten und leidenden Menschen wahrzunehmen, steht im Mittelpunkt der gemeinsamen Bemühung – wobei das spezifisch Christliche durchgehalten wird im Betonen des unendlichen Wertes des Einzelnen und im Ausbruch des christlichen Glaubens als eines „Realismus aus der Familie des Idealismus“, wozu letztlich auch der Marxismus gehört, weswegen „es keine Verbindung im Sinne einer Synthese geben kann“ [114]. Die Abschaffung konkreten Leidens und konkreter Leidensquellen – wie nukleare Bedrohung, Hunger, propagandistische Manipulation, Lethargie und Kalter Krieg, um einige zentrale Themen der CFK zu nennen – bezeichnet positiv das zu gewinnende oder zu sichernde Humanum.

---

[109] Vgl. 1. CFK, S. 42 f.; ebenso H. Gollwitzers prinzipielle Auseinandersetzung mit der „Qualitätsänderung“ des modernen Krieges und der traditionellen Lehre vom gerechten Krieg (2. CFK, Prag 1959, S. 31 ff.).

[110] Vgl. Diskussion . . ., S. 297 ff.

[111] Hier liegt auch, abgesehen von der wissenschaftlichen Beschäftigung mit dem Marxismus, der unmittelbare Ansatz des Dialogs mit Marxisten bei Hromádka: Teilnahme am Streikmarsch von Arbeitern 1918; gemeinsame Arbeit für das republikanische Spanien 1936 ff.

[112] Vgl. *J. L. Hromádka,* Theologie und Kirche . . ., S. 73 ff., und: An der Schwelle . . ., S. 49 ff.

[113] Theologie und Kirche . . ., S. 70.

[114] *J. L. Hromádka,* An der Schwelle . . ., S. 82 f.

Entwicklungsprozeß und soziale Struktur in Lateinamerika*

von

RODOLFO STAVENHAGEN

Wie technologischer Fortschritt sich auf die Gesellschaftsstruktur auswirkt, ist nicht nur ein Problem der Industrieländer. Besonders davon betroffen sind die sogenannten unterentwickelten Länder der Dritten Welt. Anschauungsmaterial bietet die Geschichte des Entwicklungs- und Unterentwicklungsvorganges in Lateinamerika.

Das Merkmal, ja geradezu die Definition eines Dritte-Welt-Landes ist, daß die Bevölkerung hochgradig Armut, Hunger, Hoffnungslosigkeit und Mangel leidet. Viele Generationen lang war das schon so, aber die westliche Welt hat es erst nach dem Zweiten Weltkrieg bemerkt. Die Weltöffentlichkeit erregte sich über die Misere der Dritten Welt genau zu dem Zeitpunkt, als die industrialisierte Welt die Schwelle der zweiten industriellen Revolution überschritt, das heißt in die Revolution der Automation, Massenproduktion, Schnellverkehrsmittel, Massenmedia und so weiter eintrat. So war es nur natürlich, daß vielen die entwickelte Technologie als das Wundermittel erschien, von dem man sich die Lösung der Probleme der Dritten Welt erhoffte. Atomenergie würde Wüsten in Obstgärten verwandeln; tropischer Urwald würde ertragreichen Feldern weichen; Meerwasser würde entsalzt und zur Bewässerung benutzt werden; moderne Traktoren würden schnell die herkömmlichen primitiven Anbaumethoden verschwinden lassen; Rundfunk und Fernsehen würden die Erziehung der Massen beschleunigen; die Obdachlosigkeit oder Wohnungsnot von Millionen Familien würde durch Massenproduktion von Fertigbauteilen billig behoben werden; mit der

* Bearbeitete Fassung eines Referates in der Sitzung der Marxismuskommission am 12. April 1970. Aus dem Englischen übersetzt von Dr. Ilse Tödt.

allermodernsten Technik würde in den armen Ländern die nötige Industrie aufgebaut werden. Überzeugend wurde argumentiert, daß die Dritte Welt nicht den langsamen, schmerzlichen Prozeß der europäischen Industrialisierung im 18. und 19. Jahrhundert nachzuvollziehen brauche – dank der modernen Technologie.

Ob in Lateinamerika die technische Revolution die Lebensqualität der Bevölkerung fördern wird oder nicht, hängt davon ab, wie sich die ökonomischen, sozialen und politischen Verhältnisse insgesamt entwickeln. Es handelt sich nicht einfach um den Transfer von Technologie aus den hochentwickelten in die rückständigen Länder. Was die moderne Technik für die Zukunft Lateinamerikas tun kann, hängt ab von der Art ihrer Integrierung in die bestehende Wirtschafts- und Gesellschaftsstruktur, und von dieser wiederum hängt ursächlich und wesentlich die Unterentwicklung ab. Um diese Probleme realistisch anzugehen, wird es nötig sein, sie historisch einzuordnen.

Ohne Zweifel ist, im ganzen betrachtet, die lateinamerikanische Wirtschaft in den letzten 25 Jahren gewachsen. In allen Ländern hat sich das Sozialprodukt und in den meisten Ländern sogar das Pro-Kopf-Einkommen erhöht; dies gilt allerdings für einige Länder mehr, für andere weniger. Wirtschaftswachstum ist jedenfalls das erklärte nationale Ziel aller lateinamerikanischen Regierungen, und es sind darauf ausgerichtete politische Maßnahmen ergriffen worden. Das hat aber weder zur Wirtschaftsentwicklung aus eigenen Mitteln geführt noch – und das ist das Entscheidende – zu einer entsprechenden Entwicklung der sozialen und politischen Verhältnisse. Die lateinamerikanische Erfahrung lehrt, im Gegensatz zur gängigen Meinung, daß Wirtschaftswachstum eben nicht ohne weiteres auch die soziale und politische Entwicklung fördert.

Man begreift heute durchweg den Entwicklungsprozeß nicht als bloß ökonomischen, sondern zugleich als sozialen und politischen Vorgang. Es geht jetzt um mehr als zu erkennen, daß Entwicklung auch soziale „Aspekte" hat. Der Prozeß als solcher erscheint als das Ergebnis des Zusammenspiels ökonomischer, sozialer und politischer Faktoren. Untersuchungen des Entwicklungsprozesses legen zunehmend Gewicht auf die Beschaffenheit von Institutionen und Gruppenbeziehungen.

Die Wirtschaftsentwicklung wird nur als ein Aspekt des viel umfassender begriffenen sozialen Wandels erkannt. Diesen umfassenderen Entwicklungswandel versteht man auch als Modernisierung. Damit ist gemeint: Transformation sogenannter traditioneller in moderne Gesellschaften; Entwicklung neuer Sozialstrukturen und Organisationsformen; Veränderungen der Klassenstruktur; Modifikation der Mentalität von Gruppen und Individuen; Wandlung der Wertsysteme und Weltanschauungen. Politiker meinen, daß durch die Wirtschaftsentwicklung die Demokratie herbeigeführt würde. Diese Sicht des Entwicklungsprozesses richtet sich manchmal implizit nach dem Modell der früheren Entwicklung in Europa und setzt voraus, daß die unterentwickelten Länder der Dritten Welt denselben Weg gehen und ähnliche „Wachstumsstadien" (nach Rostows bekannter Terminologie) durchmachen müssen.

Die Wirklichkeit in der Dritten Welt sieht allerdings ganz anders aus. Das von Theoretikern der westlichen Industrieländer entwickelte Modell paßt nicht. Hier ist das Beispiel Lateinamerikas besonders aufschlußreich: Demokratie ist in der Politik der meisten Staaten eher die Ausnahme als die Regel; das Wirtschaftswachstum ist auf bestimmte Regionen und Sektoren konzentriert; von ihm haben hauptsächlich bestimmte Gesellschaftsklassen profitiert; die Wirtschaft Lateinamerikas ist weiterhin durch externe Faktoren äußerst verwundbar; große Bevölkerungsmassen bleiben vom Fortschritt unberührt; in manchen Gebieten behaupten sogenannte traditionelle Strukturen immer noch fest ihre Stellung, etc. Diese Tatsachen nötigen uns, die Unterentwicklung in Lateinamerika genauer zu betrachten. Es handelt sich nun einmal nicht einfach um einen Zustand wirtschaftlicher Rückständigkeit, der sich durch Anheben der Produktivität, Kapitalvermehrung, gezielten Einsatz von Technologie und Stimulierung von Wachstumsraten leicht korrigieren ließe. Unterentwicklung ist nicht nur ein Zustand, sondern ein von der Geschichte geprägter komplexer Strukturzusammenhang mit einer bestimmten Eigendynamik. Unterentwicklung ist wie Entwicklung ein Prozeß und kann nur geschichtlich verstanden werden[1].

---

[1] Viele Veröffentlichungen der letzten Zeit über die Probleme von Entwicklung und Unterentwicklung spiegeln neue Denkströmungen in den Gesellschaftswissenschaften wider; die folgenden Abschnitte stützen sich auf ihre Ergebnisse. Für unseren Zusammenhang sind besonders wichtig: *F. H. Cardoso* und *E. Faletto,* Dependencia y desarrollo en America Latina, Mexiko 1969; *A. G. Frank,* Capitalism and Underdevelopment in Latin America, New York 1967 (auch in deutscher Übersetzung); *T. Dos Santos,* Dependencia y cambio social, Santiago 1970. Vgl. auch *R. Stavenhagen,* Sieben falsche Thesen über Lateinamerika, und andere Beiträge von Frank, Marini, Vitale u. a. in: Kritik des bürgerlichen Anti-Imperialismus, Berlin 1969 (Wagenbach Verlag, Rotbuch 15); und *R. Stavenhagen,* Marginality, Partici-

In Lateinamerika begann dieser Prozeß mit der spanischen und portugiesischen Eroberung im Rahmen der Expansion der europäischen Welt nach dem 15. Jahrhundert. Seit der Kolonialzeit sind die Wirtschaftsinteressen Lateinamerikas immer denen des expandierenden weltweiten kapitalistischen Systems untergeordnet worden. Die Geschichte der lateinamerikanischen Staaten, zunächst 300 Jahre lang als Kolonialgesellschaften, danach als abhängige Länder in enger Beziehung zur Entwicklung einiger weniger Weltmächte, hat in hohem Maße ihre internen ökonomischen und politischen Strukturen geprägt.

Es wird zuweilen behauptet, daß die iberische Eroberung feudale Institutionen von Europa nach Amerika verpflanzte und in den amerikanischen Kolonien ein Feudalsystem etablierte. Der Kapitalismus soll später gekommen sein, der Zeitpunkt wird nicht genauer bestimmt. Das Haupthindernis, das der Entwicklung gegenwärtig im Wege steht, wäre dann das Fortdauern des Feudalismus, welcher mit der kapitalistischen Entwicklung in Konflikt gerät. Dieser Gedanke eines angeblichen Kapitalismus-Feudalismus-Konflikts in Lateinamerika ist nicht nur von bürgerlichen Wissenschaftlern entwickelt worden, sondern überraschenderweise auch von nicht wenigen orthodoxen Marxisten.

Die historische Analyse stützt diese Interpretation nicht. Tatsache ist vielmehr, daß Lateinamerika immer eine spezifische – und zuzeiten recht bedeutende – Rolle in der Entwicklung des Kapitalismus als weltweiten Systems gespielt hat. Wenngleich sich „Feudales" zweifellos hie und da in der Sozialstruktur Lateinamerikas erkennen läßt, so ist die geschichtliche Entwicklung des Subkontinents seit der kolonialen Eroberung doch nur von seiner Integration in das expandierende weltweite kapitalistische System her zu erklären, dessen zwar früher, aber bedeutungsträchtiger, mit der Periode des Merkantilismus verbundener Prototyp das spanische und portugiesische Weltreich gewesen ist.

Man kann also schwerlich dem Gedanken zustimmen, daß Lateinamerika als ganzes die letzte Festung des Feudalismus sei (das ist es offenbar nie gewesen). Eine andere häufige Behauptung lautet: in Lateinamerika gehe die moderne Wirtschaft nur einen geringen Teil der lateinamerikanischen Gesellschaft an; in den meisten Ländern seien riesige Gebiete und rückständige Populationen von der kapitalistischen Wirtschaft unberührt. Demnach enthielte jede Nation in sich die Dicho-

---

pation and Agrarian Structure in Latin America, Bulletin of the International Institute for Labour Studies, No. 7, June 1970.

tomie „modern gegen traditional“ (bzw. „kapitalistisch gegen feudal“). Das wäre ein Dualismus oder auch Pluralismus des Typs, den die koloniale Eroberung offenbar in einigen Teilen Afrikas oder Asiens etablierte. Das Aufeinanderprallen von Kulturen – zwischen den Europäern und Indianern im 16. Jahrhundert – gilt dann als geschichtliches und kulturelles Grundgerüst der späteren dualistischen Wirtschaft und dualistischen Gesellschaft. Diese Betrachtungsweise der Staaten Lateinamerikas ist ebenso unhaltbar wie die oben erwähnte „Feudalismus-Hypothese“. Vielmehr sind auch die so oft herangezogenen „dualistischen“ Züge erst Ergebnis eines komplexen Entwicklungsprozesses in der Geschichte.

Seit der Kolonialzeit war die lateinamerikanische Wirtschaft immer Rohstofflieferant zu Exportzwecken. Bergbau und Plantagen wurden zu den wichtigsten Wirtschaftszweigen. Das Schürfen von Edelmetallen in Mexiko und Peru in der Frühzeit brachte die Entwicklung Europas mit in Gang. Indianische Zwangsarbeit und die Sklavenarbeit importierter Afrikaner waren nicht etwa Relikte vergangener Zeiten, sondern Schlüsselfaktoren für die Entwicklung der Kolonialwirtschaft – kurz, sie waren ein gutes Geschäft. Die Kolonialwirtschaft war eng, ja unabtrennbar mit der Wirtschaftsentwicklung der Weltmächte verbunden. Lateinamerikas herrschende Klassen waren stets abhängig von dem expandierenden europäischen Markt, und die Wirtschafts- und Gesellschaftsstruktur der amerikanischen Kolonien mußte sich den Bedürfnissen der herrschenden Klassen bei den dominierenden Kolonialmächten unterordnen. Die politische Unabhängigkeit Anfang des 19. Jahrhunderts änderte an der kolonialen wirtschaftlichen Abhängigkeit nichts Wesentliches. Von Spanien und Portugal unabhängig zu sein, modifizierte die Sozialstruktur nicht grundlegend. Im Gegenteil: die herrschenden Klassen im Lande konnten ihre Machtpositionen in den neugebildeten nationalen Gesellschaften noch verstärken; der Großgrundbesitz als Grundeinheit der Produktion und Sozialorganisation in der Agrarstruktur (und dazu gehörte die große Mehrheit der Bevölkerung Lateinamerikas) überdauerte nicht nur, sondern gewann im Laufe des 19. Jahrhunderts noch an Macht.

Nun wandelte sich aber das internationale System selbst, und seine Veränderungen schlugen sich in der Entwicklung Lateinamerikas nieder. England rückte zur dominierenden Wirtschaftsmacht des 19. Jahrhunderts auf, wurde später von den Vereinigten Staaten verdrängt, und die lateinamerikanische Wirtschaft wurde von ihnen abhängig.

Weiterhin produzierten Landwirtschaft und Bergbau nur für die Weltmärkte (die, stimuliert durch die industrielle Revolution, mit hoher Geschwindigkeit expandierten); und ausländische Investitionen übernahmen die Kontrolle über die Schlüsselsektoren der lateinamerikanischen Wirtschaft. Kann man in diesem Kontext noch von Feudalismus sprechen? Vielleicht im Hinblick auf die lokalen Arbeits- und Lebensbedingungen eines in Abhängigkeit gebrachten Landarbeiters auf einem Landgut; oder im Hinblick auf die „traditionale" oder „patrimoniale" Mentalität einiger herrschender Eliten. Es ist aber unhaltbar, im „Feudalismus" die Triebkraft des Wirtschaftssystems zu sehen. Mit ihrem Durst nach schnellem Reichtum, der Suche nach stetiger Versorgung mit Rohstoffen und billiger Arbeitskraft saßen die Großgrundbesitzer, das vom Export-Import-Geschäft abhängige handeltreibende Bürgertum und die politische Machtelite im gleichen Boot. Diese Gesellschaftsklassen sind in Lateinamerika seit Jahrhunderten in ihrer Aktivität von den zentralen Weltmetropolen des kapitalistischen Systems abhängig (ob es sich nun um Spanien, England oder die Vereinigten Staaten handelte). So wie die lateinamerikanische Wirtschaft im ganzen nur verstanden werden kann als eine abhängige Wirtschaft, so auch die lateinamerikanische herrschende Oberschicht als eine abhängige Klasse. Nur in diesem Rahmen läßt sich verstehen, wie sie sich in der Geschichte entwickelt hat.

Die lateinamerikanische Exportwirtschaft verlief in bestimmten Zyklen. Nach Zeiten und Ländern verschieden bestimmte ein Haupt-Exporterzeugnis, wie sich die Volkswirtschaft dem Weltmarkt einfügte. So hat die Rolle, die Zucker, Kaffee, Silber, Bananen, Zinn, Leder, Weizen, Gummi, Diamanten, Fleisch, Öl und anderes aus Lateinamerika jeweils in der Weltwirtschaft spielten, bestimmt, wie die „Abhängigkeitsbeziehung" und demzufolge auch die politische und Sozial-Struktur der betroffenen Länder eigentlich beschaffen war. Erzeugnisse wie diese machten den Hauptreichtum vieler lateinamerikanischer Staaten aus, aber wiewohl sie gebietsweise zu „Boom" und kurzlebigem Wohlstand beitrugen, wurde der von der Extraktionswirtschaft auf dem primären Sektor (Landwirtschaft und Bergbau) geschaffene Wertüberschuß systematisch abgesaugt und in die Weltmachtzentren transferiert. Genau das ist die Tragödie in der geschichtlichen Entwicklung Lateinamerikas, nämlich daß es enorme Reichtümer besaß, welche das expandierende weltweite kapitalistische System zu seiner eigenen Entwicklung brauchte. Hinter diesem ökonomischen steckt das soziologische

Faktum, daß die herrschenden Klassen Lateinamerikas unfähig oder unwillig (oder wahrscheinlich beides) waren, die neokolonialen Bande zu zerreißen, die sie in Abhängigkeit von den dominierenden Weltmächten hielten und die damit zugleich den Prozeß der Unterentwicklung und die Entwicklungsaussichten der lateinamerikanischen Gesellschaft deren Bedingungen unterstellten. So wurde in Formen interner Dominierung verwandelt, was faktisch externe Abhängigkeit war. Wie das geschah, war je nach dem Land, dem Typus der Exportwirtschaft und der Geschichtsepoche verschieden. Es würde über den Rahmen des gegenwärtigen Beitrags hinausgehen, diesen Vorgang detailliert zu analysieren, und unsere notwendigerweise schematischen Anmerkungen bedürfen der Präzisierung durch die Erkenntnis, daß die Situation der verschiedenen lateinamerikanischen Staaten das Resultat der jeweils eigenen Geschichte und Umstände ist. Wenn wir es dennoch wagen, über Lateinamerika insgesamt zu sprechen, geschieht dies nicht nur auf Grund seiner geographischen und kulturellen Einheitlichkeit, sondern weil es trotz großer interner Unterschiede eine weitgehend gemeinsame Geschichte gehabt hat und vor verwandten Strukturproblemen steht.

Die Unterentwicklung Lateinamerikas wurzelt, wie schon angedeutet, in seiner Agrargeschichte; ihr wenden wir uns nun zu[2]. Die natürlichen Schätze des Bodens waren ohne die zum Abbau bzw. Anbau nötige Arbeitskraft für den Eroberer und Kolonisator wertlos. Sich billige und ständige Arbeitskraft zu sichern, wurde zum Grundanliegen zunächst der Kolonialherren und dann der einheimischen herrschenden Klassen. Sie erreichten ihr Ziel durch verschiedene Methoden der Arbeitspolitik. Zuerst versuchten die Kolonisatoren, die eingeborene Indianerbevölkerung zu versklaven. Als dies aus verschiedenen Gründen undurchführbar wurde, und nachdem die spanische Krone das Versklaven von Indianern verboten hatte, griff man zu mehreren Alternativen, darunter zu dem Import afrikanischer Sklaven für die tropischen Plantagen, wo es keine ansässigen Arbeitskräfte gab. Der Handel mit afrikanischen Sklaven hielt drei Jahrhunderte an; auf seiner Grundlage blühte die Landwirtschaft der Küstengebiete (hauptsächlich in Brasilien und auf den karibischen Inseln). Man hat berechnet, daß in diesem Zeitraum bis zu 50 Millionen Sklaven nach Lateinamerika gebracht wurden. Erst nach den Unabhängigkeitskriegen im frühen 19. Jahrhundert wurde

[2] Hierüber vgl. *R. Stavenhagen* (Hrsg.), Agrarian Problems and Peasant Movements in Latin America, New York 1970 (Anchor).

die Sklaverei in den meisten Ländern abgeschafft, und in manchen zog sie sich bis in die zweite Hälfte des Jahrhunderts hin.

Im Hochland, das dichter als die tropischen Niederungen von Indianern besiedelt und wo für den Bergbau die Konzentration vieler Arbeitskräfte nötig war, wurden von den Kolonialverwaltungen eine Reihe von Institutionen entwickelt, um den Großgrundbesitzern, Bergwerken und Industriebetrieben indianische Hörigenarbeit zur Verfügung zu stellen. Die erste Institution dieser Art war die *encomienda,* eine Treuhänderschaft, die den Eroberern das Recht gab, von den eingeborenen Anbauvölkern Tribut in Naturalien, Geld und Dienstleistungen einzutreiben, jedoch ohne direkt ihr Land zu übernehmen. Nach ein paar Generationen setzte man sich über die ursprüngliche Absicht der *encomienda* hinweg, und sehr häufig eigneten sich die *encomenderos,* die Treuhänder, mit der Arbeitskraft der Indianer zugleich auch ihr Land an. Bald kam zu den *encomiendas* die von der Lokalverwaltung beaufsichtigte kollektive Zwangsarbeit ganzer indianischer Völkerschaften hinzu. Ähnliche Institutionen hatten die Incas *(mita)* und die Azteken *(cuatequitl).* Um ihrer eigenen Zwecke willen bewahrten die Spanier sie und nutzten sie aus. Indem sie sie ohne Rücksicht auf die Bedürfnisse der einheimischen Gemeinschaften ihren eigenen Interessen anpaßten, verwandelten sie sie faktisch in Sklaverei. Schließlich kam das System der Leibeigenschaft auf (in den einzelnen Ländern verschieden bezeichnet); der Landmann wurde dem Großgrundbesitz angeschlossen und verpflichtet, dem Landeigentümer einen gewissen Betrag an Arbeitskraft zu liefern als Gegenleistung für das Recht, ein Stück Land für sich zu bebauen. Während die anderen Methoden, Arbeitskräfte zu rekrutieren, mit der Zeit verschwanden oder sich änderten, verbreitete sich die Leibeigenschaft in ihren verschiedenen Erscheinungsformen in der Agrarstruktur Lateinamerikas und dauert bis heute an.

In präkolumbischer Zeit bildete die lokale Grundbesitzgemeinschaft das kleinste Element der Agrarstruktur. Privatbesitz an Boden war unbekannt; er war vielmehr Gemeindebesitz, und in einigen Gebieten wurde er periodisch unter die Mitglieder verteilt und auf Familienbasis beackert. Außer der bestellbaren Landfläche gab es gemeinsame Ländereien, zu denen jeder Gruppenangehörige unterschiedslos Zugang hatte. Die bekanntesten Gemeinschaften dieses Typs sind die *ayllu* bei den Incas und die *calpulli* bei den Azteken. Solcher ursprüngliche Gemeinschaftsgrundbesitz entsprach mittelalterlichen europäischen Institutionen; das war einer der Gründe, weswegen ihn die neuen Oberherren nach der Eroberung nicht abschafften. Gemeinschaftsgrundbesitz kommt, wenn auch in modifizierter Form, in den Ländern, in denen er einst die Grundeinheit der Agrarstruktur war, an manchen Orten bis heute vor. Die präspanische Gesellschaft kannte neben Gemeindeländereien noch andere Formen des Landbesitzes, insbesondere in entwickelteren Kulturen, aber sie hatten geringere Bedeutung.

Auf die einheimische Agrarstruktur prallte im sechzehnten Jahrhundert die spanische Eroberung. Sie und das Modell der Agrarstruktur, das die Spanier einführten, prägten dann die Agrargesellschaft in Spanisch-Amerika während der folgenden vier Jahrhunderte. Drei Hauptfaktoren beeinflußten die Entwicklung der Agrarpolitik: die an der Eroberung beteiligten Soldaten mußten Entlohnung und Vergütung bekommen; die Produktion in Plantagen und Minen mußte organisiert werden; und für die Bergwerksgebiete und Städte mußten genügend Nahrungsmittel und Textilien beschafft werden. Zu der Agrarstruktur, die sich in der Kolonialzeit diesen drei Bedürfnissen entsprechend entwickelte, gehörte zweierlei: bestimmte Methoden der Rekrutierung von Arbeitskräften, wie oben erwähnt, und bestimmte Formen des Eigentums an Grund und Boden.

Um die Soldaten und Abenteurer zu entschädigen, die diesen riesigen Kontinent von den Rocky Mountains bis Feuerland im Namen von Kreuz und Krone erobert hatten, ließ der spanische König ihnen Land zuweisen *(mercedes reales);* das ergab den Grundstock der großen Privatbesitzungen *(haciendas, fincas, estancias)*, die in späteren Jahrhunderten zu dem Charakteristikum des agrarischen Lateinamerika wurden. In Brasilien richteten die Portugiesen ein ähnliches System der Landverteilung, *sesmarías*, ein.

Die Landwirtschaft basierte somit auf dem Großgrundbesitz in Privathand. Die *hacienda* oder Plantage war eine stabile Sozialeinheit; sie monopolisierte nicht nur Boden und Bewässerung zum Zwecke der Großproduktion, sondern entwickelte eine spezifische Sozialstruktur mit folgenden Merkmalen: Verfügbarkeit von Arbeitskräften aller Art, strenge Schichtung, ausgeprägt hierarchische Struktur und ein hohes Maß an Autoritarismus und Paternalismus in den sozialen Beziehungen. Die traditionelle Hacienda im Hochland war weitgehend Selbstversorger, die tropische Plantage mit Monokultur abhängiger vom Handel. Aber Subsistenzwirtschaft bedeutete für die Hacienda nicht Autarkie. Vielmehr wurde das Haciendasystem immer vom Markt stimuliert, sei es durch Produktion direkt für den Export (so exportierten in der Kolonialzeit chilenische Haciendas Weizen nach Peru), sei es über die Versorgung der Städte und Bergwerke, welche ihrerseits auf Nachfrage seitens der Kolonialmacht reagierten und eng mit ihr zusammenhingen. Das Großgrundbesitz-System in Lateinamerika entsprang der ökonomischen Reaktion einer abhängigen Kolonialwirtschaft auf die kommerziellen Imperative des expandierenden kapitalistischen Systems. Erst sekundär und meistens erst nach dem Überschwenken der Wirtschaft auf andere Sektoren war es das Symbol für eine traditionelle, archaische oder stagnierende Gesellschaft.

Die eingesessene Grundbesitz-Aristokratie und die spanische Verwaltung stimmten in Agrar-Dingen nicht immer völlig miteinander überein. Vielmehr bemühte die königliche Regierung sich während der ganzen Kolonialzeit, die ökonomische und politische Macht der *hacendados* einzuschränken, indem sie einerseits die Ansiedlung spanischer Kleinlandwirte förderte (die Freistatt oder Heimstatt) und andererseits die indianische Grundbesitzgemeinschaft schützte und zu stärken suchte. Auf die Dauer jedoch waren die kleine Freistatt und die indianische Gemeinschaft keine ebenbürtigen Partner für die monopolistische Hacienda; sie konnte deren wirtschaftliche Grundlage wirksam reduzieren, indem sie sich ein gut Teil ihres Bodens aneignete und sie als zusätzliche Arbeitskräfte behielt. Dadurch wurde die indianische Gemeinschaft ebenso wie die kleine private Freistatt faktisch von gelegentlicher oder periodischer Arbeit auf dem Großgrundbesitz abhängig. So entstand der *latifundio-minifundio*-Komplex in Lateinamerika, der Organismus, durch welchen bis heute der größere Teil der Landbevölkerung in das herrschende Agrarsystem integriert ist.

Mitte des 19. Jahrhunderts war der größte einzelne Grundbesitzer die Kirche. Ländereien im Kirchenbesitz wirkten als unnützer Ballast, da sie aus dem Grundstücksmarkt herausgezogen waren. Angesichts dessen entschlossen sich die *laissez-faire*-Reformer und das aufkommende Bürgertum jener Zeit, die Kirche zu enteignen und das Land dem freien Markt zuzuführen. Dies provozierte etliche Konflikte und Bürgerkriege; aber statt die Formierung einer progressiven ländlichen Mittelklasse zu fördern, wie die liberalen Staatsmänner gehofft hatten, führte es lediglich zu einer neuerlichen Konzentration von Land in Privathand. Gleichermaßen betroffen waren die übriggebliebenen indianischen Gemeinschaften, deren Land nach den Erwartungen der Reformer Privatbesitz der einzelnen Mitglieder hatte werden sollen. Ganz im

Gegenteil: das Wachstum der Haciendas und die plötzliche Einführung neuer Handelserzeugnisse wie Kaffee führten dazu, daß viele dieser Kleineigentümer verschwanden und einbezogen wurden in das Leibeigenschaftssystem. Dieser Vorgang war natürlich in einigen Ländern mehr, in anderen weniger ausgeprägt. Auch in Ländern ohne nennenswerte indianische Bevölkerung ging die Tendenz dahin, Grundbesitz in Privathand zu konzentrieren, in manchen Fällen durch den privaten Erwerb großer Ländereien aus öffentlichem Besitz.

So erlebte Lateinamerika die stärkste Konzentration von privatem Grundbesitz durchaus nicht während der Kolonialzeit, sondern auf dem Gipfel der imperialistischen Expansion und industriellen Revolution. Das ist der geschichtliche Hintergrund der heutigen Agrarstruktur, die fast die Hälfte der Bevölkerung Lateinamerikas (mehr als 100 Millionen Menschen) umfaßt. Die folgenden Zahlen werden das verdeutlichen.

Landverteilung in ausgewählten Staaten

Staat	Farmeinheiten in % der Gesamtzahl	Land % der Gesamtfläche
Argentinien		
kleinste Grundbesitze	43,0	3,0
größte Grundbesitze	0,8	37,0
Brasilien		
kleinste Grundbesitze	22,0	0,5
größte Grundbesitze	5,0	60,0
Chile		
kleinste Grundbesitze	37,0	0,2
größte Grundbesitze	7,0	81,0
Kolumbien		
kleinste Grundbesitze	64,0	5,0
größte Grundbesitze	1,3	50,0
Ecuador		
kleinste Grundbesitze	90,0	16,0
größte Grundbesitze	0,4	45,0
Guatemala		
kleinste Grundbesitze	88,0	14,0
größte Grundbesitze	0,1	41,0
Peru		
kleinste Grundbesitze	88,0	7,0
größte Grundbesitze	1,0	82,0

Die Zahlen beziehen sich auf den Anfang der 1960er Jahre und stammen aus offiziellen Statistiken. Die Situation hat sich inzwischen geändert in Chile, wo die sozialistische Regierung, die seit Ende 1970 herrscht, die Landreform stark beschleunigt hat, und in Peru, wo die Militärregierung seit 1969 eine drastische Landreform durchführt. Quelle: Untersuchungen über Grundbesitz und landwirtschaftliche Entwicklung, ausgeführt vom Inter-American Committee on Agricultural Development (ICAD). Vgl. *S. Barraclough* und *A. Domike,* Agrarian Structure in Seven Latin American Countries, in: *R. Stavenhagen* (Hrsg.), Agrarian Problems and Peasant Movements in Latin America, New York 1970 (Anchor).

Aus den Zahlen der Tabelle geht das Eine deutlich hervor: die Landgebiete Lateinamerikas sind geprägt von der Dichotomie zwischen wenigen Menschen mit viel Land und vielen Menschen mit wenig Land. Ebenso war die Lage in Mexiko und Bolivien vor der jeweiligen Bodenreform, und in geringerem Ausmaß in Kuba. In Ländern, deren Bevölkerung hauptsächlich von Landwirtschaft lebt, bedeutet die Monopolisierung von Land als Produktivkraft natürlich zugleich Monopolisierung von Vermögen und Einkommen sowie politischer Macht. Deshalb entwickelt sich die Wirtschaft ohne Bodenreform nicht weiter, und deshalb opponieren die herrschenden Klassen so heftig gegen sie.

In der Tabelle oben handelt es sich bei dem extrem großen Grundbesitz natürlich um die Latifundien, die Lohn- oder Hörigenarbeit brauchen, um sich zu halten. Mit dem extrem kleinen Besitz sind die Minifundien gemeint, die gewöhnlich nicht groß genug sind, um eine durchschnittliche Landfamilie zu ernähren; hier entsteht Massen-Unterbeschäftigung, und Familienangehörige müssen sich anderswo Arbeit suchen, meist auf großen Gütern in der Nachbarschaft. Die Analyse von Erträgen und Einnahmen in der Landwirtschaft (die wir hier nicht behandeln können) würde ein noch krasseres Bild der ökonomischen und sozialen Ungleichheit auf dem Lande ergeben.

Aber es handelt sich nicht nur um die Extreme: reiche Grundbesitzer einerseits, arme Landleute andererseits. Im Zuge der Entwicklung der Agrarstruktur in Lateinamerika sind bestimmte Bindungen zwischen den Extremen entstanden, so daß wir heute von einem *latifundio-minifundio*-Komplex sprechen. Die beiden Extreme sind im Grunde nur Teile eines einzigen Funktionalsystems. Der Subsistenz-Landwirt auf seiner winzigen Parzelle befindet sich nicht außerhalb des Systems, er ist ein Produkt des Systems, er gehört dazu. Er braucht die Latifundie, weil er sonst nicht genug verdienen würde, und die Latifundie wiederum braucht den Arbeitskraft-Überschuß aus dem Zwergbesitz. Minifundien schossen an den Rändern der Haciendas und zuweilen innerhalb ihrer Grenzen aus dem Boden; die Subsistenzbasis der unabhängigen Kleinbauern wird von der Monopolstellung des Großgrundbesitzes systematisch unterminiert. Freilich trifft man in Lateinamerika auch hie und da mittelgroße blühende Familienfarmen an oder auch Minifundien, die nicht direkt vom Großgrundbesitz abhängig sind. Aber in den dichter bevölkerten Gebieten, wie im Nordosten Brasiliens oder dem Andenhochland (klassische Lagen für Plantagen- bzw. Hacienda-Wirtschaft), prägt die Verbindung von Latifundie und Minifundie die agrarische Sozialstruktur. Wir müssen daraus den Schluß ziehen, daß es ein Irrtum wäre, die Minifundienwirtschaft gegenüber der modernen Produktionswirtschaft für lediglich marginal zu halten, für nicht in die Volkswirtschaft integriert, wie viele Gelehrte uns glauben machen wollen. Im Gegenteil: die Marginalität der Minifundien hat sich in der Geschichte Lateinamerikas aus der Arbeitsweise des Grundbesitzsystems ergeben.

Das Bild ist jedoch noch nicht vollständig; denn neben kleinen und großen Farmen gibt es die landlosen Arbeiter ohne jeglichen Zugang zu Grund und Boden. Sie bilden einen wichtigen und wachsenden Teil der landwirtschaftlichen Gesamtbevölkerung. Für die oben genannten Länder (außer Peru, für das keine Angaben zu beschaffen waren) macht dieses ländliche Proletariat in Argentinien 35 % der in der Landwirtschaft Beschäftigten aus; in Brasilien 60 %; in Chile 48 %; in Kolumbien 23 %; in Ecuador 35 %; in Guatemala 25 %. Diese Menschen stehen als die niedrigst bezahlten Lohnempfänger auf der untersten Sprosse der ökonomischen und sozialen Leiter. Im Vergleich mit den anderen relevanten sozialen Gruppen sind ihre Lebensbedingungen die ärmlichsten und elendesten; die offene und verhüllte Arbeitslosigkeit ist bei ihnen am größten.

Selbst die konservativsten Beobachter können die sozialen Ungerechtigkeiten dieses Systems schwerlich leugnen. Dagegen hört man häufig das Argument, daß der Großgrundbesitz durch seinen Beitrag zum Sozialprodukt gerechtfertigt werde; der größte Teil der landwirtschaftlichen Erzeugnisse komme von diesen Gütern, und nach einer Bodenreform würde die landwirtschaftliche Produktion empfindlich abnehmen. Es trifft natürlich zu, daß die Haciendas einen Großteil der Agrarprodukte liefern – schließlich haben sie das Monopol auf die meisten und besten Produktionsquellen. Aber sind große Haciendas durchschnittlich als Wirtschaftseinheiten effizient? Hier steckt das Problem. Sind sie zumindest effizienter als der kleinere Grundbesitz? Feldforschungen in verschiedenen Teilen Lateinamerikas haben gezeigt, daß die größeren Farmen im Durchschnitt ihre Mittel weniger effizient einsetzen als die kleineren. Sie haben natürlich mehr Kapital als die kleinen Subsistenz-Farmen, aber gewöhnlich einen niedrigeren Ertrag pro Hektar und Kapitaleinheit. In den Ländern, die von der ICAD-Untersuchung Anfang der sechziger Jahre erfaßt wurden, zeigte sich, daß im Durchschnitt die Latifundie faktisch nur ein Sechstel ihres kultivierbaren Bodens nutzt. Sie setzt ihre technische Kapazität und die ihr zur Verfügung stehenden Arbeitskräfte nicht voll ein. Manche vermuten bei den Großgrundbesitzern eine „traditionelle Mentalität", die sie hindert, ihre Unternehmen zu modernisieren. Ihr Verhalten wird als unbegreiflich oder nicht rational (im Weberschen Sinne) gewertet. Davon kann natürlich keine Rede sein. Grundbesitzer sind recht rational und einigermaßen effizient in dem institutionellen Rahmen, in dem sie handeln. Das bedeutet, daß sie ihre eigenen ökonomischen und sozialen Gründe haben, nicht kapitalintensiver zu wirtschaften, wenn reichlich und billig Arbeitskräfte zu haben sind, wenn sie selber das Monopol auf dem lokalen oder regionalen Grundstücksmarkt innehaben, und vor allem wenn nicht genug interne Nachfrage nach landwirtschaftlichen Erzeugnissen vorliegt, da die große Masse der Bevölkerung zu arm ist. Überdies wohnen viele *hacendados* nicht auf ihrem Besitz; sie haben andere wirtschaftliche Interessen in Handel, Industrie oder Beruf und betrachten ihr Landgut als sekundäre Beschäftigung. Dennoch zeigt die Geschichte der Landwirtschaft in Lateinamerika, daß, wo adäquate wirtschaftliche Stimuli gegeben waren, auch die „traditionellsten" Haciendas imstande gewesen sind, positiv auf die Dynamik des Marktes zu reagieren. Die „Rückständigkeit" der Latifundienwirtschaft läßt sich also nicht mit Kategorien der „traditionellen Mentalität" erklären, sondern nur von der Wirtschafts- und Gesellschaftsstruktur her.

Unter dem Großgrundbesitz in Lateinamerika gibt es natürlich viele effiziente und hochproduktive, auf den internen und externen Markt ausgerichtete kapitalistische Unternehmen. Gerade diese Farmen werden nun aber mit größter Wahrscheinlichkeit Arbeitskräfte durch Mechanisierung ausschalten und so faktisch zum Anwachsen der Arbeitslosigkeit auf dem Lande und der Massenabwanderung in die Städte beitragen. Die Landflucht hat in allen Ländern Lateinamerikas in den letzten Jahrzehnten beträchtliche Ausmaße angenommen. Die Modernisierung der Landwirtschaft auf den großen Gütern - und gewöhnlich modernisieren in erster Linie sie ihren Betrieb, nicht die kleinen Farmer – hebt den Wohlstand der Landbevölkerung nicht, sondern vertieft die Kluft zwischen Reich und Arm und beschleunigt die Marginalisierung der „ineffizienten“ Subsistenz-Farmer und der großen Masse der landlosen Arbeiter. In der Tat konzentriert sich der Modernisierungsprozeß immer stärker auf bestimmte Gebiete und in den Händen der sogenannten modernisierenden Elite, die die Gesamtproduktionszahlen wohl vermehrt, den „Dualismus“ zwischen dem rückständigen und modernen, dem unterentwickelten und entwickelten Pol der Landwirtschaft aber verschärft. Wir ziehen vor, dieses Phänomen nicht „Dualismus“, sondern „internen Kolonialismus“ zu nennen; denn es handelt sich um einen Dominierungsmechanismus in der Hand der herrschenden Klasse.

Bei dieser Lage der Dinge auf dem Lande verwundert es nicht, daß die Kleinbauern sich lange gegen die „Agrar-Oligarchie“ und die politischen Systeme gewehrt haben, von denen sie jahrhundertelang unterdrückt und ausgebeutet wurden. Die Geschichte der Bauernbewegungen in Lateinamerika muß noch geschrieben werden. Sie beginnt mit den Indianeraufständen und Sklavenrebellionen in der Kolonialzeit; deren gab es viele, von den araukanischen Kriegen in Südchile bis zu den Yaqui-Revolten in Nordmexiko. Vielleicht die wichtigste Bewegung war die von Tupac Amaru in Peru, die die spanische Suprematie dort ernstlich bedrohte. Nach der Unabhängigkeit von Spanien dauerten solche Bewegungen an, ja wurden eher tiefer und länger. Der Kastenkrieg in Yukatán, in dem die Maya-Indianer gegen die weißen Gutsbesitzer ein Patt erkämpften, schwelte noch fünfzig Jahre fort, bis nach der mexikanischen Revolution. Vor der Jahrhundertwende erhob sich in Bolivien der Indianer Zarate, den seine Feinde „den Furchterregenden“ nannten, gegen die Landbesitzer. Noch viele andere Fälle ließen sich aufzählen.

Aber gewaltsame Aufstände und Revolten waren nicht die einzige und nicht einmal die üblichste Form des Protestes der Kleinbauern gegen die alles durchdringende Atmosphäre der Bedrückung, in der sie arbeiteten und lebten. Gewiß, gegen Gewalt von oben haben sie immer mehr oder weniger mit Gewalt von unten reagiert. Aber diese hatte viele Gesichter. „Soziales Banditentum“ gab es lange Zeit überall in den rückständigen Landstrichen, und es taucht immer wieder einmal hie und da auf. Am bekanntesten sind wohl die brasilianischen *cangaceiros*. Eine andere Form solcher „primitiver Rebellion“ war der als „La Violencia“ bekannte brutale und grausame Bürgerkrieg im Hinterland von Kolumbien in den 1940er und 50er Jahren. Eine wieder andere Form des Bauernaufstands sind die chiliastischen und messianischen

Bewegungen, die in der regionalen und nationalen Politik mindestens eines lateinamerikanischen Landes, Brasilien, eine wichtige Rolle spielten.

Die bekannteste Bauernrevolution in Lateinamerika ist der Aufstand von Emiliano Zapata in Mexiko (1911–1917), und zwar hauptsächlich seines relativen Erfolges wegen: er führte eine ausgedehnte Bodenreform herbei. Kleinbauern haben auch in den Revolutionen in Bolivien (1952) und Kuba (1959) mitgemacht. Seit einigen Jahren versuchen die Kleinbauern – Leibeigene, Siedler, Kätner, Kleinparzellenbesitzer, Tagelöhner oder welchen Status auch immer sie haben – mehr und mehr, vermittels organisierterer und systematischerer Aktionsformen, die Möglichkeiten, die die bestehenden Rechtssysteme ihnen bieten, besser zu nutzen. Aber sogar die Rechte darauf, sich zu organisieren, zu wählen, zu streiken, auf faire Gerichtsverhandlung, auf politische Aktion etc. sind in einigen Ländern nicht voll durchgesetzt, und in anderen werden ihnen von den herrschenden Klassen diese Rechte, obschon es sie auf dem Papier gibt, systematisch verweigert.

So sind die Bauern gezwungen, zu anderen Mitteln zu greifen, um in den Genuß der Rechte zu kommen, welche ihnen laut Verfassung und Gesetz zustehen bzw. die sie noch nicht in demselben Maße legal besitzen oder genießen wie andere Gesellschaftsklassen. Gewaltlose Invasionen in Grundbesitz, Massenversammlungen in Landstädten, „Hungermärsche" auf Bezirks- oder Landeshauptstädte, lokale Selbstverteidigungsgruppen und Guerillakriegführung – mit diesen und vielen anderen Taktiken führen die Bauern und ihre Organisationen in Lateinamerika mehr oder weniger erfolgreich ihren uralten Kampf um Land und Menschenwürde.

Die Lösung des „Agrarproblems", auf die man meistens verweist, ist selbstverständlich Agrarreform. Darunter verstehen allerdings nicht alle Leute dasselbe. Begonnen werden muß sie jedenfalls mit einer massiven Neuverteilung von Land aus dem Besitz der Agrar-Oligarchie an die Bauern. Dies ist eine *conditio sine qua non* für die ökonomische und soziale Entwicklung der Landbevölkerung. Andere Programme, die unter dem Namen Bodenreform laufen, aber diesen grundlegenden Schritt vermeiden, wie zum Beispiel Siedlungspläne, technische Hilfe, überwachte Kredite und andere Formen der „Landwirtschafts-Modernisierung", verbessern nicht nur nicht die Lage von Millionen landhungriger Bauern, sondern festigen eher die Stellung der landbesitzenden Elite. Bloße Agrarreform, ohne daß weitere revolutionäre Reorganisationen in Wirtschaft und Gesellschaft hinzukommen, ist, wenn es hoch kommt, Notbehelf; sie kann, wie in Bolivien und Mexiko, *minifundismo* und Verelendung der Bauern noch fördern. Um die Bodenreform in Lateinamerika mit all ihren Komplikationen zu untersuchen, müßte man ein dickes Buch schreiben; hier möge die Feststellung genügen, daß das Agrarproblem nicht in Isoliertheit existiert; es ist Teil eines umfassenderen Gesellschafts- und Wirtschaftssystems. So kann eine rein „agrarische" Lösung wie die Bodenreform die Unterentwicklung Lateinamerikas nicht eigentlich beheben; denn sie äußert sich auch in anderen Sektoren der Gesellschaft.

Für die bereits erwähnte massive Abwanderung vom Lande in die Stadt in den letzten Jahrzehnten ist teilweise die oben beschriebene Agrarstruktur verantwortlich, aber auch der Bevölkerungsdruck (ganz Lateinamerika hat eine der höchsten Bevölkerungswachstumsraten der Welt, mehr als 3 % im Jahr) und der Reiz dessen, was das Stadtleben bietet: Bildungschancen, Arbeitsgelegenheit, Zeitvertreib und dergleichen. Die Landflucht verstärkt noch die traditionelle Konzentration ökonomischer und politischer Macht in wenigen urbanen Zentren, die das riesige Hinterland dominieren. Auch in diesem Ergebnis der geschichtlichen Entwicklung manifestiert sich in den lateinamerikanischen Ländern der „interne Kolonialismus". Die Haupt- und andere Großstädte haben ökonomisch und politisch ein auffallendes Gewicht. Weil städtische Ballungszentren wie Buenos Aires, Santiago, das Dreieck Sao Paulo – Rio de Janeiro – Belo Horizonte, Lima, Caracas oder Mexiko City in ihren jeweiligen Ländern so viel bedeuten, haben einige Autoren die lateinamerikanische Gesellschaft sogar als urban oder urbanisiert und nicht als traditionell ländlich aufgefaßt. Ein großer Teil der Bevölkerung (etwa 50 %, nach den neuesten Angaben) und ein noch größerer Teil des Reichtums, der Industriebetriebe, Bildungseinrichtungen und anderer öffentlicher Dienste sind in diesen urbanen Zentren zusammengeballt.

Von der Gesamtbevölkerung konzentrieren sich in der volkreichsten Stadt des Landes 46 % in Uruguay, 30 % in Argentinien, ungefähr 25 % in Chile, Costa Rica und Panama, 18 % in Kuba, Mexiko und Venezuela, 15 % in Nicaragua und Peru, 12 % in der Dominikanischen Republik und 10 % in Bolivien, El Salvador und Guatemala. Einige Zahlen liegen in Wirklichkeit viel höher, weil Verwaltungsbezirke, die eigentlich zur Metropole gehören, nicht mitgerechnet worden sind.

Städte haben in Lateinamerika seit der Kolonialzeit immer eine wichtige Rolle gespielt. Von den Eroberern als Instrumente der Kontrolle und Herrschaft gegründet, haben sie durch die Jahrhunderte ihre privilegierte Stellung bewahrt. Denn trotz des agrarischen Hintergrundes der Geschichte Lateinamerikas war die koloniale externe Abhängigkeit, auf die sich der erste Teil dieser Ausführungen bezog, auch dem Gedeihen solcher Gesellschaftsklassen förderlich, die nicht direkt mit der Landwirtschaft zu tun hatten. Als ökonomische und politische Interessengruppen handelten die agrarischen Oligarchien, wiewohl unzweifelhaft eine dominierende Klasse, auf der nationalen Bühne nicht allein. Seit der frühen Kolonialzeit vermittelte zwischen ihnen und den ausländischen Export-Import-Aktivitäten des Weltmarkts eine Klasse von Händlern, Kaufleuten und Financiers, die ihren Sitz in den Hauptstädten und Haupt-Häfen hatten, über welche der Außenhandel lief. Auch viele Großgrundbesitzer betrieben nicht nur Landwirtschaft oder Viehzucht, sondern beteiligten sich intensiv am Handel.

Durch ihre wirtschaftliche und politische Machtposition konnten diese Gruppen die Regierungspolitik beeinflussen, wenn nicht gar bestimmen; die Politik war dann darauf angelegt, ein hohes Exportniveau und eine entsprechende Importkapazität zu wahren. Zugleich bewirkte das Monopol über Besitz und Produktionsquellen eine enorme Massierung der Einkünfte und infolgedessen der Konsumkraft in den oberen Gesellschaftsschichten; die Verteidigung dieses hohen Konsumniveaus der privilegierten Minderheit machten vor der großen Depression der dreißiger Jahre viele Regierungen zu ihrem Hauptanliegen.

Noch vor dieser Krisenzeit aber bildete sich die lateinamerikanische Gesellschaft um. In der zweiten Hälfte des 19. Jahrhunderts kamen neue Gesellschaftsklassen und Interessengruppen auf. Die Entwicklung nationaler Transportnetze (vornehmlich Eisenbahnen), das Wachsen von Städten mit den dazugehörigen Dienstleistungen, der Beginn der Industrialisierung (Fleischkonservenfabriken in Argentinien und Uruguay, lokale Textilbetriebe, Lebensmittelindustrie usw.) brachten eine städtische „Mittelklasse“ (Kaufleute, freie Berufe, Angestellte, Beamte) und ein Industrieproletariat hervor. Die Einrichtung neuer Bergwerksbetriebe meist durch ausländische Gesellschaften (nach dem Niedergang der traditionellen Silberminen im Zentralhochland gewannen sie nun z. B. Kupfer in Chile, Zinn in Bolivien, Öl in Venezuela usw.) begünstigte das Anwachsen neuer Sektoren der Arbeiterklasse. Gleichzeitig verlor das traditionelle freie Handwerk, das zu der vorindustriellen

Stadt- und der Agrar-Struktur gehörte, numerisch und ökonomisch an Bedeutung. Die neuen Gruppen begannen mit den traditionellen Klassen um ökonomische Privilegien und politische Macht zu konkurrieren.

Die Auswirkungen des Ersten Weltkrieges veränderten das traditionelle Muster der Auslandsabhängigkeit. Damals, als die Industriestaaten ihre lateinamerikanischen Märkte nicht mit den Fertigwaren versorgen konnten, an die sie sich gewöhnt hatten, bemühten sich einige Länder intensiv um ihre eigene Industrialisierung. Eine zweite tiefe Transformation ergab sich aus der großen Depression der Dreißiger Jahre. Der traditionelle Export von Rohstoffen und Import von Industrieerzeugnissen (also das Modell des sogenannten „Wachstums nach außen") war endgültig erschüttert, und die lateinamerikanischen Nationen mußten sich mehr und mehr um den Aufbau nationaler Industrien kümmern. Die traditionelle Machtstruktur erschlaffte, neue Klassenbeziehungen kamen auf und verschiedene Alternativmodelle wurden lanciert. Aber einer industriellen Expansion standen die mangelnde Wettbewerbsfähigkeit inländischer Erzeugnisse mit Importgütern und das begrenzte, nur aus Landwirtschaftsexporten zu beziehende Kapital entgegen. Ziemlich häufig – so in Buenos Aires und Sao Paulo – lieferten Einwanderer ihrem neuen Heimatland das technische *know-how*, unternehmerische Fähigkeiten und sogar Betriebskapital. Die ökonomische Infrastruktur jedoch – Eisenbahnen, städtische Transportsysteme und Kraftwerke – war überwiegend im Besitz ausländischer Firmen.

Die Industrialisierung erfolgte nach der Krise der 1930er Jahre als sogenannte „Import-Substituierung". Es handelte sich primär darum, an Ort und Stelle die Konsumgüter zu produzieren, die man nicht mehr importieren konnte, weil der traditionelle Export zurückgegangen war. Dabei wuchsen inländisches Industriekapital und Industriearbeiterschaft. Zwar gilt dies allgemein als „Wachstum nach innen" im Unterschied zu dem vorhergehenden „Wachstum nach außen", aber durch die Import-Substituierung nahm die Import-Abhängigkeit (und folglich Abhängigkeit vom traditionellen Export) nicht wirklich ab als Triebkraft der Wirtschaft in Lateinamerika. Es wurde lediglich anderes importiert. Statt Fertigprodukten und Konsumgütern führte die lateinamerikanische Wirtschaft nun kapitalintensive Waren ein, die sie zur Produktion der ersteren benötigte. Aber auch hier setzte die Importkapazität der Staaten der Expansion Grenzen.

Überdies entstand ohne gründliche Transformation der Einkommensverteilung auf dem internen Markt keine zureichende Nachfrage nach den im Inland produzierten Konsumgütern, um den Prozeß voranzutreiben. (Hier sind die jüngsten Erfahrungen in Chile mit seiner sozialistischen Regierung aufschlußreich. Entgegen den Unheilsvoraussagen der Konservativen bewirkte eine verbreitete Lohnerhöhung für die Arbeiterklasse mit gleichzeitiger strikter Inkraftsetzung von Preiskontrollen starke Nachfrage nach Industrieartikeln und einen Aufschwung der einheimischen Industrie.) Ferner stützte sich die importsubstituierende Industrialisierung gewöhnlich auf kapitalintensive Technologie, die nicht genügend zusätzliche Arbeitsplätze im industriellen Sektor schuf. Faktisch hat in den letzten Jahren in der Industrie der Ertrag viel schneller zugenommen als die Beschäftigung. Ende der 1950er Jahre steckte diese Industrialisierung offensichtlich fest; der lang erhoffte Aufschwung zu Wachstum aus eigener Kraft war nicht erfolgt (außer vielleicht in Mexiko).

Die beiden eben erwähnten Stadien der Industrialisierung (das frühe, an die Exportwirtschaft gekoppelte, und das Stadium der Import-Substituierung) brachten den sogenannten modernen Sektor der lateinamerikanischen Wirtschaft hervor, der sich hauptsächlich in den großen Städten konzentrierte. Wie schon angedeutet, wuchsen durch die Landflucht die Städte ungeheuer an; dabei verlagerten sich die Arbeitsplätze spürbar aus dem primären in den tertiären Sektor: Handel, Dienstleistungen und Beamtentum absorbieren einen immer größeren Teil der im Wirtschaftsprozeß tätigen Bevölkerung.

Diese und andere Veränderungen haben die traditionelle Machtbasis des oligarchischen Staates untergraben, der sich auf die landbesitzenden und handeltreibenden Gruppen stützte. Die neuen urban orientierten Gruppen (das Industriebürgertum, das Kleinbürgertum bzw. die Mittelsektoren, das Industrieproletariat) fordern die traditionellen Machthaber immer stärker heraus, konnten sie aber in den meisten Ländern nicht verdrängen. (Mexiko und Bolivien sind wegen ihrer Agrar-Revolution Ausnahmen. In letzter Zeit durchbrechen Chile und vielleicht Peru das traditionelle Muster. Kuba hat ja mit dem kapitalistischen System ganz gebrochen.)

Der Wandel in den Beziehungen der Klassen zueinander hat wichtige Konsequenzen für den Prozeß der politischen Entwicklung. Wir können auf diesen Aspekt hier nicht eingehen. Nur so viel: der traditionelle Staat hat sich dabei wesentlich gewandelt. Das heutige System verlangt allgemein die immer stärkere Einbeziehung der Masse der Bevölkerung in die soziale und politische Gesamtstruktur der Nation. Mit anderen Worten: die nationale Gesellschaft muß ihre Herrschaft und Kontrolle auf alle Sektoren ausdehnen, sie muß regionale, lokale und sonstige partikularistische Interessen außer Kraft setzen. Damit sollen natürlich nicht die regionalen und Klassen-Unterschiede eliminiert, sondern vielmehr homogenere soziale und politische Strukturen, Verwaltungssysteme und Wirtschaftsbeziehungen generalisiert werden. So werden die in einigen indianischen Gemeinschaften noch üblichen präkapitalistischen Produktionsmethoden verschwinden müssen; der traditionelle Gemeinschaftsgrundbesitz wird abgelöst werden; lokale Sonderformen personalistischer Macht und Patron-Klient-Beziehungen werden in die rationaleren, institutionalisierten Formen politischer Kontrolle durch den zentralen Nationalstaat übergehen. Für diesen Vorgang ist es nicht unbedingt nötig, daß jede der inkorporierten Gruppen die gleiche Fähigkeit zu organisierter und bewußter Partizipation an der Bestimmung ihrer Beziehungen zum Staat und zu anderen Gruppen im gesamten Kraftfeld der Gesellschaft erwirbt. Was geschieht, ist, daß Klassenausbeutung und interne Dominierung modifiziert werden. Eine der dramatischsten Begleiterscheinungen dieser Entwicklung ist das in den letzten Jahrzehnten aufgekommene Problem „Marginalität".

Ursprünglich gebrauchte man den Terminus „marginale Populationen" zur Bezeichnung der Menschen, die in unter der Norm liegenden Behausungen, in Slums am Rande der wichtigsten Städte Lateinamerikas wohnten. Schilderungen von Rios *favelas,* Santiagos *callampas,* Limas *barriadas* und ähnlichen Phänomenen anderswo gibt es in Fülle. Bald erwies sich, daß das Problem „marginaler" Behausung nicht einfach eine Angelegenheit war, um die der Stadtplaner sich kümmern müsse, sondern mit anderen sozialen, kulturellen und ökonomischen Verhältnissen zusammenhing. Menschen in „marginalen" Vierteln galten als extrem niedrig im Lebensstandard, als nicht am Konsum beteiligt, chronisch arbeitslos oder unterbeschäftigt, als Neuzuwanderer vom Lande und nicht am politischen System partizipierend. Aber diese und ähnliche Merkmale waren nicht ausschließlich auf Stadtrand-Slumbewohner begrenzt; man entdeckte, daß sie auch auf Menschen in anderer städtischer und, wie wir oben sahen, auch in ländlicher Umgebung paßten. Andererseits haben neuerliche Untersuchungen in Stadtrand-Slums gezeigt, daß nicht alle Bewohner dieser marginalen Viertel in Beschäftigung, Einnahmen und Lebensstandard gleich sind; diese urbanen oder semiurbanen Gebiete sind trotz ihres einheitlichen Aussehens intern in recht hohem Grade geschichtet.

Wie dem auch sei, unter dem Begriff „Marginale" versteht man heute die unterste Schicht, die ärmsten und elendsten Sektoren der lateinamerikanischen Bevölkerung, diejenigen, die, wie einige Beobachter sagen, sich „außerhalb des Systems" befinden. Wenn der Begriff Marginalität mehr als nur ein Etikett sein soll, das einkommensschwachen Populationen eines bestimmten Gebietes angeklebt wird, muß er sich auf die oben skizzierten Grundzüge der Sozialstruktur beziehen lassen. So betrachtet erweist sich Marginalität oder Marginalisierung als mit der Wirtschaftsentwicklung und dem Bevölkerungswachstum des Gebietes kontinuierlich verbunden. Wir haben bereits gesehen, wie in der Agrarstruktur durch das Grundbesitzsystem und die Modernisierung der Landwirtschaft in Gang gesetzt ein solcher Prozeß läuft. Im Zuge der kapitalistischen Entwicklung in Lateinamerika ist die Masse derer gewachsen, die in die Beschäftigungsstruktur nicht systematisch integriert sind. Ähnliches geschah während der Industrialisierung in Europa und vor allem in England. Doch in Westeuropa war das Wirtschaftssystem imstande, innerhalb der allgemeinen Entwicklung über kurz oder lang die marginalen Populationen zu integrieren oder wenigstens ihr zahlenmäßiges Gewicht zu vermindern. (Man sollte nicht vergessen, daß für die Verminderung der sozialen Konsequenzen dieses Problems die europäische Auswanderung nach Übersee nicht unwichtig gewesen ist.)

Das ist anders in Lateinamerika; dafür sorgen die besonderen geschichtlichen Bedingungen, unter denen der Entwicklungs- und Industrialisierungsprozeß dort stattfindet. Insofern es immer schwieriger wird, die aufkommenden marginalen Populationen in den „natürlichen" kapitalistischen Entwicklungsprozeß einzubeziehen, ist es möglich, von „relativer Überbevölkerung" in Lateinamerika zu sprechen. Es ist aber ein Irrtum, sie der „Bevölkerungsexplosion" zur Last zu legen, wie viele das heutzutage tun. Die dynamischen Auswirkungen des rapiden Bevölkerungswachstums sollte man nicht abstreiten; aber „relative Überbevölkerung" steht in Relation zu den wichtigsten Formen sozialer und ökonomischer Organisation und zu der Beschaffenheit des Entwicklungsprozesses. Das ist der Kern des Problems.

In der großen Zeit des Industriekapitalismus im 19. Jahrhundert betrachtete Marx eine solche „Überschuß"-Bevölkerung als „industrielle Reservearmee" – d. h. sie spielte eine spezifische Rolle für das Funktionieren des Konkurrenzkapitalismus von damals. Treffen diese Kategorien auch auf die Marginalen Lateinamerikas zu? Ist ihre Rolle heute die einer industriellen Reservearmee? Es wäre verlockend, diese Frage zu bejahen, aber gewisse Vorbehalte sind angebracht.

Man hat häufig darauf hingewiesen, daß die Industrialisierung in Lateinamerika anders verläuft als in den westeuropäischen Ländern. Das liegt an dem verstärkten Einsatz von höher entwickelter, arbeitssparender Technologie, an der wirtschaftlichen Rolle der großen multinationalen Konzerne und auch an den besonderen Aspekten der oben erwähnten import-substituierenden Industrialisierung. Infolgedessen kann ein wachsender Teil der Bevölkerung nicht in den Industrialisierungsprozeß einbezogen werden. Massen ungelernter oder angelernter Arbeiter werden dadurch in wenig produktive Betätigungen im tertiären Sektor der Wirtschaft abgedrängt: in die sogenannten „marginalen" Berufe wie z. B. Straßenhändler, Dienstboten, Schuhputzer und eine Unmenge anderer Subsistenz-Aktivitäten, die man kaum „Arbeitsplatz" oder „Beschäftigung" in dem Sinne, den der Begriff im Wirtschaftssystem der Industrieländer hat, nennen kann. Klassische Arbeitslose, aus denen die „industrielle Reservearmee" besteht – Menschen, die darauf aus sind, miteinander um knappe Arbeitslöhne zu konkurrieren und die dadurch die Reallöhne niedrig halten helfen –, sind auch darunter. Jedoch ein immer größerer Teil von ihnen ist nicht nur arbeitslos, sondern auf dem Niveau der heutigen Technologie *nicht zu beschäftigen.* Dies ist der Kern des Problems der Marginalität in Lateinamerika heute[3].

Im Kontrast zu der klassischen industriellen Reservearmee hat die „marginale Masse" in Lateinamerika keine Funktion für das herrschende (kapitalistische) Wirtschaftssystem, und dadurch wird der strukturelle „Dualismus" der Gesellschaft, oder besser die intern koloniale Situation, mit aufrecht erhalten. Ganz wie die ländlichen Marginalen (die von dem Latifundiensystem ausgestoßenen und ausgebeuteten kleinen Subsistenz-Farmer und landlosen Arbeiter) bilden die urbanen marginalen Populationen freilich keine soziale Klasse im traditionellen marxistischen Sinne, aber doch einen Teil der ausgebeuteten Klassen in der Gesellschaft, gehören also zu der Masse der durch die das ökonomische und politische System kontrollierenden Gesellschaftsklassen „intern Kolonisierten".

---

[3] Vgl. *J. Nun,* Superpoblación relativa, ejército industrial de reserva y masa marginal, in: Revista latinoamericana de sociologia, No. 2, 1969.

Es ginge über den Rahmen dieser Ausführungen hinaus, detailliert zu analysieren, wie der interne Kolonialismus auf den verschiedenen Ebenen jeweils funktioniert (im ökologischen Zusammenspiel zwischen Regionen, oder zwischen verschiedenen Produktionsweisen innerhalb einer sozio-ökonomischen Gesamtstruktur, oder als Konflikt zwischen Stadt und Land, oder unter dem Mantel inter-ethnischer oder interrassischer Reibungen, und besonders im Spannungsfeld zwischen den Gesellschaftsklassen, die die „interne Metropole" bilden, einerseits und den ländlichen und urbanen marginalen Massen andererseits). Der bloße Hinweis möge genügen: unter dem Anprall der Industrialisierung und Modernisierung bilden sich neue Klassenbeziehungen heraus, und das betrifft etliche neue Gesellschaftsgruppen – die Industriebourgeoisie und ihre verschiedenen Fraktionen, die Beamtenschaft, die Technokraten, die neue Mittelklasse, die organisierten Industriearbeiter – und sogar Körperschaften wie die Kirche, das Militär und die Universitätsstudenten; sie alle sind Teil der soziopolitischen Arena. Hinter dem, was sich da herausbildet, steckt die externe Abhängigkeit der lateinamerikanischen Wirtschaft und deren internes Gegenstück, das wir internen Kolonialismus genannt haben. Jedes einzelne Element läßt sich nur verstehen auf dem Hintergrund dessen, wie das Gesamtsystem funktioniert, und das Gesamtsystem in den lateinamerikanischen Staaten ist von der Geschichte wie oben beschrieben geprägt und reicht weit über ihre nationalen oder auch kontinentalen Grenzen hinaus.

Wir haben hier hauptsächlich die Agrarstruktur und das Problem der Marginalität innerhalb des Urbanisierungs- und Industrialisierungsprozesses betont; denn von diesen beiden Aspekten her erschließt sich am deutlichsten der Prozeß der mit ökonomischem Wachstum und sozialer und politischer Modernisierung einhergehenden Unterentwicklung.

Aus unserer Analyse der Unterentwicklung Lateinamerikas ziehen wir die knappe Schlußfolgerung: wie viel technologischen *input*, wie viel massiertes Wirtschaftswachstum, wie viel „Modernisierung" auch immer man hineinsteckt, es wird Lateinamerika nicht aus der Unterentwicklung herausziehen, wenn nicht ein tiefer Strukturwandel in Gesellschaft, Wirtschaft und Politik dieser Länder hinzukommt. Technologische *inputs*, ohne gezielte Sozialpolitik eingesetzt und einer bürokratisch-technokratischen Maschinerie überlassen, werden zu Manipulationsinstrumenten. Wirtschaftswachstum als nationales Ziel, ohne Rücksicht auf dessen Verteilung und soziale Funktion, wird die Kluft zwischen Reich und Arm, zwischen den Mächtigen und den Unterdrückten vertiefen. Und „politische Modernisierung“ ohne aktives Partizipieren des Volkes, ohne Veränderung der bestehenden Machtstruktur wird neuere, vielleicht differenziertere, aber auch schärfere Formen der Dominierung schaffen. So gesehen, machen diese notwendigen Strukturveränderungen tiefgreifende soziale und politische Revolutionen erforderlich.

Conscientisacion und Humanität*

von

LEOPOLDO NIILUS

Industrialisierung und Modernisierung haben die traditionelle Machtverteilung in Lateinamerika nicht wesentlich verändert. Die Machtstruktur als ganze ist möglicherweise noch heteronomer geworden, noch stärker unter die Kontrolle äußerer ökonomischer und politischer Machtzentren geraten. Aber zu inneren Konflikten zwischen Großgrundbesitzern und der sogenannten neuen Industriellenklasse kam es nicht – aus dem einfachen Grunde, weil gewöhnlich dieselben Menschen beides in Personalunion sind.

Klassische marxistische Kategorien mechanisch auf die heutige lateinamerikanische Situation anzuwenden, ist im Grunde unmöglich und geht an der Wirklichkeit vorbei. Das Industrieproletariat ist hier sicherlich nicht die Avantgarde der Revolution, als die es Marx erschien. Ähnlich wenig überzeugend wirken sogar in Lateinamerika entstandene Revolutionstheorien, wenn sie überzogen systematisiert werden; das war der Fall bei der von Debray erarbeiteten *foco*-Theorie der Revolution[1].

Mit nichtmarxistisch-ökonomischen Kategorien läßt sich möglicherweise die wirtschaftliche Lage Lateinamerikas technisch und theoretisch

---

* Beitrag in Verbindung mit dem Referat von *R. Stavenhagen* (siehe den vorstehenden Aufsatz) bei der Sitzung der Marxismuskommission am 12. April 1970. Übersetzung aus dem Englischen und Anmerkungen von *Ilse Tödt*.

[1] *Régis Debray*, Revolution in der Revolution?, München, 2. Auflage 1967; vgl. S. 21: Für das spanische Wort *foco*, französisch *foyer*, gibt es kein direktes Äquivalent im Deutschen; etwa: Brandherd, Aktionsbasis. Es ging Debray um die Maximierung revolutionärer Effektivität überhaupt; sie schien ihm nach dem Muster der kubanischen Ereignisse (1959) allgemein erreichbar auf der Grundlage von primär militärischen, nicht politischen Guerilla-Herden *(focos)*.

korrekt erfassen; aber diese Theorien verfehlen wiederum die Wirklichkeit, indem sie die politische Dimension aussparen – die Tatsache, daß Lateinamerika ein abhängiger Kontinent ist. So bleiben sie harmlose Bekundungen guten Willens. Dieses Schicksal hatten besonders die Theorien des UNO-Entwicklungsausschusses für Lateinamerika, ECLA[2].

Das Gesicht Lateinamerikas ist heute tief gezeichnet von denen, die man manchmal die „marginalen Gruppen" nennt; zutreffender wäre die Bezeichnung „ausgebeutete Mehrheit". Massen werden aus den ländlichen Wirtschaftsstrukturen ausgestoßen und von den Städten angesogen. Die Städte aber können weder jetzt noch in Zukunft die zusätzlichen Arbeitskräfte absorbieren; so viel Beschäftigung gibt es in der Industrie nicht, schon heute sind Betriebe unzeitgemäß übertechnisiert. Folglich sind alle größeren Städte umgeben und manchmal auch durchzogen von *shanty towns*, Bretterbudenvierteln *(favelas, barriadas, villas miseria, cantegriles)*. In vielen Städten wohnen mindestens 30% der Gesamtbevölkerung dort, und in manchen, zum Beispiel in Caracas, muß man bald damit rechnen, daß mehr als die Hälfte dazugehören wird. Diese Menschen sind unintegriert und ohne Aussicht auf Integration in das Wirtschaftssystem, sofern nicht das gegenwärtige radikal verändert wird. Was Marx unter einer Arbeiter-Reservearmee verstand, sind sie also nicht. Ebensowenig berechtigt wäre es, sie als Lumpenproletariat zu bezeichnen. Denn darunter begriff Marx in der

---

[2] Economic Commission for Latin America, eine Regionalorganisation der Vereinten Nationen. Zur Richtung der dort erarbeiteten Theorien vgl. z. B. das Referat des Argentiniers *Mauricio Lopez* in dem Vorbereitungsband 2 der Genfer Weltstudienkonferenz für Kirche und Gesellschaft 1966, in: *Z. K. Matthews*, Hrsg., Responsible Government in a Revolutionary Age, New York und London 1966, S. 162: Die Ideologie des Reformismus betont die ökonomische und soziale Seite der Entwicklung stärker als die politische. Sie begünstigt die Technokratie, von der sie wirtschaftlichen Aufschwung und damit verbunden auch Ausbildungsförderung erwartet. Die Einzelstaaten sollen ihre Strukturmaßnahmen untereinander koordinieren zu einer Gesamtentwicklung ganz Lateinamerikas, vor allem auch dazu, aus der Abhängigkeit vom ökonomischen Imperialismus loszukommen. Zur Einflußnahme auf die öffentliche Meinung benutzten die Vertreter dieser Theorie die Wirtschaftskommission der UNO für Lateinamerika, ECLA. – Zur Kritik der Lateinamerikaner an der Reformismus-Ideologie vgl. auch den Bericht von *H. E. Tödt* über die Marxismus-Diskussion in der ökumenischen Bewegung, in: *U. Duchrow*, Hrsg., Marxismusstudien Sechste Folge, Tübingen 1969, S. 33: Die Ankündigung von Reformen kann als Alibi dafür dienen, nichts zu tun; um über solche Verschleierungen hinauszukommen, bedürfen auch die Christen des Marxismus (nach *Hiber Conteris*, Uruguay).

Zeit der Industrialisierung Europas eine aus den städtischen Wirtschaftsstrukturen ausgestoßene Minderheit. In Lateinamerika stammen diese Massen anderswo her; eine ganz neue Kategorie urbaner Bevölkerung entsteht und wird manchenorts sogar zur Mehrheit. Es gibt Menschen mit Initiative unter ihnen, die die herunterkommende Landwirtschaft verlassen haben, um sich in der Stadt eine neue Existenz aufzubauen.

Die Verfechter des Status quo beunruhigt das Problem der Marginalität inzwischen so stark, daß man sich offenbar über einen Sanierungsplan für den ganzen Kontinent zur Ausrottung der Slums einigen konnte. Dieser Plan sieht Polizeistaat-Maßnahmen und die Einrichtung von Ghettos vor; das Vorgehen hat eine gewisse Ähnlichkeit mit den „strategischen Dörfern“ in Südvietnam. Gewiß spielen, im Vergleich zu Vietnam, militärische Erwägungen dabei eine viel geringere Rolle, aber sie fehlen auch in Lateinamerika nie, sondern machen sich überall geltend als *counter-insurgency*-Denken – Aufruhr im Keime ersticken.

Die Lage in Lateinamerika zwingt dazu, Methoden zur Mobilisierung der Massen zu entwickeln. Es müssen einfach so viele Menschen wie irgend möglich so schnell wie möglich zu kritischem Bewußtsein und Partizipation kommen; anders lassen sich die notwendigen tiefgreifenden Veränderungen nicht zustandebringen. Denn Lateinamerika ist ein heteronomer Kontinent, und wenn sich bei einem Regierungswechsel etwas ändert, dann gewöhnlich nur die Palastwache. Würde zu gründlich verändert, dann müßte man sofort mit ausländischer Intervention rechnen. Den dominierenden Auslandsinteressen sind die Ausbeuter-Oligarchien im Lande selbst, ihre „herodianische Klasse“, unentbehrlich. In den letzten 80 Jahren gab es immerhin mehr als 100 Fälle von direkter Intervention der USA in Lateinamerika. Heute werden solche Interventionen indirekt, über abhängige *client nations,* angedroht.

In dieser klassischen Konstellation tauchen neuerdings atypische Fälle auf: Peru, Bolivien, jüngst Chile – wird hier schließlich doch geschafft, was man für eine historische Unmöglichkeit hatte halten müssen, nämlich interne Umstrukturierung von geradezu revolutionärem Ausmaß? Das versetzt die externen dominierenden Mächte offensichtlich in Aufregung. Der Rockefeller-Report über die Amerikas registriert im Kapitel „Das Kreuz und das Schwert“ mit deutlicher Nervosität zwei Entwicklungstrends: Erstens kommen die führenden Militärs nicht mehr wie früher nur aus der Oberschicht, sondern auch, und zuweilen sogar vor allem, aus der Mittelschicht und der unteren Mittelschicht. Daher neigen sie trotz Ausbildung im Ausland zu „nationalistischer" und „antiamerikanischer" Einstellung. Man könne sich also nicht mehr darauf verlassen, daß alle Offiziere sich verbürgen würden, unter allen Umständen die Interessen der USA zu unterstützen. Der zweite Grund zur Sorge ist, daß immer mehr Christen in „bester moralischer Absicht" marxistischen Gedanken zuneigen und „kommunistischen Verschwörungen" als „Werkzeuge" dienen. Ganz ähnliche Besorgnis sprach dann später aus Nixons Rede „State of the World" vom 26. Februar 1971, in der Lateinamerika allerdings nicht genannt wurde, sondern in der pauschalen Kategorie „westliche Hemisphäre" unterging.

Damit es trotz der ständigen Drohung (und Realität) militärischer Interventionen und angesichts der zunehmenden Möglichkeit einer „Vietnamisierung" Lateinamerikas überhaupt zu wirklichen Veränderungen kommen kann, ist eine weitestgehende kritische Partizipation des Volkes unbedingt erforderlich. Von kleinen radikalen Eliten kann der Strukturwandel in Lateinamerika mit der nötigen Geschwindigkeit und Wirksamkeit nicht durchgeführt werden[3], davon bliebe bei einer ausländischen militärischen Intervention nichts übrig. Mit irgendeinem Anspruch an die Elite, nicht ohne das Volk zu handeln, hat das noch gar nichts zu tun. In Lateinamerika ist die Forderung nach Partizipation des Volkes nicht bloß Ausdruck einer moralischen oder ideologischen Gesinnung, sondern schiere praktische Notwendigkeit, solange sich die gesamte weltpolitische Lage nicht einschneidend ändert.

Wir haben es also mit folgender Situation zu tun: die entscheidenden gesellschaftlichen und wirtschaftlichen Ungerechtigkeiten in Lateinamerika lassen sich nur durch rapiden, tiefgreifenden, radikalen Wandel der ökonomischen, politischen, sozialen und kulturellen Strukturen beheben; und das kann nicht und sollte auch nicht getan werden ohne die Aktivierung der Massen.

Das sehr allgemeine Ziel einer Mobilisierung der Massen zur Partizipation ist zwar leicht zu formulieren; aber wie ist es zu verwirklichen? Hier liegen die Schwierigkeiten.

[3] Noch auf der Genfer Konferenz für Kirche und Gesellschaft, am 20. Juli 1966, setzte der Kolumbianer *Orlando Fals Borda* Hoffnung für den sozialen Wandel auf die „Konterelite": intellektuelle Rebellen mit feinem Gespür für Unstimmigkeiten in den Normen und der Moral der bestehenden Gesellschaftsordnung. Vgl. auch *F. Houtart* und *E. Pin,* The Church and the Latin American Revolution, New York 1965, S. 80 und 133: die neue intellektuelle Elite könne als soziale und kulturelle Innovationsgruppe wirken.

Das Programm der *Conscientisacion* ist ein Versuch (von Paulo Freire und anderen), die nötigsten Grundlagen für einen solchen Mobilisierungsprozeß zu schaffen. An diesem Programm wird der enge Zusammenhang zwischen Bildung und Veränderung sichtbar. Bildung ist hier verstanden als Zustandekommen von kritischer Partizipation in nichtpartizipierenden Massen. Dazu ist vielerlei nötig; häufig muß man zu ganz primitiven Mitteln greifen, besonders wenn man den offiziellen „domestizierenden“ Massenmedien entgegenwirken will. Oft unterbinden auch die Erziehungseinrichtungen der USA in Lateinamerika, den Massenmedien darin durchaus ebenbürtig, eher eine kritische Partizipation; so wirkt etwa der Unterrichtsstil an Privatuniversitäten, die von den Vereinigten Staaten getragen werden.

Offenbar besitzt die Idee der Conscientisacion eine beachtliche Durchsetzungskraft; obwohl Massenmedien und andere Institutionen sie nicht aufkommen lassen wollen, manifestiert sie sich in verschiedenen Teilen der Welt gleichzeitig, zum Beispiel als Kulturrevolution in China, in der Politik Nyereres in Tanzania, in theoretischen Ausarbeitungen in Italien, in Mobilisierungsaktionen unter Schwarzen und Slum-Bewohnern in den USA, in Experimenten in Lateinamerika und weniger großen Experimenten in anderen Ländern. Die Vorsichtsmaßregeln derer an der Macht verraten ihre Befürchtungen, die Majorität könne schon anfangen mit der kritischen Reflektion.

Das Conscientisationsprogramm in seiner lateinamerikanischen Ausprägung geht auf Paulo Freire zurück[4]. Seine Grundvoraussetzungen sind:

1. Jedes Menschenleben ist ein dramatisches Leben („dramatisch“ ist im griechischen Wortsinn von der Eigeninitiative her zu verstehen).
2. Jedes Menschenleben bedarf der Ergänzung.
3. Kultur ist die menschliche Fähigkeit, Beschränkungen zu überwinden, in denen der Mensch in Wechselwirkung mit seiner Umwelt sich vorfindet (man-in-situation). Das Bewußtwerden dessen, daß bestimmte Lebensverhältnisse und Lebenshindernisse Menschenwerk und als solches überwindbar sind, ist mit Conscientisacion gemeint.

---

[4] Vgl. jetzt: *P. Freire,* Pedagogy for the Oppressed, New York 1970. Vorformen dazu gingen ein in eine institutsinterne Veröffentlichung von ISAL (Iglesia y Sociedad en America Latina) unter der Geschäftsführung von Leopoldo J. Niilus, Montevideo 1968: Contribucion al Proceso de Conscientizacion en America Latina. Dieses Material verdiene, heißt es im Vorwort, alle Aufmerksamkeit bei der Bemühung um gerechtere und humanere Strukturen.

Menschen in marginalen Gruppen halten ihr Schicksal für naturgegeben und unabänderlich; der Gedanke an Partizipation liegt ihnen fern. Deswegen muß die Conscientisacion mit folgenden Anfangsschritten einsetzen: 1. die Menschen müssen darauf kommen, über sich nachzudenken; 2. sie müssen über sich und ihre Umwelt Fragen zu stellen lernen; 3. sie dürfen sich die Antworten darauf nicht vom Erzieher liefern lassen. In Lateinamerika hat man hiermit im Zuge eines Alphabetisierungsprogramms begonnen; der Lernprozeß bezieht sich aber keineswegs nur auf die Schrift.

Seltsam Paralleles zu dem Conscientisationsprogramm kann man in Parabeln Jesu finden. Jesus spricht von konkreten Situationen, die seinen Hörern vertraut sind; dann aber fragt er unter einem Blickwinkel, an den seine Hörer nicht gedacht haben würden. Es geht nicht darum, eine Antwort von ihm entgegenzunehmen; eher noch wird die Frage durch Weiterfragen oder ein Paradox verschärft[5].

Hinter lateinamerikanischen Liberations-Trends und -Bewegungen stecken religiöse Impulse – das ist ein Faktor, den man nicht übersehen sollte. Man ist fast versucht, eine marxistische Häresie zu begehen und zu erklären, aus den Schriften von Che Guevara spräche eine „säkulare Eschatologie". Auch in dem Konzept der Mobilisierung der Massen als dem einzigen Weg in die Zukunft wirkt letzten Endes ein Bezug auf die „Heilsgeschichte".

In welchem Verhältnis steht das, was in Lateinamerika geschieht und entworfen wird, zu marxistischen Kategorien? Freilich bietet der Marxismus heute ein ähnliches Bild der Uneinheitlichkeit wie der Protestantismus. Aber gegen eine mechanische Verwendung marxistischer Doktrinen, welcher Spielart auch immer, sind Lateinamerikaner ausgesprochen

---

[5] Die Beispielerzählung vom „barmherzigen Samariter" Lukas 10, 30–37 fragt nach dem Nächsten nicht als Betreuungsobjekt, sondern als nach dem Hilfeleistenden. Die Parabel vom „gottlosen Richter" Lukas 18, 1–8 beläßt die Hörer nicht bei resignativen Betrachtungen, sondern bringt sie zum Nachdenken darüber, was nichterlahmende Initiative gegen lähmende Ungerechtigkeit ausrichten kann. Das Beispiel vom „Pharisäer und Zöllner" läßt Lukas 18, 10–14 einmünden in das Paradox vom Erniedrigen und Erhöhen. Hierzu *R. Bultmann,* Die Geschichte der synoptischen Tradition, Göttingen, 3. Auflage 1957 (u. ö.), S. 188 ff.; S. 207 f.: ein Urteil des Hörers wird so provoziert, daß er zur Reflektion über dieses sein Urteil kommt. – Ähnlich der Umgang Jesu mit seinen Gesprächspartnern im Johannesevangelium, vgl. Kapitel 3 und 4. – *Hans Dieter Bastians* Ansatz einer „Theologie der Frage", München 1969, konvergiert mit dem der Conscientisacion. Auch Bastians Anliegen ist, die Fixierung auf „ritualisierte Antwortvokabeln" zu lösen (S. 242).

kritisch. Wo sich die ideologische Starre abstreifen läßt, da nützt die marxistische Analyse einem tieferen Verständnis der lateinamerikanischen Wirklichkeit.

„Orthodoxen" Marxisten gilt die neue lateinamerikanische Interpretation des Marxismus als lästig oder gar gefährlich. Wie ließe sich anders erklären, daß, wenn ich recht unterrichtet bin, in keinem der wichtigeren sozialistischen Staaten Europas irgendeine größere Schrift von Castro oder Guevara veröffentlicht worden ist? Und welche Erklärung ließe sich dafür finden, daß in Lateinamerika häufig „offizielle" kommunistische Parteien „legal" existieren – wie prekär auch immer diese Legalität sein mag –, während zur gleichen Zeit echte Liberationsbewegungen nicht nur in Acht und Bann getan, sondern bitter und brutal verfolgt werden?

Kann Lateinamerika von einer technologischen Zukunft evolutionäre Entlastung erhoffen? Würde eine solche Zukunft nicht eben die Probleme bringen, die die „reiche Welt" heute bedrängen, wie zum Beispiel Umweltverschmutzung und Umweltzerstörung?

Erstens: Technologie, Industrialisierung und Modernisierung können zu etwas dienen und dabei entscheidend wichtig sein; sie sind Werkzeug, aber nicht selber Wert oder Ziel. Wenn kein Ziel gesetzt ist, sind auch Kriterien wie Effektivität oder Rationalität nutzlos. Mit einem Hammer kann man ebenso effektiv und rational jemandem den Schädel spalten wie Bretter für einen Unterschlupf zusammennageln. (Welcher nützlichen Verwendung ließen sich wohl gegen Menschen gerichtete Bomben oder Napalm zuführen?)

Zweitens: Die Annahme, daß das *Mittel* Technologie mit Notwendigkeit und automatisch eine kollektive Massenvernichtung durch Schwaden verseuchter Luft heraufführen würde, ist, gelinde gesagt, ein *non sequitur*.

Schließlich: Erst wenn die Nabelschnur der Heteronomie, Dominierung und Ausbeutung durchgeschnitten ist, können Technologie und Bildung in den Dienst des Lateinamerikaners, aller Lateinamerikaner, vielleicht aller Menschen gestellt werden, um humane Entwicklung wirksam zu fördern. Solange die Heteronomie andauert, macht Technologie als solche die Lage nur schlimmer oder gar unerträglich. Ohne fundamentalen Wandel geht es nicht weiter. In dieser Krise sind Programme wie das der Conscientisacion entscheidend wichtig.

Technik und Humanisierung im Blickpunkt des chinesischen Kommunismus

von

TILEMANN GRIMM

1. Vorbemerkungen

Die Begriffe Humanität und Humanisierung erscheinen, gerade wenn sie im Horizont der technisch-wissenschaftlichen Welt gedacht und verwendet werden, wie autonome Grundbegriffe der europäischen, ja, der westeuropäischen Kulturwelt[1], gleichviel ob man sie in das Spannungsfeld der Begriffe Kultur und Zivilisation hineinzieht oder nicht. Zudem scheinen sie der geschichtlichen Epoche zu entstammen, für die sie auch zum Problem geworden sind, nämlich der europäischen Neuzeit, wenn es richtig ist, daß z. B. der Humanitätsbegriff erst seit Herder[2] zum Schlagwort der gebildeten Kreise in Deutschland und dann auch darüberhinaus geworden ist.

Zu einer universelleren Besinnung auf das in solchen Begriffen Ausgesagte sind von den Gesprächen der Marxismus-Kommission über die Stellung der Weltreligionen zum Marxismus schon manche Anregungen ausgegangen[3]. Zum anderen haben einige Besinnungen auf den Standort des chinesischen Kommunismus[4], an denen der Verfasser gelegent-

[1] Der russische Begriff „gummanostj" ist offensichtlich übernommen und steht ähnlich dem deutschen Sprachgebrauch neben dem Begriff „Menschlichkeit" (tschelowetschnostj), während es dem Romanen wie dem Engländer schwerfällt, außer „humanité" (humanity) ein anderes Wort zu bilden.

[2] Im gesellschaftlichen Sinn aufgenommen und verstanden wohl erst durch die Französische Revolution.

[3] Vgl. vor allem *Heinz Becherts* Beitrag in: Marxismusstudien, Sechste Folge: „Der Buddhismus in der heutigen weltpolitischen Situation" (Tübingen 1969, S. 43–64).

[4] Vgl. *Friedrich-Christian Schroeder,* Krieg und Koexistenz im Streit zwischen Moskau und Peking, in: Marxismusstudien, Fünfte Folge, S. 164–196.

lich beteiligt gewesen ist, Anlaß gegeben, europäische und nicht-europäische Traditionen unter diesem Aspekt zu vergleichen. Wenn dem auch hier Raum gegeben werden soll, dann sieht sich der Verfasser veranlaßt, noch einige Bemerkungen zur Problematik einer solchen Besinnung zu machen.

Verteidiger maoistischer Positionen in der Frage von Revolution und Humanität neigen dazu, diese Positionen von den Marx'schen Ansätzen her zu verstehen und in Mao, hierin dem chinesischen Selbstverständnis folgend, den wahren Vertreter eines aktuellen Marxismus in der Welt zu sehen. Dies wird besonders augenfällig im Hinblick auf den behaupteten Humanisierungsprozeß, der durch die Revolution erst in Gang gesetzt und mit der chinesischen Kulturrevolution zur historischen Tatsache geworden sei[5]. Merkwürdig ist dabei das latente Mißtrauen gegen den geradezu auf den Begriff gebrachten „Sozialismus mit menschlichem Gesicht" Prager Konvenienz, das vom maoistischen Standpunkt aus verständlich ist, von einem europäischen jedoch kaum[6].

Dementsprechend werden Hinweise auf chinesische traditionelle Vorgaben zum Mao'schen Humanitätsbegriff beiseitegeschoben und die These, daß ohne deren Berücksichtigung ein volles Verständnis Maos im Grunde nicht möglich sei, als unangebrachter sinologischer Traditionalismus diffamiert. Aber gerade in der Frage des Menschenbildes erscheint eine Bezugsetzung zu Vorbildern aus den chinesischen Traditionen ganz unausweichlich. Dies läßt sich nicht nur aus einer allgemeinen Theorie des Kulturwandels herleiten[7], sondern es wird auch unterstrichen etwa durch die Tatsache, daß der Sprachgebrauch im China der Kulturrevolution und danach „chinesischer" geworden zu sein scheint in

---

[5] Vgl. *Joachim Schickel,* Revolution, selbstkritisch permanent, in: Mao Tse-tung. Der Große Strategische Plan, Edition Voltaire, Berlin 1969, S. 1–40.

[6] D. Verf. sieht demgegenüber zwischen dem Prag von 1968 und Peking mehr Verbindungen als nur die äußere einer Verdammung des sowjet-russischen machtpolitischen Eingreifens, nämlich den im Ziel einigen und nur kulturhistorisch verschieden ansetzenden Versuch einer Vermenschlichung des bürokratisierten Sozialismus.

[7] Statt der innovierenden Kräfte gilt es die zu innovierenden Strukturen zu beachten, die nicht nur hemmend, als „cultural lag" (seit Ogburn 1922), sondern gerade umgekehrt entwicklungsfördernd wirken können, wenn sie nicht sogar zur Entwicklungsentscheidung wesentlich beitragen, von der Entwicklungssoziologie bisher wenig beachtet, vgl. *R. F. Behrendt,* Soziale Strategie der Entwicklungsländer, Frankfurt a. M. 1968, dessen Akkulturationsbegriff noch zu sehr von dem Übergewicht der von außen kommenden Herausforderungskultur bestimmt ist (S. 116 ff.), und der nur en passant von der u. U. „wegbahnenden Rolle" der Religionen spricht (S. 186).

dem Sinne, daß mehr Begriffe, Bilder und Wendungen aus dem chinesischen Sprachschatz eingebracht werden, als das vor der Kulturrevolution immer der Fall gewesen ist[8].

Gleichwohl ist der Wandlungsprozeß, den die chinesische Gesellschaft durchmacht, zu offenkundig und unumkehrbar, als daß man es nötig hätte, das besonders hervorzuheben. Eine Diskussion chinesischer Denk- und Verhaltensweisen im Begriffsbereich Humanität und Humanisierung ist darum auch eingebettet in Referat und Reflexion über das durchaus aktuelle Erscheinungsbild der chinesischen Revolution, wie sie sich in und seit der Kulturrevolution der sechziger Jahre darstellt. Der Leser muß nur bereit sein, die Problemsituation eines „Marxismus in nicht-europäischer Umwelt" als solche anzuerkennen und mitzudenken. Er wird aufgefordert, Umwelt nicht nur als „Praxis der chinesischen Revolution"[9] zu begreifen, sondern darüberhinaus den anderen historischen und geistigen Horizont in den Blick zu nehmen, den die Kulturwelt Ostasiens eröffnet.

2. *Charakterisierung der chinesischen Kulturrevolution*

Um die chinesische Revolution nicht zu früh anzuhalten, um die, nach Milovan Djilas, „neue Klasse" (gleichsam das rote Mandarinat)[10] im Ansatz ihrer Bildung zu verunsichern, um die Möglichkeiten des sozialen Wandels im Prozeß der modernen Veränderungen in China für eine weitere Periode offenzuhalten – diese Ziele sind es vor allem, in denen sich die geschichtliche Rolle der chinesischen Kulturrevolution bekundete. Auf eine Formel gebracht: über ihren Nennwert hinaus wurde sie zum begreifbaren Inhalt einer permanenten (chin. „ununterbrochenen") Revolution[11]. Diese Kulturrevolution stellte zugleich einen

[8] Diese Verhältnisse sind noch zu wenig erforscht, um schon gesicherte Erkenntnisse zu ermöglichen. Die seit 1956 in Berkeley herausgegebenen „Studies in Chinese Communist Terminology" bieten schon wichtige Hinweise und wertvolle Einzelerkenntnisse.

[9] Begriff aus Mao Tse-tungs Ausgewählten Werken, passim.

[10] Titel eines Buches von *James Cameron,* Mandarin Red, deutsch in Stuttgart, Deutsche Verlags-Anstalt, o. D.

[11] Die Literatur zur Kulturrevolution ist rasch angewachsen, im deutschsprachigen Bereich etwa *K. Mehnert,* Maos zweite Revolution, Stuttgart 1966; Die Große Proletarische Kulturrevolution in China (insgesamt zehn Hefte), Peking 1967; *G. Blumer,* Die chinesische Kulturrevolution 1965/67, Frankfurt 1968; *A. Schelochowzew,* Chine-

Höhepunkt in der Kette von Umerziehungskampagnen dar, als deren wichtigste wir die „Arbeitsstil-Korrektur-Bewegung“ (Dscheng-feng yün-dung) der Jahre 1941/42[12], sodann die mehrfachen Kampagnen zur Eingliederung der Intelligenz und bürgerlicher Gruppen in die Revolution seit 1949[13], sowie die sogenannte „Hundert-Blumen-Bewegung“ d. J. 1957[14] anzusehen haben. Die drei Bewegungen gehören bestimmten Phasen der Entwicklung der chinesischen Revolution an: der Festigung des maoistischen Kaderapparates und der revolutionären Intelligenz mitten im Krieg gegen Japan die erste, dem beginnenden Aufbau nach der Machteroberung in ganz China die zweite, und den Rückwirkungen von den osteuropäischen Anti-Stalinismus-Reaktionen her die dritte der genannten Bewegungen. Sie alle bedeuteten zugleich Säuberungen in der Partei, die letzte während der Kulturrevolution durchgeführte kam ihrer Zerschlagung nahe.

Im Vordergrund und doch auch als Grundidee ist „Kultur“ tatsächlich der Gegenstand, das Objekt gewesen, also: die Künste, das Erziehungswesen und die Wissenschaften. Hier ging es wieder darum, parallel zur Parteikritik Ideologiekritik in der sich anscheinend ebenfalls von den Massen ablösenden Intelligenz zu treiben. Auf das Ganze gesehen verfolgte die mit so massiven propagandistischen Mitteln betriebene Stärkung und Verbreitung des maoistischen Gedankenguts die Absicht, Tendenzen der Abschwächung des revolutionären Bewußtseins ebenso entgegenzutreten wie solchen der gesellschaftlichen Differenzierung; Oberschicht sollte wieder in die Massen integriert, die junge Generation auf die Revolution eingeschworen werden. Die auf das Land verschickten Gruppen der Jugend haben offenbar dazu beigetragen, daß die ideologische und revolutionäre Bewußtheit in vielen Gebieten Innerchinas erneut geweckt wurde. Kritiker wie Klaus Mehnert haben

---

sische Kulturrevolution aus der Nähe, Stuttgart 1969; *Joachim Schickel,* op. cit.; und ein aus dem Französischen übersetzter Text: *Stein,* Chinesisches Tagebuch, Stuttgart 1970; außerdem verschiedene Beiträge im Rahmen der „Mitteilungen des Instituts für Asienkunde Hamburg“ und der „Berichte des Bundesinstituts für Ostwissenschaftliche und Internationale Studien Köln“.

[12] Vgl. *Brandt, Schwartz, Fairbank,* Der Kommunismus in China, München 1955, S. 278 ff.

[13] Dieser Prozeß ist vielfach beschrieben worden, knapp und präzis gedeutet hat ihn *Franz Schurmann,* Ideology and Organization in Communist China, Berkeley 1966, XLII f. Für die psychologischen Implikationen vgl. *Robert J. Lifton,* Thought Reform and the Psychology of Totalism, New York 1963.

[14] Vgl. *Roderick Mac Farquhar,* The Hundred Flowers, London 1960.

über dem als „Niederlage“ deklarierten Vorgang der Landverschickung das entwicklungssoziologisch daran Wichtige übersehen: nicht nur Propaganda, auch konkrete Hilfe in Gestalt von potentiellen und z. T. schon ausgebildeten jungen Kadern gelangte bis ins letzte Dorf[15].

3. Zur Frage von Technik und Humanisierung

Zur Problematik von Technik und Humanisierung in China hat die Kulturrevolution die bekannten Thesen Maos nur bekräftigt: die Praxis habe immer den Vorrang vor der Theorie, eine praktisch nicht erprobte Theorie bleibe Leerformel; das technische Spezialistentum könne nur dann seine Aufgaben sinnvoll wahrnehmen, wenn es ideologisch im Sinne der ununterbrochenen Revolution reanimiert bleibe; die unmittelbare Berührung mit der Arbeitswelt im Bereich der Ausbildung, besonders mit der bäuerlichen, mache durch ihren handgreiflich praktischen Charakter den möglichen Verlust an technologischem Detail wett. Diese Betonung von Praxis und Erfahrung ist grundlegend, sie entspricht einer bäuerlichen Erfahrungswelt, sie kann als materialistisch und massenverbunden bezeichnet werden, sie ist anscheinend der Kern des seit der Kulturrevolution mit vermehrtem Nachdruck hervorgehobenen „proletarischen“ Bewußtseins, ideologisches Ferment für die behauptete „Diktatur des Proletariats“ jetzt auch und vor allem in China[16].

---

[15] Aus zahlreichen Einzelhinweisen in der Presse ergibt sich, daß vor allem in den Bereichen der Erziehung und der medizinischen Versorgung eine Intensivierung der Anstrengungen „in die Breite“ seit 1968/69 zu verzeichnen ist. Die Regionalisierung der Wirtschaft führt darüberhinaus zu Produktivitätssteigerungen im lokalen Bereich, die „kaderintensiv“ sind, vgl. u. a. *Marianne Bastid,* Economic Necessity and Political Ideals in Educational Reform During the Cultural Revolution, in: The China Quarterly No. 42 (1970), S. 16 ff., und: *N. Orleans,* Evidence from Chinese Medical Journals on Current Population Policy, in: The China Quarterly No. 40 (1969), S. 137 ff. – K. Mehnert äußert sich in seinem neuesten Buch differenzierter, s. China nach dem Sturm, Stuttgart 1971, passim.

[16] Hier bietet sich ein Beispiel für den chinesischen Inhalt eines internationalen Begriffs, der unbedachte Leser der Peking-Rundschau zu einer einfachen Gleichsetzung mit den eigenen Verhältnissen verführen kann. Dieses Beispiel besagt, daß der Proletariatsbegriff ipso facto eine Veränderung in vielen Gesellschaften, besonders in der „dritten Welt“, aber auch in den Industrieländern noch durchmachen kann.

Es ist darüber der Blick für Wissenschaft und Technologie nicht verstellt worden, im Gegenteil, gerade technische und naturwissenschaftliche Institute und Fachschulen sind von den gelegentlich turbulenten Auseinandersetzungen an den Hochschulen weitgehend verschont geblieben. Mao selber soll im Dezember 1965 gesagt haben, daß Hochschulen mit geisteswissenschaftlichen Fächern reformiert werden müßten, indem man die Studenten aussenden müsse, damit sie mit Industrie, Landwirtschaft und Handel (in dieser Reihenfolge) zu tun bekämen; dagegen verhalte es sich mit den technischen und naturwissenschaftlichen Fächern anders, bei ihnen gebe es Betriebspraktika und Laboratorien, wo praktische Fabrikarbeit geleistet und experimentiert werden könne[17]. Im übrigen haben sich, wenn man den laufenden Berichten in der Volkszeitung Glauben schenken darf, sowohl in den Betrieben als auch in den technischen Verwaltungsorganen nicht unbeträchtliche Verschiebungen ergeben, deren Tendenz darauf hinauszulaufen scheint, daß eine engere praktisch-theoretische, handwerklich-technologische Zusammenarbeit zwischen technischen Spezialisten und Arbeitern zustandekommt. Solche Darstellungen pflegen den Ingenieur mit Hochschulausbildung zu diffamieren, um dann zu zeigen, wie Kritik und Selbstkritik zu einer neuen Verbundenheit von Kopf und Hand, Plan und Praxis geführt haben. Wenn man dann Erfolgsmeldungen liest, die behaupten, in dem sich neu formenden, eng auf die Produktionspraxis bezogenen System seien bessere Ergebnisse zu erzielen gewesen als vorher, so besteht bei aller Vorsicht gegenüber solchen für die Propaganda gedachten Aussagen doch kein Grund, an einer echten Verbesserung im technisch-ökonomischen Bereich zu zweifeln, wenn man an die immer noch stark inaugurative, in den Anfängen technischer Entwicklung stehende Phase des chinesischen Wirtschaftsprozesses denkt[18]. Eine Produktionssteigerung während der Jahre der Kulturrevolution ist bezeugt[19], das Auslandsgeschäft ist weitergegangen[20], der Heraustritt

[17] Nach einer zuerst in Japan und dann in Hongkong nachgedruckten Rote-Garden-Veröffentlichung, übersetzt in: *Mao Tse-tung*, Über die Revolution. Ausgewählte Schriften, hrsg. v. T. Grimm, Frankfurt a. M. 1971, S. 396.

[18] Eine einigermaßen gesicherte Abschätzung dieses Faktors ist z. Zt. noch nicht möglich. Beobachtungen und Erfahrungen aus früheren Zeiten legen jedoch den Schluß nahe, daß eine vermehrte Berücksichtigung der handwerklichen Geschicklichkeit und Tüchtigkeit des chinesischen Arbeiters auch in einem modernen Produktionsvorhaben positive Resultate erwarten läßt.

[19] Mit gewissen Schwankungen um 1967/68, vgl. *Robert M. Field,* Industrial Production in Communist China: 1957–1968, in: The China Quarterly No. 42 (1970),

aus der politischen Isolierung seit 1970 scheint auch von einem wirtschaftlich gewachsenen Selbstbewußtsein motiviert zu sein.

4. Technik und Humanisierung im Horizont der „Mao Tse-tung-Ideen" [21]

Wie weit kann eine Berücksichtigung des Persönlichkeitsbildes von Mao Tse-tung zu der hier gestellten Frage aufschlußreich sein? Dies ist wohl nur insoweit der Fall, als die chinesische Revolution von der Person Maos geprägt erscheint und durch seine Ideen bis zum Zeitpunkt der Niederschrift dieser Zeilen weiterhin bestimmt gewesen ist. Darüberhinaus darf man ein Fortwirken dieser Ideen auch über Maos Tod hinaus für wahrscheinlich halten, gerade weil sie eine eher religiös animierende und doch zugleich illuminierende Wirkung haben können, die innovatorische Impulse vermittelt und darum, als Glaube, buchstäblich „Berge versetzen kann" [22].

Maos intellektueller Werdegang gleicht dem eines über den zweiten Bildungsweg zum Studium gelangten Menschen, Arbeit auf dem väterlichen Hof und freiwilliger Dienst in der Revolutionsarmee i. J. 1912 sind ebenso Vorstufen zu seiner Lehrerausbildung in den Jahren 1913 bis 1918 wie ein früherer und gelegentlich unterbrochener Besuch der Schule [23]. Philosophie, Geschichte und klassische chinesische Philosophie waren seine Stärke, Mathematik und Sprachen lagen ihm nicht [24]. Eine pädagogische Begabung bestimmte aber die spätere Karriere als Berufsrevolutionär und Parteiführer ebenso wie ein Talent für politische und militärische Taktik. Hinzu kommt aber auch noch ein historisches Epochenbewußtsein, das vor allem auf einer tiefen Einsicht in die

---

S. 46 ff.; ferner *W. Klatt*, A Review of China's Economy in 1970, in: The China Quarterly No. 43 (1970), S. 100 ff.

[20] Ibid.

[21] Begriff nach der in Peking fixierten Form, orthographisch: Maotsetungideen, zum ersten Mal in Peking-Rundschau Sondernummer v. 28. 4. 1969 (i. Zushg. d. IX. Parteitags der KP Chinas).

[22] Dies ist nicht nur praktisch in der ländlichen Musterkommune in Dadschai in der Provinz Shansi (vgl. u. a. Peking-Rundschau Nr. 43 (1970), S. 5 ff.), sondern auch theoretisch eingeführt worden in der Parabel „Yü Gung versetzt Berge", s. *Mao Tsetung*, op. cit., S. 320.

[23] Am besten bei *Jerome Ch'en*, Mao and the Chinese Revolution, London 1965, S. 20 ff. u. 30 ff.

[24] *Ch'en*, op cit., S. 41 ff.

chinesische Geschichtsproblematik beruht. Soweit es für unsere Fragestellung nach Technik und Humanisierung von Belang ist, zeigt sein Persönlichkeitsbild im übrigen jene Distanz zu technischen Fragen und Problemen der technisch-ökonomischen Entwicklung, die für einen Revolutionsführer in einem technisch wenig entwickelten Land nicht unangemessen ist, Charisma und technisches Spezialistentum scheinen sich geradezu auszuschließen. Maos Definition von Kommunismus hätte jedenfalls niemals „Sowjetmacht plus Elektrizität" lauten können, sondern näherte sich immer der Forderung nach einer Veränderung des menschlichen Bewußtseins: „Wenn es so weit ist, daß die ganze Menschheit sich selbst und die Welt bewußt umgestaltet, dann wird die Epoche des Kommunismus in der ganzen Welt erreicht sein." [25]

Nun kommen allerdings die sehr konkreten Erfahrungen aus der chinesischen Revolution hinzu, ohne die gerade auch Maos theoretisches Werk nicht gedacht werden kann. Schon die ausgewählten Schriften aus der Anfangsperiode des Guerillakrieges („Warum kann die chinesische rote Macht bestehen?" und „Über die Berichtigung falscher Ansichten in der Partei") berühren die beiden wichtigsten Komponenten in Maos geistigem Spektrum, sein historisches Bewußtsein und sein pädagogisches Engagement. China als Halbkolonie, in welcher ausländische Einflußsphären bestehen und interne Machtauseinandersetzungen die Regel sind, die jüngste Revolutionsgeschichte, die Südchinas Bevölkerung mobilisiert hat, und die Existenz einer unabhängigen roten Armee sind die entscheidende Voraussetzung für das Bestehen der roten Macht, und erst dann wird auch die Rolle der Partei mit wenigen Zeilen angesprochen [26]. Unter den falschen Ansichten nennt Mao den rein militärischen Gesichtspunkt, extreme Demokratisierung, Mißachtung der Organisationsdisziplin, absolute Gleichmacherei, Individualismus, die Mentalität umherschweifender Rebellenhaufen und Überreste des Putschismus [27].

Im Grunde sind alle späteren Äußerungen nur noch zeitgemäße und in den Zusammenhang des internationalen Duktus gestellte Ausführungen zu dem in den frühen dreißiger Jahren bereits Gesagten. Eine Vertrautheit mit den theoretischen Schriften des Marxismus-Leninismus durch stalinistische Vermittlung gewann Mao allerdings erst nach dem „Langen Marsch" (1935), ein Hinweis auf die grundlegende Eigen-

---

[25] *Mao,* Über die Praxis, op. cit., S. 273.

[26] *Mao,* op. cit., S. 43 ff. [27] Ebd., S. 60 ff.

ständigkeit des Mao'schen Ansatzes, der einerseits auf die historische und soziale Wirklichkeit Chinas bezogen bleibt, und zum anderen die bewußtseinsverändernde Kraft von bewußter Praxis und erfahrener Theorie betont.

Zu Hilfe kommt diesem mit- und vorausdenkenden Revolutionär chinesischer Provenienz eine frühe Neigung zur Dialektik, sie ist aus Berichten ehemaliger Mitschüler bezeugt[28], sie entspricht alten chinesischen Denkmethoden[29]. Daraus ergaben sich viele der später durch die chinesische Propaganda in die Welt getragenen Thesen und Äußerungen: von dem Sieg, der in der Niederlage enthalten ist, wenn man auf der Seite des Volkes steht; von dem Vorrang der politischen Arbeit vor dem militärischen Drill; von dem nur scheinbaren Gewicht der schwersten Waffe aller Zeiten, der Atombombe, die als Papiertiger gilt; von der Überlegenheit von Flinten und Hirse gegenüber Panzern und Flugzeugen; und endlich die These von der auf lange Sicht gesehen strategischen Schwäche aller Imperialisten gegenüber ihrer zeitweiligen Stärke usw. Ein nahezu absolutes Vertrauen in den Menschen als Masse, als Volk, als bewußtes Kollektiv spricht aus diesen Thesen, die der Technik auch dort, wo sie als völkermordende Superwaffe erscheint, Geringschätzung bezeigen. Erhellend ist auch jener erst 1969 bekannt gewordene Satz, der den früheren über die relative Ungefährlichkeit eines dritten Weltkrieges modifiziert: in der Frage eines Weltkrieges gebe es nur zwei Möglichkeiten, der Krieg bringe die Revolution hervor, oder die Revolution verhindere den Krieg[30]. Auch hier wird der Krieg nicht als Grenze der Humanität gesehen, sondern als transzendierbares Stadium gerade zu deren Erreichung[31]. Trotz widerstreitender Äußerungen zu dieser These sei hier einmal die Behauptung gewagt, daß

---

[28] *Jerome Ch'en,* op. cit., vgl. Anm. 23.

[29] Es ist jedoch darauf hinzuweisen, daß im Gegensatz zu einer grundsätzlichen Harmonie der Gegensätze der altchinesischen Auffassung Mao den „Kampf der Gegensätze" betont. Zwar heißt auch seine Maxime für die Bewußtseinsbildung „Einheit-Kritik-Einheit" (zwischen gegensätzlichen Standpunkten), doch ist die jüngere Formel aus der Zeit der Kulturrevolution: „Kampf-Kritik-Veränderung (des Bewußtseins)" typischer, weil zielgerichteter, vgl. u. a. Peking-Rundschau Nr. 18 (1969), S. 24 ff.

[30] *Mao Tse-tung,* op. cit., S. 400, Satz 10.

[31] *Ernst Jünger* nennt in seinem Aufsatz „Die totale Mobilmachung" das Beispiel des Barbusse, der „den Krieg im Bauche des Krieges töten" wollte, als Typus für liberalen Zynismus; der Gedanke der Beendigung aller Kriege durch den Krieg ist also westlicher Herkunft und nicht neu, er gewinnt bei Mao nur eine andere Nuance.

Mao gerade nicht zynisch, sondern menschlich redet, wenn wir die Erfahrungen zugrundelegen, die durch den Ablauf des zweiten Weltkrieges in Ostasien, in China zumal, vermittelt wurden: in Gestalt des weiträumigen Widerstandskampfes einer Bevölkerung, die mit dem Krieg und durch ihn revolutioniert worden ist. Wir wissen, wie sehr die Vokabeln „Volk“ und „Volksmassen“ zu den Leitworten Maoscher Argumentation gehören, es drückt sich darin ein Zutrauen zur spontanen Kraft der Massen oder des Volkes aus, die die Geschichte bewegen kann[32]. Es besteht kein Grund, dieses Zutrauen nicht ernst zu nehmen.

Geht man einen Schritt weiter und fragt nach den für Revolution und Aufbau (die beide ineinandergehen) wichtigen Begriffen, so ergibt sich aus den in der Propaganda am häufigsten verwendeten Gegensatzpaaren die folgende Begriffsreihe: *Massenlinie* (vor: Individuum), *Gemeinwohl* (vor: Eigennutz), *Produktion* (vor: Markt), *Mensch* (vor: Technik), *politische Arbeit* (vor: Berufsarbeit), *Praxis* (vor: Theorie)[33]. Aus einer solchen Reihung werden die Umrisse eines maoistischen Humanitätsbegriffes erkennbar, der deutlich kollektivistisch zu verstehen ist und keineswegs individualistisch, und der sich auf ein in der Praxis erworbenes politisches Bewußtsein bezieht, dessen Rahmen zwar von einer marxistischen Grundüberzeugung gezogen wird[34], dessen Gehalt jedoch grundsätzlich offen genannt werden kann[35].

5. Der kommunistische Mensch – Ideal und Wirklichkeit

Zur Kennzeichnung des maoistischen Menschenbildes müssen über persönliche und historische Erfahrungen hinaus Gesichtspunkte gesucht werden, die das bereits Angedeutete klarer machen, das ad hoc Gefun-

[32] *Mao Tse-tung*, op. cit., S. 28 f. (im „Bericht über eine Untersuchung der Bauernbewegung in Hunan“ aus d. J. 1927, der für diesen Gedanken eine Schlüsselbedeutung hat).

[33] Das letzte Beispiel ist problematisch, weil es sich dort eher um ein gleichberechtigtes Gegensatzpaar handelt, das sich dialektisch bedingt, ergänzt und vertritt, vgl. dazu *Mao Tse-tung*, Über den Widerspruch, op. cit., S. 283 f.

[34] *Mao Tse-tung*, op. cit., S. 272 (in: „Über die Praxis“; bes. d. Satz: „Der dialektische Materialismus ist nur deswegen eine allgemeingültige Wahrheit, weil sich seinem Bereich die Praxis keines einzigen Menschen entziehen kann“, wtl. „aus seinem Bereich nicht hinausspringen kann“).

[35] Ebd.: „... ist die Praxis das Kriterium der Wahrheit“; und S. 273: „Der Marxismus-Leninismus hat die Wahrheit keineswegs ausgeschöpft, sondern bahnt der Erkenntnis der Wahrheit in der Praxis ununterbrochen neue Wege.“

dene auf Hintergründe beziehen lassen können. Bedenkt man zunächst einmal die Tragweite des wissenschaftlich-technisch-ökonomischen Bereiches in der gegenwärtigen Entwicklungsphase der Menschheit, so könnte man die bisherigen Erfahrungen Maos und der chinesischen Revolution als belanglos beiseitelegen in der Meinung, die Technik sei als Problem in China überhaupt noch nicht realisiert, und das Beharren auf dem Vorrang des Menschen vor der Technik, des politischen Bewußtseins vor der Sach- und Fachkunde sei Ausfluß einer im Grunde immer noch vor-industriellen Entwicklungsphase, etwas, das wir gerne als „Romantik" abzutun geneigt sind.

Und doch ist unübersehbar, daß eine solche Entgegensetzung nicht bloße Tugend aus Not sein kann, und auch nicht nur in einem protestierenden Sinn zu verstehen ist, als gelte es, das Recht der Armen gegen die Reichen zu behaupten, sondern daß sie aus vor-industriellem Bereich eben auch mitten in die gesellschaftliche Problematik der fortgeschrittensten Industriegesellschaften hineintrifft, je fortgeschrittener, desto nachdrücklicher. Erst aus dieser Dialektik führt ein Weg zur rechten Einschätzung der Maoschen Grundhaltung, bei der zu fragen ist, ob sie eigentlich anti-technisch sei. In den Vorstellungen nämlich, die sich mit den Begriffen „Volk", „Massen" u. a. verbinden, sind spontane Schaffenslust und materielle Produktion durchaus enthalten, es wird sogar die Produktivkraft der Massen (des „Proletariats" = „über 90 % des Volkes")[36] gegen die Vorherrschaft des Marktes als bestimmender Faktor bei der wirtschaftlichen Entwicklung herausgehoben. Auch die günstige Bewertung des technischen und naturwissenschaftlichen Studiums spricht nicht für eine der Technik feindliche Einstellung. Die Praxis der Produktion deutet nur auf eine betonte Bezugsetzung zu den Lebensbedürfnissen der Massen, zur Entwicklung vom Einfachsten zum Komplizierten, zur Bedarfsdeckung im unmittelbaren Produktionsbereich (von dem 80 % in der Landwirtschaft liegen) und, nach außen hin, in den Entwicklungsländern des afro-asiatischen Lebenskreises.

Mit anderen Worten: die Faktoren des „richtigen" Bewußtseins, der steten Einstimmung auf die „Massenlinie", eines rechten Verhaltens, das durch Einsatzfreude, Offenheit, Bescheidenheit, Gemeinschaftsbewußt-

---

[36] Diese Definition findet sich bei *Mao,* op. cit., passim, und zwar seit dem allmählichen Anwachsen der Einheitsfrontbewegung gegen Japan im Kriege, bes. in der Rede „Über die richtige Behandlung der Widersprüche im Volke", op. cit., dort auf den Begriff „Volk" bezogen, in den jüngsten Verlautbarungen jedoch mehr und mehr auf das „Proletariat".

sein, unermüdliches Lernen u. a. m. gekennzeichnet sein soll, haben den Sinn, die „Humanisierung von Natur“ erst zu ermöglichen. Der Kommunist ist hiernach ein Mensch, der die Welt meistert, weil er in ihr und aus ihr lebt, um sie in gemeinschaftlicher Aktion umzugestalten zum Wohl aller. Er ist gekennzeichnet durch seinen Willen, den Berg abzutragen, der sich zwischen ihm und seinem Ziel, nämlich die Gemeinschaft der Guten und der Gerechten zu schaffen, erhebt, und er *wird* ihn abtragen, weil er für sich, seine Mitmenschen und die Nachfahren in einem dazu entschlossen ist[37].

Ist dieser zur Entäußerung seiner selbst aufgerufene Mensch nicht in Wirklichkeit ent-menscht? Wird ihm nicht durch die Aberkennung der Rechte des Individuums, der Freiheit zumal, die Würde des Menschen genommen? Wird er durch die totale Aufhebung der Entfremdung nicht erst recht in sie hineingestoßen? Auf diese Fragen ist von chinesischen Voraussetzungen her zu antworten, und zwar nicht so, daß man von einer vorgegebenen Absenz individueller Freiheit ausgeht, sondern vielmehr so, daß die Freiheit des einzelnen niemals ohne Bezug zur Gemeinschaft gesehen werden kann. Was früher Familie, Zunft und Landsmannschaft gewährten, soll heute in der Arbeitsgruppe und in der Nachbarschaft gefunden werden: Zugehörigkeit und Sicherheit. Freiheit kann auch in dem Entschluß liegen, dieser Gemeinschaft zu dienen, Freiheit kann als Zukunftsoffenheit erlebt werden. Und so kann in einer Gemeinschaft, die sinnvoll lebt, in der Egoismus, Klassenunterschiede und unkameradschaftliche Haltung zurückgedrängt werden, in der ferner Mitarbeit wie Mitentscheidung gewährleistet sind, ein Sinn des Lebens wohl erfahren werden. Hier scheint viel weniger ein Bruch mit der Vergangenheit zu liegen als in der Dynamisierung des ganzen, welches einst eher statisch in seiner eigenen Mitte zu ruhen schien.

Der Weg dieser ganzen großen Gemeinschaft[38] ist in der Tat vorgezeichnet, er wird durch Agitation und Aktion immer wieder neu bewußt gemacht. Der vorherrschende Eindruck vor allem zu Beginn der siebziger Jahre, da sich nach einer inneren Entspannung auch eine nach außen hin anbahnt, ist nicht der einer getriebenen Menge, sondern vielmehr der eines breiten, in seinem Bett dahinströmenden Flusses. Die Technik tritt als Gefahrenhorizont nicht in Erscheinung, eher als Aben-

[37] *Mao Tse-tung*, op. cit., S. 320 f. (Yü Gung versetzt Berge).

[38] Alter chinesischer Begriff Da-tung, als konfuzianisches Ideal beschrieben im Text Li-dji (Li Gi. Das Buch der Sitte, i. d. Übersetzung v. R. Wilhelm, Düsseldorf o. D., S. 56 f.).

teuer und Sieg über die Kräfte der Natur. Sie wird dagegen als soziale Gefahr bewußt, insofern sie neue Ungleichheiten schaffen könnte, die den Weg zur neuen Gemeinschaft hemmen. Ist diese nur Utopie? Wenn sie es ist, dann doch eine solche, an deren Verwirklichung tagtäglich gearbeitet wird. In einer Gesellschaft, die Jahrtausende hinter sich hat in jederzeit nachvollziehbarer historischer Kontinuität (auch wenn zuweilen darüber geschwiegen wird), und die doch quicklebendig ist wie am ersten Tag, steckt ein Potential an Aktivität, Lerneifer und Gestaltungswillen, das diesem Willen zur Utopie zu mancher Verwirklichung verhelfen kann.

Es ist möglich, daß manches hier Gesagte zu euphemistisch klingt, daß mehr Hemmungen, mehr Schmerzen, mehr Bedrückungen unter der Oberfläche verborgen liegen, als das von außen her immer zu erkennen ist; auf der anderen Seite kann man sich dem Eindruck nicht entziehen, daß weite Teile der 750 Millionen Bevölkerung von einer Art Pionierbegeisterung erfaßt sind, die zu sonst undenkbar scheinenden Leistungen anspornen kann. Die Wirklichkeit in China ist gewiß karg, aber sie ist nicht grau, und sie scheint vor allem von einem neuen Glauben beherrscht zu sein.

6. Technik und Mensch im Licht chinesischer Traditionen

Die Frage nach der Möglichkeit einer sinnvollen Einbeziehung von Ideen und Sachverhalten aus dem Bereich der chinesischen Traditionen in die Maoismus-Diskussion wird unterschiedlich beantwortet. Es lassen sich, etwas zugespitzt, zwei Schulen unterscheiden, die sich zunächst in der Chinawissenschaft der USA gebildet haben, um dann auch in Westeuropa Einfluß zu gewinnen: die „sowjet-marxistische" und die „sinologische" Schule[39]. Die erstere erwuchs aus der Politologie der Sowjetunion und der Ostblockländer in Verbindung mit der Marxismusforschung, die letztere mehr aus Kreisen der China-Historiker[40]. Während diese verständlicherweise die chinesischen Voraussetzungen stärker betonten und dabei in die Gefahr gerieten, den durch die neu-demokrati-

[39] Die in Anführungsstriche gesetzten Begriffe sind verkürzte Formeln für komplexere Verhältnisse, auch geht der Begriff der „Schule" vielleicht schon zu weit, wo es eher um tendentielle Betonungen geht.

[40] Im ersten Fall treten Namen wie Wittfogel, A. Steiner, R. Walker u. a. ein, im letzteren J. K. Fairbank u. a.

sche und sozialistische Revolution in China bewirkten Dynamisierungsprozeß zu gering zu veranschlagen, neigte jene Schule dazu, über der „Katastrophe" des Zusammenbruchs des nationalen China die Faktoren des Bruchs mit der Tradition und der Unterwerfung unter die dominierende (immer noch stalinistisch verstandene) Sowjetideologie und den Apparat der Sowjetmacht zu stark in den Vordergrund zu rücken[41].

Eine allgemeine Überlegung über den Vorgang des Kulturwandels, der sich in aller Regel langsam vollzieht[42], kann ebenso wie eine spezielle Berücksichtigung der historischen Entwicklung Chinas etwa in den letzten hundert Jahren die vorsichtig-kritische Einbeziehung traditioneller Denkhaltungen *und* Verhaltensweisen in unsere Diskussion nahelegen.

Für unseren Zusammenhang kommen bestimmte Eigenheiten des chinesischen Meditationsbuddhismus (jap. Zen), einige Grundvorstellungen des Konfuzianismus wie auch des Taoismus in Betracht. Um zunächst von maoistischen Positionen auszugehen, wie sie vor allem während der Kulturrevolution der sechziger Jahre unseres Jahrhunderts herausgestellt worden sind, so ergeben sich im Hinblick auf den Zen-Buddhismus einige überraschende Parallelen[43]: sein antidogmatischer Charakter, der Gedanke der Veränderung der Wirklichkeit durch Erkenntnis, der Verzicht auf gelehrte Schriftexegese zugunsten einer lebendigen Weiterbildung der Lebenspraxis, die Neigung, Widersprüche durch Paradoxe zu lösen, und eine gewisse Abneigung gegen verfestigte Institutionen. Die Frage, die sich hieran knüpfen läßt, ist, welche Übereinstimmungen der Lehre Maos mit dem jungen Marx[44] sich aus dem indirekten Wirken der chinesischen Tradition erklären ließen. Die entgegengesetzte Frage, ob nicht eine Übereinstimmung mit Marx überhaupt nur eine Scheinübereinstimmung sei, ist dann nicht von der Hand

[41] Dieser Gesichtspunkt ist seit dem Ausbruch des Konflikts mit Moskau erklärlicherweise zurückgetreten vor dem einer allgemein kritischen Einstellung zum Maoismus, wodurch ungewollt ein Konsensus mit dem sowjetrussischen Chinabild zustandekommt.

[42] Vgl. Anm. 7.

[43] Das folgende nach dem Protokoll des Diskussionsbeitrages von Heinz Bechert (Göttingen).

[44] Vor allem im Hinblick auf die optimistischen Aussagen des jungen Marx zur Aufhebung der Entfremdung des Menschen und zum Eintritt in das Reich der Freiheit, sowie zur Möglichkeit der Veränderung des Objekts durch Erkenntnisveränderung.

zu weisen, wenn man das bewußte oder unbewußte Weiterwirken bestimmter Elemente der traditionellen chinesischen Kultur bei Mao, der sie, seinem Lebens- und Bildungsgang nach, gut kennt[45], als relevant unterstellt. Dennoch ist die Lösung des Problems wohl eher zwischen diesen Positionen zu suchen: ein indigener Marxismus, der als solcher ansprechbar bleibt, wenn man die Versuche, Herrschafts- und Machtverhältnisse aufzulösen, die die Technik fortlaufend neu institutionalisiert[46], ernst nimmt.

Der zweite Traditionsbereich, der hier hereingehört, ist der des Konfuzianismus. Hier liegt zwar eine elitäre Herrschaftsideologie vor, die für eine sinnvolle Ordnung der Gesellschaft und des Staates eintritt, aber sie ist so sehr Sozialethik, daß sie allein auf die Gesellschaft bezogen gedacht werden kann, aus welcher heraus übergeordnete Herrschaftsstrukturen sich erst bilden[47]. Der Mensch, zumal der Djündse, der Edle, ist dies immer nur in bezug zu anderen Menschen; das berühmte Wort, wonach der Edle auch mit sich allein die Sitte wahren solle[48], gilt nur als Mittel zur Sonderstellung und Intensivierung seiner sozialethischen Rolle. Auch der „Heilige" (chin. scheng-jen), die konfuzianische Idealfigur, ist als absolutes Vorbild gedacht, dessen Vorbildrolle sich quasi liturgisch vollziehen kann, indem sich ihr die Menschen, wie von Zauberhand berührt, fügen. Die Technik spielt hier eine durchaus untergeordnete Rolle, sie galt immer als sozial minderwertig, sie wurde als Kunstfertigkeit geschätzt und galt als ein allenfalls nützliches Handwerk. So ist der malende Künstler seiner idealen Bestimmung nach Amateur[49], und der edle Mensch läßt sich nicht zum Funktionär, zum „Gerät" machen[50].

---

[45] Der junge Mao hat eine klassische Grundausbildung erfahren, während des Studiums auch chinesische Philosophie getrieben, seinen Stil u. a. an dem des klassischen Literaten Han Yü (Anf. 9. Jh. n. Ch.) gebildet und stets die volkstümlichen alten Romane gelesen („Drei Reiche", „Räuber vom Liangschen Moor" u. a.), vgl. *J. Ch'en*, op. cit.

[46] Nach dem Diskussionsprotokoll Äußerung von Sotelo (Berlin).

[47] Die Zuständigkeit für die Menschheit im Bereich des Erdkreises (Tiän-hsia) gründete sich immer auf die Rolle im Kreis der Familie am angestammten Ort (Gu-hsiang).

[48] Vgl. Kungfutse Gespräche (Lun Yü), Düsseldorf 1955, XIII, 19 (S. 136), XIV, 45 (S. 152), XV, 4 (S. 154).

[49] Vgl. J. Levenson, The Amateur Ideal in Ming and Early Ch'ing Society – Evidence from Painting, in: Modern China and its Confucian Past, New York 1964, S. 19 ff.

[50] Vgl. Kungfutse Gespräche, op. cit. II, 12 (S. 45).

In dem Massenappell zur gemeinsamen Erschaffung der Gesellschaft der Guten und Gerechten lebt noch ein Stück Mongdse[51], wie in dem gesamten Erbe des Konfuzianismus das Ideal einer gesellschaftsimmanenten Sozialordnung steckt. Betonung des Vorbildcharakters des führenden Menschen, Bemühung vor allem um ein rechtes Verhalten in der sozialen Umwelt statt um eine bloße Rechtgläubigkeit, ferner der Glaube an die Erziehbarkeit des Menschen und eine nicht nachlassende pädagogische Geduld sind Kennzeichen ebenso der maoistischen wie der konfuzianischen Sozialethik. Innere, meist unbewußte Verbindungen zu sehen, erscheint d. Verf. nicht unangemessen, zumal dann nicht, wenn man berücksichtigt, daß die konfuzianische Lehre sich über eine lange Periode geformt und gewandelt hat in enger Anpassung an die soziobiologischen und sozio-ökonomischen Bedingungen der chinesischen Bevölkerung, die vor allem während der letzten sechs Jahrhunderte vor dem Einbruch der Moderne geschlossen unter einer zentralistischen Führung gestanden hat und dabei langsam aber durchgreifend „konfuzianisiert" worden ist. Die Lehre selbst ist zusammengebrochen, und zwar Jahrzehnte vor dem Machtantritt der chinesischen Kommunisten, eingeprägte Verhaltensmuster als Ergebnis langfristiger Wechselwirkung von Indoktrination und sozialer Reaktion dürften aber zählebig genug sein, um zu der besonderen Ausformung eines „Sino-Kommunismus" wenigstens beizutragen.

Aus dem dritten, dem taoistischen Bereich der chinesischen Traditionen ergibt sich zunächst eine verstärkte Betonung des anarchischen Prinzips der möglichst vollkommenen Selbstbescheidung als Person und als gesellschaftliche Gruppe. Die taoistische Lehre ist stellenweise zum Antipoden des Konfuzianismus geworden, insofern sie alle staatliche Ordnung als Eingriff in die an sich heile Natur deutete und daher ablehnte, wodurch es besonders diese Lehre mit ihren zahlreich ausgebildeten lokalen Kulten gewesen ist, die anti-bürokratischen Kräften und anarchistischen Rebellionen Rückhalt gegeben hat[52]. Zum anderen ergab sich aus dem Taoismus auch eine grundsätzlich antitechnische Einstellung, weil auch die Technik, parallel zu jeder sozialen Tätigkeit, zur Entfremdung des Menschen von seiner wahren Bestimmung führen

---

[51] Nach einer früheren deutschen Übertragung von R. Wilhelm, Jena 1912; sonst latinisiert Mencius genannt, vgl. J. Legge 1895, Ware 1960, Dobson 1963.

[52] Philosophisch vorgebildet etwa im Dschuangdse-Kommentar des Guo Hsiang (um 300 n. Chr.), vgl. Fung Yu-lan, A History of Chinese Philosophy Vol. II, Princeton 1953, S. 213 f.

mußte[53]. Es liegt hier kein magischer Enthaltsamkeitskult vor, obgleich der Taoismus dergleichen gekannt hat, sondern es ist das Ideal des einfachen Lebens, das hier vorwaltet. Um so interessanter ist es, daß gerade der Taoismus aufgrund seiner Gesellschaftsferne und Naturnähe zur Beschäftigung mit den Kräften der Natur aufforderte und damit, wenigstens im Ansatz, zur Naturwissenschaft geführt hat. Was es an Naturwissenschaften (weniger an Technik) im traditionellen China gegeben hat, läßt sich darum ideologisch eher auf taoistische Denker beziehen als auf andere[54]. Doch handelte es sich stets um reine Empirie und nicht um eine mathematisch kalkulierende und experimentierende Wissenschaft. An dem dazu notwendigen Rationalismus hat es in China zwar nicht gefehlt, aber er hat sich auf die philosophische Spekulation und auf die Ordnung der sozialen und politischen Welt beschränkt.

Mithin, die Technik ist in den chinesischen Traditionen nicht unbewußt geblieben, sie hat nur keinerlei Handhabungen zur Ausbildung einer technischen Intelligenz oder gar zu einer technokratischen Ideologie geboten. Daß der Mensch immer vor der Technik rangiere, ist vielmehr altes chinesisches Gemeingut. Dies widerspricht nicht dem ungewöhnlichen Fleiß und der Geschicklichkeit des chinesischen Menschen, die gepaart sind mit einem ausgeprägten Realismus. Gerade darum, scheint es, fällt es ihm leicht, alle technischen Dinge für grundsätzlich machbar zu halten und ihnen für die Sinnfrage des menschlichen Daseins keinen allzugroßen Raum zu geben.

7. Schlußbemerkungen

Zum Abschluß unserer Besinnung auf die Problematik von Technik und Humanisierung sei noch kurz auf zwei Fragen eingegangen, die sich nicht leicht von dem lösen lassen, was schon zur Sprache gekommen ist; die eine Frage ist die nach der Technik als Bedingung für alle Humanisierung[55]; die andere zielt auf die mögliche Rolle des Maoismus als chinesische Innovations- und Entwicklungsideologie.

1. In der Diskussion unseres Themas bemerkte Milan Prucha (Nancy) zur dialektischen Rolle der Technik in der Gesellschaft, daß man sie in der westlichen Welt als konstitutiv für die Freiheit ansehe, da mit der

---

[53] Ibid., S. 215 ff. [54] Ibid., S. 431 ff.

[55] Nach dem Protokoll der Sitzung der Marxismus-Kommission v. 4.–6. 10. 1970.

Rationalität des technischen Handelns ein Konsensus argumentativ erreicht werde, wobei die verschiedensten Möglichkeiten sich ausweisen ließen. Obgleich dies auch in China möglich sei, sollte man die maoistische Parole „Mensch vor Technik" nicht unbedingt als „Humanismus" klassifizieren; und eben weil sie damit nichts mehr zu tun habe, wende man sie auf die manipulierbaren Massenheere der Produktion und des militärischen Einsatzes an. Die chinesische Gegenposition dazu ist weiter oben schon angesprochen worden. Hier sei nur angemerkt, daß der gerade in der europäischen Diskussion als gefährlich dehumanisierend angesehene technologische Zwangsmechanismus in einer solchen Argumentation offenbar gar nicht mehr in Betracht kommt, wenn der konstitutiven Rolle der Technik für die Freiheit das Wort geredet wird; und in der Parole „Mensch vor Technik", die einem vor-industriellen Zustand natürlich gut entspricht, ist eben auch ein (vielleicht utopischer) Protest ausgesprochen gegen solche Zwangsmechanismen, ein Protest, der über den primitiven Widerstand gegen die Maschine doch längst schon hinausgewachsen ist. Im übrigen scheint auch ohne die Rationalität des technischen Handelns ein Argumentationszwang möglich zu sein. Und läßt sich die These von der Freiheit des Individuums als Folge eines Technisierungsprozesses noch so ohne weiteres aufrecht erhalten? Hat die Unfreiheit nicht mindestens die gleich großen Chancen der Verwirklichung? In China steht der Mensch im Mittelpunkt freilich nicht als Individuum, sondern als Gruppe, als in brüderlicher Gleichheit lebende Gemeinschaft, in welcher der einzelne den Sinn seines Daseins finden kann. Dabei ist die Auseinandersetzung mit der Gemeinschaft und das Finden der je eigenen Rolle in ihr immer auch ein individueller Vorgang, und die relative Freiheit kann sich in der möglichen und sogar verfassungsmäßig verbrieften Kritik an allen Tendenzen bekunden, die auf Ungleichheit, Ungerechtigkeit und Bürokratisierung hinauslaufen.

2. In einer noch nicht publizierten Dissertation hat A. Zingerle (Bochum)[56] die Frage untersucht, ob man den Maoismus, in einer gewissen Entsprechung zur Max Weberschen Protestantismusthese, nicht als Innovationsfaktor für die chinesische Gesellschaft verstehen kann. Er neigt einer Bejahung dieser Frage zu, indem er den radikalen Bruch mit der Vergangenheit als wichtigstes Kriterium feststellt. Die Abruptheit des Bruches wird aber gesehen am Gegensatz zu dem im Weber-

---

[56] Max Weber und China. Herrschafts- und religionssoziologische Grundlagen zum Wandel der chinesischen Gesellschaft (b. Duncker & Humblot, Berlin, Anf. 1972).

schen Konfuzianismus-Beitrag[57] fixierten „Anpassungs"-Syndrom der traditionellen chinesischen Weltsicht; dem gegenüber tritt die mögliche Kontinuität einer nach Hundertmillionen zählenden Bevölkerung zurück, für die viel weniger ein Bruch als ein Aufbruch aus unterhalb der Subsistenzgrenze gelegenen Lebensverhältnissen das entscheidende Erlebnis sein dürfte. Schließt ein solcher Aufbruch die gewohnte Anpassung an die Welt aus? Wird nicht vielmehr die in Jahrtausenden erworbene Fähigkeit dazu gerade zur Voraussetzung für das Mitgehen der Massen, d. h. für ein Gelingen des gigantischen Experiments?

Die Zingerlesche These berührt den Komplex der Technik nur indirekt, indem sie etwa Zweifel anmeldet, ob es dem voluntaristischen Impuls des Maoschen Anstoßes gelingen werde, sich über die zu erwartende Phase der „Veralltäglichung" des Modernisierungsprozesses infolge des notwendigen „Anwachsens" des Staates und der zunehmenden Organisation des Wirtschaftsprozesses hinüberzuretten. Der Zweifel ist hier nicht auszuräumen. Könnte aber von der „vollständigen Humanisierung der Gesellschaft" (Wortlaut im Text) nicht ein weitergehender Impuls ausgehen, der sein Teil zur Humanisierung der technisch-wissenschaftlichen Welt überhaupt beiträgt – eben weil auch ein altes humanistisches Erbe mitschwingt?

*

Die vorstehenden Ausführungen schließen mit einer offenen Frage. Der Verfasser sieht sich unversehens in eine Rolle gedrängt, in der sich vor mehr als 250 Jahren auch G. W. Leibniz befunden hat. Ist es möglich, daß mit dem Wiedererscheinen der politischen Präsenz Chinas in der Welt auch seine geistigen Werte, auf eine allerdings höchst unvermutete und noch nicht rein überzeugende Weise, wieder zur Geltung kommen können?

---

[57] Max Weber, Gesammelte Aufsätze zur Religionssoziologie Bd. I, Nachdr. Tübingen 1963.

Der „bürokratische Sozialismus“ und das Problem der Humanität

von

GAJO PETROVIĆ

Das Thema meines Vortrages lautet: „Der bürokratische Sozialismus“. Die Formulierung stammt nicht von mir. Den „bürokratischen Sozialismus“ betrachte ich als ein „eisernes Holz“ oder ein „rundes Quadrat“. Und doch gibt es viele, die den Ausdruck „bürokratischer Sozialismus“ als eine angemessene Bezeichnung für gewisse soziale Gebilde betrachten. Mit anderen Worten, der „bürokratische Sozialismus“ ist nicht allgemein als „rundes Quadrat“ anerkannt. So dürfen wir uns auch nicht unkritisch mit der Annahme begnügen, daß er es sei. Die Behauptung, daß der bürokratische Sozialismus ein „rundes Quadrat“ ist, soll auch begründet werden.

Was zu begründen ist, ist also die Unmöglichkeit des „bürokratischen Sozialismus“ oder die Unvereinbarkeit des „Sozialismus“ und des „Bürokratismus“. Diese These, daß Bürokratismus und Sozialismus unvereinbar sind, will ich allerdings nicht in einer absoluten Form vertreten. Nicht in allen ihren möglichen Bedeutungen sind „Sozialismus“ und „Bürokratismus“ unvereinbar, wohl aber in jener, die sie bei Karl Marx haben. Mit anderen Worten ist meine These „nur“: *Wenn* Sozialismus und Bürokratismus im Geist von Marx gedacht werden sollen, *dann* ist der bürokratische Sozialismus unmöglich. Das heißt nicht, daß in diesem Fall das Problem des Verhältnisses zwischen Sozialismus und Bürokratismus verschwindet. Vielmehr bekommt es erst dann eine große Wichtigkeit und wird äußerst „interessant“. Um ihm aber angemessen näher treten zu können, müssen wir zunächst die Vorstellung eines „bürokratischen Sozialismus“ in Frage stellen.

I

Als erste erscheint hier natürlich die Frage: *Was ist denn Sozialismus für Marx?* Zu dieser Frage habe ich mich schon mehrmals geäußert; es wäre aber unbescheiden anzunehmen, daß das alles allgemein bekannt ist. Deshalb muß ich einige Hauptthesen wiederholen, ohne sie hier ausführlich erläutern oder begründen zu wollen[1].

Der Ausdruck „Sozialismus" ist bisher für drei verschiedene Bereiche verwendet worden. Als Bezeichnung ist er benutzt worden: 1. für eine bestimmte soziale Ordnung, die als Negation des Kapitalismus entstehen sollte oder bereits entsteht; 2. für die politische Bewegung, die für die Verwirklichung des Sozialismus in diesem Sinne kämpft; 3. für die Theorie, die die Möglichkeit feststellt und die Mittel aufzeigt, um den Sozialismus im zweiten Sinne zu fördern und den Sozialismus im ersten Sinne zu erreichen.

Da das Thema „Der bürokratische Sozialismus" innerhalb des Rahmenthemas „Technik und Humanisierung in der industrialisierten und in der Dritten Welt" aufgetaucht ist, läßt sich vermuten, daß hier Sozialismus eben im ersten Sinne gemeint war, Sozialismus, soweit er eine gesellschaftliche Realität ist oder werden kann.

Was ist also – für Marx – Sozialismus als eine Gesellschaftsordnung?

In der von Stalin kanonisierten Konzeption des Marxismus, die auch von einigen nichtstalinistischen Marxisten und „Marxologen" geteilt wird, ist Sozialismus „die niedere Phase des Kommunismus", die nach der „Periode der Diktatur des Proletariats" und vor der „oberen Phase des Kommunismus" kommen soll. Nach diesem begrifflichen und terminologischen Schema haben wir die folgende Sequenz sozialer Ordnungen: 1. Kapitalismus, 2. Diktatur des Proletariats, 3. niedere Phase des Kommunismus (Sozialismus) und 4. obere Phase des Kommunismus (wahrer Kommunismus).

Ich halte dieses Schema für unmarxistisch und zugleich für verfehlt und gefährlich. Damit möchte ich keineswegs behaupten, daß es nichts

---

[1] In diesem Abschnitt fasse ich kurz die Gedanken zusammen, die vor allem in den beiden folgenden Arbeiten entwickelt worden sind: „Philosophy and Politics in Socialism", in: Praxis, Internationale Ausgabe, No. 2–3/1965, S. 221–232 (deutsch in: Wider den autoritären Marxismus, Frankfurt 1969, S. 151–166), und „Philosophy and Socialism", in: Praxis, Internationale Ausgabe, Nr. 4/1967, S. 545–555 (deutsch in: Philosophie und Revolution, rde, München 1971).

mit Marx zu tun hätte. Das Schema hat seine Wurzeln in der Marxschen „Kritik des Gothaer Programms", es wurde aber von Lenin zusammengestellt und von Stalin kanonisiert. Und es widerspricht dem Wesen des Marxschen Gedankens.

Vor allem ist es eine Negation des Marxschen Gedankens, wenn die Diktatur des Proletariats als eine eigenständige Übergangsperiode zwischen Kapitalismus und Kommunismus (bzw. Sozialismus) ausgesondert wird. Die Diktatur des Proletariats ist wirklich eine Diktatur des Proletariats nur dann, wenn sie schon die Anfangsphase des Sozialismus und Kommunismus darstellt. Wenn die Diktatur des Proletariats als eine besondere Übergangsperiode aufgefaßt wird, die weder Kapitalismus noch Sozialismus ist, dann kann sie auch als eine Periode der unbeschränkten Gewalt und des Terrors gedeutet werden. *Eine Diktatur ist aber die Diktatur des Proletariats im Marxschen Sinne nur insofern, als sie die sozialistische, d. h. humanistische Gesellschaft verwirklicht.* Wenn die Diktatur eine sozialistische (humanistische) Gesellschaft nicht verwirklicht, dann ist sie, gleichgültig, ob diejenigen, die sie ausüben, ehemalige oder jetzige Proletarier sind, keine Diktatur des Proletariats.

Wie es gefährlich ist, die Diktatur des Proletariats als eine besondere vom Sozialismus unterschiedene Periode auszusondern, so ist es auch unberechtigt, die „niedere" und die „höhere" Phase in der üblichen Weise zu unterscheiden. Die übliche Unterscheidung, nach der die wesentliche Differenz zwischen den zwei Phasen in der Distribution liegt (im Sozialismus der Arbeit gemäß und im Kommunismus den Bedürfnissen gemäß), leidet an unverbesserlichen Defekten. Ein solcher ist, daß hier die Differenzen in der Distribution als das einzige Kriterium für die Unterscheidung der Phasen im Kommunismus herangezogen werden, wobei von anderen Sphären des ökonomischen Lebens, besonders von der Produktion, abgesehen wird. Aber das Schema wäre mangelhaft, selbst dann, wenn wir das gesamte Gebiet der Ökonomie zum Kriterium nähmen. Im Sozialismus, wie Marx sich ihn vorstellt, werden die Aufsplitterung der Gesellschaft auf „Sphären" und die Vorherrschaft der ökonomischen Sphäre überwunden; so kann das Kriterium zur Unterscheidung der Phasen im Sozialismus nur ein komplexeres Prinzip sein, das den Menschen als Ganzes betrifft.

Indem ich die Auffassung kritisierte, der zufolge Sozialismus eine „niedere" und Kommunismus eine „höhere" Phase der klassenlosen Gesellschaft ist, habe ich auf einige Texte von Marx aufmerksam gemacht, die zeigen, daß er Sozialismus als eine höhere Phase (oder wenigstens eine Seite der höheren Phase) und Kommunismus als eine niedere Phase betrachtet. So finden wir in den „Ökonomisch-philosophischen Manuskripten" einen Text[2], in dem Marx den *Kommunismus* als jene Vermittlung auffaßt, durch die das Privateigentum aufgehoben wird, und das *wirkliche Leben* als die nicht länger durch diese Aufhebung vermittelte, positive Wirklichkeit des Menschen. Das Verhältnis zwischen Atheismus und Sozialismus wird dem Verhältnis zwischen Kommunismus und wirklichem Leben analog erklärt. Der *Atheismus* wird dabei als die Bestätigung des Daseins des Menschen durch die Negation des Gottes betrachtet und der *Sozialismus* als positives menschliches Bewußtsein, das nicht durch die Aufhebung der Religion vermittelt wird. Während der Kommunismus die durch die Aufhebung des Privateigentums vermittelte menschliche Gesellschaft ist, ist der Sozialismus folgerichtig ein Aspekt jener höheren Form der Gesellschaft, die unmittelbar menschlich ist.

Einige haben diese Ausführungen so verstanden, als ob es nicht wichtig wäre, das obige unmarxistische Schema umzustürzen, als ob es genügte, es terminologisch so zu korrigieren, daß die alte Unterscheidung zwischen den zwei Phasen beibehalten und lediglich die niedere „Kommunismus" und die höhere „Sozialismus" genannt wird. Es genügt aber nicht, die Terminologie zu ändern; es ist nötig, das pretentiöse Schema zu destruieren, das alle unsere Zukunft im voraus in zwei Phasen teilt, wobei, einerseits, als das Kriterium der Teilung naiv ein Prinzip gebraucht wird, das schon in der voraussehbaren und absehbaren Zukunft seinen entscheidenden Einfluß im Leben der Gesellschaft verlieren muß, und, andererseits, die Frage über das Wesen des so Geteilten überhaupt nicht gestellt wird.

Mit anderen Worten, es genügt weder, die Reihenfolge der zwei „Phasen" zu ändern, noch die Teilung in zwei Phasen einfach zu verwerfen; man muß auch die Frage zu beantworten versuchen, worin das Wesen des Kommunismus liegt. Diese Frage hat bei Marx eine ziemlich klare Antwort gefunden. Ebenfalls in den „Manuskripten"[3] hat er nämlich behauptet, daß der *Kommunismus* seinem Wesen nach das Werden des Humanismus, aber in Unterscheidung zum Atheismus, der „das Werden des theoretischen Humanismus" ist, *„das Werden des praktischen Humanismus"* darstellt. Als das Werden des Humanismus

[2] *K. Marx, F. Engels,* Werke, Ergänzungsband I, 1968, S. 546.

[3] Ebda., S. 583.

kann er sich vom Humanismus nicht wesentlich unterscheiden oder ihm widersprechen; er ist bereits Humanismus, aber ein durch Aufhebung des Privateigentums mit sich *vermittelter Humanismus.* Erst durch diese Vermittlung kann der *positive Humanismus* werden, ein Humanismus, der positiv von sich selbst beginnt. Folglich ist *der Kommunismus die „Übergangsperiode" vom Kapitalismus* (und der Klassengesellschaft überhaupt) *zum Humanismus,* aber das heißt nicht, er stünde irgendwo in der Mitte zwischen Kapitalismus und Humanismus. *Kommunismus ist in dem Ausmaße Kommunismus, in dem er Humanismus ist.*

Was bedeutet der als das Werden des Humanismus begriffene Kommunismus genauer? In einem anderen bekannten Fragment der „Manuskripte", in dem Marx detailliert über den Kommunismus und seine drei Hauptstadien schreibt, bemerkt er im Zusammenhang mit zwei Unterformen des zweiten Stadiums: „In beiden Formen weiß sich der Kommunismus schon als Reintegration oder Rückkehr des Menschen in sich, als Aufhebung der menschlichen Selbstentfremdung."[4] Damit stellt Marx das *humanistische Wesen des Kommunismus* heraus: die *Aufhebung der menschlichen Selbstentfremdung,* die Reintegration oder Rückkehr des Menschen in sich. In der Diskussion der dritten Phase erläutert er weiter, daß die Religion, die Familie, der Staat, die Moral, die Wissenschaft, die Kunst etc. lediglich spezielle Produktionsweisen sind, und daß „die positive Aufhebung des Privateigentums, als die Aneignung des menschlichen Lebens, ... daher die positive Aufhebung aller Entfremdung (ist), also die Rückkehr des Menschen aus Religion, Familie, Staat etc. in sein menschliches, d. h. gesellschaftliches Dasein (ist)"[5].

Kommunismus ist dementsprechend nicht einfach eine neue sozio-ökonomische Formation, er ist die Aufhebung des Primats der ökonomischen Sphäre und die Aneignung des menschlichen Lebens durch die Aufhebung seiner Spaltung in getrennte, nur äußerlich verbundene „Sphären".

Im Zusammenhang mit der obigen These, daß das herrschende Prinzip der Distribution nicht als das einzige Kriterium für die Unterscheidung der Hauptphasen in der humanistischen Gesellschaft dienen kann, könnte man vielleicht einwenden, daß selbst dann die Frage nach dem Prinzip oder den Prinzipien, nach denen die Distribution in der menschlichen Gesellschaft erfolgen kann und soll, weder sinnlos noch unwichtig

---

[4] Ebda., S. 536.

[5] Ebda., S. 537.

sei. Auch wenn man zugibt, daß nicht alles an der Distribution liegt, bleibt die Frage offen, ob für die Distribution in der wirklich menschlichen Gesellschaft die Arbeit, die Bedürfnisse oder ein drittes Prinzip entscheidend sein sollen.

In der „Kritik des Gothaer Programms" kritisierte Marx Lassalle heftig, der die Distribution gemäß der Arbeit als „gerecht" betrachtete. Lassalle gegenüber behaupteten Marx und Engels, daß das Prinzip der Distribution „gemäß der Arbeit" ein Prinzip des bürgerlichen Rechts sei, das den *gleichen* Maßstab auf *verschiedene Leute* anwende und so trotz einer formellen Gleichheit eine Verletzung der Gleichheit und ein Unrecht sei. Zugleich haben sie aber hervorgehoben, daß die kommunistische Gesellschaft in der ersten Phase ihrer Entwicklung nicht imstande sein werde, die Ungerechtigkeit aufzuheben, die in der Distribution der Konsumtionsmittel „gemäß Arbeit" besteht. Erst in der höheren Phase des Kommunismus könnten die Bedingungen geschaffen werden, den „engen bürgerlichen Rechtshorizont" zu überschreiten und das Prinzip der Distribution gemäß den Bedürfnissen zu verwirklichen.

Wir können dem Marxschen Gedanken zustimmen, daß in den ersten Phasen der humanistischen Gesellschaft das Prinzip der Distribution gemäß den Bedürfnissen nicht unmittelbar realisiert werden kann und daß das bürgerliche Prinzip der Distribution nach der Arbeit das vorherrschende bleiben muß. Wir müssen uns aber den Karikaturformen widersetzen, in denen der Marxsche Gedanke bei einigen „Marxisten" erscheint.

So glauben einige, daß in der ersten Phase des Kommunismus alle Distribution gemäß der geleisteten Arbeit geschehen müsse. Dieses Prinzip solle in der ersten Phase ausnahmslos streng und genau eingehalten werden, weil es das gerechteste unter den auf dieser Stufe möglichen Prinzipien sei und weil auch nur durch die konsequente Befolgung dieses Prinzips die Bedingungen für die Anwendung des Prinzips der Distribution gemäß den Bedürfnissen geschaffen werden können. Betrachten wir aber die radikale Form, die das Prinzip der Distribution gemäß der Arbeit manchmal annimmt: „wer nicht arbeitet, braucht auch nicht zu essen". Von diesem Prinzip können zwar die Arbeiter in ihrem Kampf gegen die Ausbeuter Gebrauch machen, weil aus ihm zu folgen scheint, daß die Ausbeuter, die nicht arbeiten, ihr Essen nicht verdienen. Dieses Prinzip können aber auch die Ausbeuter gegen die Arbeiter anwenden, weil aus ihm folgt, daß jeder Arbeiter, der im Moment nicht arbeitet – unabhängig davon warum, also sogar dann, wenn er ohne seine Schuld die Arbeit verloren hat – nicht essen soll. Allgemein formuliert und wörtlich verstanden ist das Prinzip „wer nicht arbeitet, braucht auch nicht zu essen" nicht nur anti-sozialistisch, sondern sogar unter der Ebene, die schon die entwickelte bürgerliche Gesellschaft verwirklichen kann.

Da das Prinzip „wer nicht arbeitet, braucht auch nicht zu essen" nur eine negative Form des Prinzips der Distribution gemäß der Arbeit ist, gilt dasselbe im Grunde auch für dieses positive Prinzip. Dieses Prinzip kann relativ „progressiv" und „human" (also auch „sozialistisch" oder „kommunistisch") sein, wenn es auf diejenigen, bei denen die notwendigen Arbeitsbedingungen (wie z. B. Arbeitsfähigkeit und Arbeitsgelegenheit) vorliegen, angewendet wird; es verwandelt sich aber in sein Gegenteil und wird anti-sozialistisch und inhuman, wenn es sich auf Alte, Kranke, Arbeitsunfähige, Schwangere, Kinder und andere, die nicht arbeiten können, bezieht. Es ist auch inhuman, wenn man es denen gegenüber anwendet, die über bio-physiologische Voraussetzungen zur Arbeit verfügen, aber ohne ihre Schuld keine Arbeitsgelegenheit finden können oder sie verloren haben. Sogar in den Anfangsphasen des Sozialismus, sogar in den schwierigsten Situationen, ist also das Prinzip der Distribution gemäß der Arbeit sozialistisch und humanistisch nur dann, wenn es von Anfang an in einem gewissen Maße mit einer bestimmten Form des Prinzips der Distribution gemäß den Bedürfnissen kombiniert wird, nämlich mit dem Prinzip, daß die *minimalen Lebensbedürfnisse eines jeden Menschen befriedigt werden müssen.* Also, schon in der beginnenden Phase des Sozialismus sollten die Distribution gemäß der Arbeit und die Distribution gemäß den Bedürfnissen kombiniert werden.

Aus allen diesen Betrachtungen folgt nicht, daß eine Revision der Marxschen Auffassung nötig wäre, der zufolge der Sozialismus sich von der Distribution gemäß der Arbeit zur Distribution gemäß den Bedürfnissen zu entwickeln habe. Es folgt aber aus ihnen, daß wir uns vor aller Vereinfachung, Verabsolutisierung und abstrakten Gegenüberstellung dieser Prinzipien hüten sollten. Vor allem müssen wir dafür sorgen, daß keines dieser beiden, wie auch kein anderes Prinzip über das *Grundprinzip des Sozialismus* gestellt wird, das aus dem Wesen des Sozialismus als einer wirklich menschlichen Gesellschaft folgt, das Prinzip, daß *die Gesellschaft in dem Ausmaß sozialistisch ist, in welchem sie die Möglichkeiten für eine freie schöpferische Entwicklung jedes einzelnen eröffnet.*

II

Die obige Auffassung des Sozialismus suggeriert auch eine bestimmte Antwort auf die Frage nach dem Verhältnis von Sozialismus und Bürokratie. *Wenn Sozialismus eine wirklich menschliche Gesellschaft ist,* von der bisherigen selbstentfremdenden Gesellschaft prinzipiell verschieden, *dann ist ein „bürokratischer Sozialismus" im Prinzip unmöglich.*

Diese These möchte ich zwar „absolut", aber doch unter gewissen „Bedingungen" vertreten. Unter „absolut" verstehe ich hier „mit Anspruch auf universelle und ausnahmslose Geltung" und unter den „Bedingungen", die doch erfüllt sein müssen, vor allem die in der These vorausgesetzte Bedeutung von „Bürokratie" und „bürokratisch". Den Marxschen Begriff des Sozialismus, wie ich ihn verstehe, habe ich im ersten Abschnitt dieser Arbeit kurz expliziert. Wie steht es aber mit „Bürokratie"?

Wie bekannt, werden die Worte „Büro", „Bürokrat", „Bürokratie", „Bürokratismus" und „bürokratisch" in der Umgangssprache wie auch in der Fachliteratur in vielen verschiedenen Bedeutungen gebraucht. Ohne alle diese Bedeutungen ausführlich analysieren oder auch nur erwähnen zu wollen, möchte ich zunächst an die wichtigsten unter ihnen erinnern und dann eine bedeutende wissenschaftliche Auffassung der Bürokratie, die von Max Weber, etwas näher betrachten, – beides nur mit der Absicht, meine eigene, von Marx stammende, Auffassung durch Abgrenzung klarzumachen.

Die Bedeutung des Wortes *„Büro"*, das ursprünglich einen „Schreib- oder Arbeitstisch" bezeichnete, wurde allmählich erweitert, so daß es zunächst für ein Zimmer, in dem ein solcher Tisch steht und benutzt wird, verwendet zu werden begann („Dienstzimmer; Geschäftszimmer" – sagt das Wörterbuch), und dann auch für ein Geschäft oder eine Institution, die ein solches Zimmer gebrauchen (z. B. „kleine Firma"), wie auch für die Leute, die in einem solchen Raum arbeiten („Gesamtheit der in einem Büro tätigen Angestellten"). Diese Bedeutungsvielfalt des Wortes „Büro", die sich so von einem Möbelstück über einen Arbeitsraum zu einem sozialen Gebilde und den es bildenden Menschen erstreckt, deutet schon den Rahmen an, innerhalb dessen die Streitigkeiten um das Problem des Bürokratismus vor sich gehen.

Die Situation wird verständlicherweise noch komplizierter, wenn zum „Büro" noch der von „kratein" abgeleitete zweite Teil hinzukommt. Zwar wird das Wort *„Bürokrat"* in den Wörterbüchern der Umgangssprache oft nur in einer Bedeutung fixiert („Buchstabenmensch, Pedant" – sagt das angesehene westdeutsche Wörterbuch der deutschen Sprache; „jmd., der in allen Dingen übergenau ist und nach dem Buchstaben handelt" – wiederholt, nur umständlicher, das führende ostdeutsche Wörterbuch); diese Fixierung entspricht aber weder den Bedeutungsmöglichkeiten des Wortes „Bürokrat" noch den faktischen Bedeutungsunterschieden, in denen das Wort in der Fachliteratur und in der Umgangssprache vorkommt.

Zunächst ist der „Bürokrat" ein Mensch, der unabhängig von seinen „subjektiven" Überzeugungen und individuellen Eigenschaften zu einer gesellschaftlichen Schicht gehört, deren „objektive" gesellschaftliche Position durch ihr Verhältnis zum „Büro" bestimmt wird; es ist aber durchaus möglich, darunter auch einen Menschen zu verstehen, der unabhängig von seiner gesellschaftlichen Funktion gewisse „Züge" in seinem individuellen Verhalten aufweist, die als bürokratisch angesehen werden. Es ist drittens auch möglich, den Namen „Bürokrat" nur für denjenigen zu reservieren, der „objektiv" als „Bürokrat" tätig ist und zugleich auch dieser Position entsprechende, „bürokratische" Züge aufweist.

Diese drei Grundauffassungen des „Bürokraten" können in vielen verschiedenen Variationen erscheinen, je nachdem, ob im „Bürokraten" der Akzent auf „Büro" oder auf „krat" gesetzt und wie jeder von diesen zwei Bestandteilen verstanden wird.

Wenn der Bürokrat als Träger einer objektiven gesellschaftlichen Funktion verstanden wird, gibt es zunächst die Möglichkeit, den Akzent auf den ersten Teil zu setzen. Der Bürokrat erscheint dann als jemand, der seine berufliche Tätigkeit in einem Büro ausübt, in einem Amt, in dem er angestellt ist. Der so als Beamter oder Angestellter aufgefaßte Bürokrat ist also einer, der weder auf dem Acker, in der Werkstatt oder in der Fabrik (wie Bauer, Handwerker oder Arbeiter) materielle Güter erzeugt, noch vom Schloß, vom Palast oder von der Villa aus (wie der König, Grundbesitzer oder Großkapitalist) herrscht und entscheidet, noch auch unabhängig vom „Arbeitsplatz" (wie ein „freischwebender" Denker oder Künstler) immer neue geistige Werte schafft, sondern in seiner Tätigkeit wesentlich an ein Büro gebunden ist. Mitunter wird zwar unter „Bürokrat" nur derjenige verstanden, der in einem staatlichen Büro sitzt; neben den staatlichen bestehen aber auch Büros in Produktionsbetrieben, Gewerkschaften, Parteien, Kirchen,

Schulen, Institutionen, Krankenhäusern, Sportvereinen usw., und es gibt keinen Grund, die in solchen Büros Angestellten aus den Reihen der „Bürokraten“ auszuschließen.

Andererseits kann der Auffassung des „Bürokraten“ als eines im Büro Sitzenden vorgeworfen werden, daß sie nur das „Büro“ und nicht auch „krateo“ zum Ausdruck bringe, daß sie den Bürokraten zum Büromenschen reduziere. Nicht jeder, der am oder im Büro sitzt, ist schon dadurch ein Bürokrat. Nicht weil er im Büro sitzt, ist ein Bürokrat Bürokrat, sondern weil er aus seinem Büro heraus herrscht. Deshalb scheint es dem Begriff des Bürokraten zu widersprechen, wenn unter „Bürokraten“ kleine oder mittlere Beamte verstanden werden, die nur sehr begrenzte Kompetenzen und wenig Macht haben, während die mit der größten Macht ausgestatteten höchsten Funktionäre nicht als Bürokraten betrachtet werden. Sind nicht diese hohen Bürokraten zugleich die echtesten?

Wenn auch die kleinen Bürokraten von den großen, die Staatsbürokraten von den Gewerkschafts-, Partei- oder Kirchenbürokraten, die deutschen Bürokraten von den französischen, die gestrigen von den heutigen verschieden sind, so haben sie doch gewisse gemeinsame oder wenigstens ähnliche („bürokratische“) Züge. Diese bürokratischen Züge können aber nicht nur bei Berufsbürokraten, sondern auch bei anderen Menschen zum Vorschein kommen. Und eben jene, die unabhängig von ihrem Beruf bürokratische Züge aufweisen, nennen wir „Bürokraten“ in der zweiten Grundbedeutung.

Die zweite Hauptbedeutung des Bürokraten ist also diejenige, nach der er nicht als Mitglied einer gesellschaftlichen Schicht, sondern als Träger „bürokratischer“ Eigenschaften aufgefaßt wird. Dabei ist zweifellos nicht ganz ausgemacht, welche Eigenschaften als „bürokratisch“ zu gelten haben. Einen „Bürokraten“ nennen wir am häufigsten jemanden, der sich ohne menschliches Verstehen, formell und äußerlich, nach Regeln und Vorschriften, also wesentlich unmenschlich zu anderen Menschen verhält. Dabei können aber verschiedene Aspekte dieses Verhaltens betont werden.

So nennen wir z. B. einen „Bürokraten“ einen Menschen, der a) ohne Phantasie routinemäßig handelt, b) die Überschreitung formeller Regeln für eine Unmöglichkeit hält, c) zwar seine minimale Pflicht, aber nicht mehr zu tun bereit ist, d) kalt und unbarmherzig gegenüber anderen ist, e) das Leben nicht sieht, weil er alles durchs Papier betrachtet, f) unelastisch und starr denkt und handelt, g) kein Risiko zu übernehmen bereit ist, h) ohne jegliche Originalität ist, i) rein rational, ohne Emotionen und Gefühle vorgeht usw., u. ä., – alles Bedeutungsnuancen, die miteinander verbunden sind und ineinander übergehen.

Wie der Begriff „Bürokrat", so ist auch der Begriff *„Bürokratie"* vieldeutig. In einer ersten Grundbedeutung bezeichnet er die Gesamtheit der Bürokraten, die soziale Schicht, die sie ausmachen, wobei alle Unterbedeutungen von „Bürokrat" im ersten Grundsinn in Betracht kommen, nicht aber der zweite Grundsinn, in dem der Bürokrat ein mit gewissen Eigenschaften ausgestatteter Mensch ist. In einem zweiten Sinn kann unter Bürokratie die Gesamtheit der den Bürokraten eigentümlichen Züge, Eigenschaften und Verhaltensweisen verstanden werden, die den Bürokraten eigene „Funktionsweise". Hier kommen alle vorher entwickelten Bedeutungen von Bürokrat in Betracht; die häufigste ist faktisch diejenige, die den Bürokraten formelle Prozeduren unter Verwendung von viel Papier, mit unnötigen kleinen Komplikationen und ohne Verständnis für die betreffenden Menschen zuschreibt. In einem dritten Sinn ist „Bürokratie" weder eine soziale Schicht noch eine Verhaltensweise, sondern die politische Herrschaftsform, in der das Büro und die Büromenschen eine entscheidende Rolle spielen (wie sie in einer Demokratie das Volk und in einer Aristokratie die Besten spielen sollten).

Mit den genannten Bedeutungen von „Bürokratie" überschneiden sich die Bedeutungen von *„Bürokratismus"*. Zwar kann der Ausdruck „Bürokratismus" nicht im ersten Sinne von „Bürokratie" (Bezeichnung einer sozialen Schicht) verwendet werden, wohl aber in den zwei anderen Bedeutungen von Bürokratie, d.h. für die bürokratische Verhaltensweise und für die politische Form, die durch die Herrschaft der Bürokratie charakterisiert wird. Daneben wird der „Bürokratismus" auch in einem „milderen" Sinn verwendet, nicht für die realisierte bürokratische Herrschaft, sondern für die Tendenz zu ihrer Entwicklung.

Entsprechend den erwähnten Bedeutungen von „Bürokrat", „Bürokratie" und „Bürokratismus", kann auch das Eigenschaftswort *„bürokratisch"* verschiedene Bedeutungen annehmen. Es kann ebenfalls für den Menschen und seine Verhaltensweisen wie auch für soziale Schichten und Gesellschaftszustände verwendet werden, wobei es etwas für den Bürokraten, die Bürokratie oder den Bürokratismus (in einer der oben genannten Bedeutungen) Charakteristisches bezeichnen kann.

Nachdem wir die Bedeutungsfülle der Worte „Büro", „Bürokrat", „Bürokratie", „Bürokratismus" und „bürokratisch" skizziert haben, möchten wir kurz die Auffassung von Max Weber betrachten, und zwar, wie gesagt, nicht, um sie eingehend zu analysieren, sondern um unsere eigene Auffassung besser klarmachen zu können.

Im 5. Kapitel seines Buches „Wirtschaft und Gesellschaft“ [6] untersucht Weber, wie es der Titel auch andeutet, „Wesen, Voraussetzungen und Entfaltung der bürokratischen Herrschaft“. Was im Titel „Entfaltung der bürokratischen Herrschaft“ genannt wird, wird im Text des Kapitels kürzer als „Bürokratisierung“ bezeichnet. Die „bürokratische Herrschaft“ wird im Text zwar nicht immer, aber doch mehrmals „Bürokratismus“ genannt (S. 564, 568, 583, 585). Die „bürokratische Herrschaft“ wird als Herrschaft der Bürokratie aufgefaßt und die Bürokratie als eine gesellschaftliche Schicht, die durch eine „spezifische Funktionsweise“ ausgezeichnet ist. Diese Schicht scheint auch „Beamtentum“ genannt zu werden, und ihre Mitglieder „Beamte“.

Die Begriffe „Beamter“, „Bürokratie“ und „Bürokratisierung“ scheinen die Schlüsselbegriffe in Webers Ausführungen darzustellen, und zwar der „Beamte“ als der Angehörige einer sozialen Schicht, die „Bürokratie“ als die Schicht der Beamten und „Bürokratisierung“ als die Entwicklung dieser Schicht zur herrschenden.

Diese Begriffe werden bei Weber genau fixiert und eingehend erläutert. Und doch ist hier eine „terminologische“ Schwierigkeit nicht zu übersehen. Warum soll die Schicht der Beamten in „Bürokratie“ umgenannt werden? Warum bleibt er nicht konsequent bei „Beamtentum“? Oder wenn der Name „Bürokratie“ angemessener ist, warum werden die Mitglieder dieser Schicht nicht „Bürokraten“, sondern „Beamte“ genannt? Vielleicht ist der „Beamte“ für Weber doch nicht dasselbe wie der „Bürokrat“ und das „Beamtentum“ nicht dasselbe wie die „Bürokratie“?

Webers Antwort auf diese Frage ist nicht ganz eindeutig. Einerseits werden die Termini „Bürokratie“ und „Beamtentum“ promiscue gebraucht (vgl. z.B. S. 559). Andererseits findet man in seinem Text Ausdrücke wie „bürokratische Beamte“ (S. 582) und „die Bürokratie und das Beamtentum überhaupt“ (S. 596), die anzudeuten scheinen, daß „Bürokratie“ nicht ganz dasselbe ist wie „Beamtentum“.

Die „spezifische Funktionsweise des modernen Beamtentums“ faßt Weber in sechs Punkte zusammen. Wenn wir diese Punkte näher be-

---

[6] Die Seitenangaben im folgenden Text beziehen sich auf *Max Weber,* Wirtschaft und Gesellschaft, 4. Aufl., Tübingen 1956.

trachten, so merken wir, daß das Alpha und das Omega der bürokratischen Funktionsweise, wie Weber sie auffaßt, feste Regeln darstellen. Der erste Punkt enthält nämlich „das Prinzip der festen, durch Regeln: Gesetze oder Verwaltungsreglements generell geordneten behördlichen *Kompetenzen*" (S. 559). Und im letzten, sechsten Punkt erfahren wir, daß die Amtsführung der Beamten „nach generellen, mehr oder minder festen und mehr oder minder erschöpfenden, erlernbaren Regeln" erfolgt (S. 560).

Indem er „die Regelgebundenheit der modernen Amtsführung" als „in ihrem Wesen begründet" betrachtet, erörtert Weber nicht die Frage nach dem Inhalt, der Herkunft und der Legitimation dieser Regeln. Offensichtlich glaubt er, daß diese Fragen für die Bestimmung des Wesens des Beamtentums belanglos seien. Unabhängig von Art und Herkunft der Regeln, die er befolgt, ist ein Beamter Beamter. Nur scheint es, daß die Regeln, die ein Beamter zu befolgen hat, nicht von ihm selbst stammen können.

Wenn das Vorgehen nach Regeln den Anfang und das Ende der Weberschen Konzeption des Beamten darstellt, so ist die *Amtshierarchie* – eine Hierarchie, in die die Beamten am Beginn ihrer Karriere an irgendeiner Stelle einspringen und innerhalb deren sie im Laufe ihrer Beamtentätigkeit wie auf einer Stufenleiter von unten nach oben klettern – ihre bestimmende Mitte. „Der Beamte ist, entsprechend der hierarchischen Ordnung der Behörden, auf eine ‚*Laufbahn*' von den unteren, minder wichtigen und minder bezahlten Stellen zu den oberen eingestellt" (S. 564).

Nach der Art und Weise, wie die Beamten in die Beamtenlaufbahn einspringen, unterscheidet Weber zwei verschiedene Typen der Beamten: den „reinen Typus des bürokratischen Beamten", der von einer übergeordneten Instanz ernannt wird, und den von den Beherrschten gewählten Beamten, der „keine rein bürokratische Figur mehr" ist (S. 562). Indem er so zwei Möglichkeiten des Anfangs der bürokratischen Karriere (die Ernennung durch den Herrn und die Wahl durch die Beherrschten) und zwei Arten von Beamten (die rein bürokratischen und die nicht rein bürokratischen) unterscheidet, behauptet Weber die Überlegenheit des ernannten Beamten vor dem gewählten. Der von einem Herrn ernannte Beamte funktioniert, Weber zufolge, „normalerweise, rein technisch betrachtet exakter, weil, unter sonst gleichen Umständen, mit größerer Wahrscheinlichkeit rein fachliche Gesichtspunkte und Qualitäten seine Auslese und seine Karriere bestimmen" (S. 562).

Die These vom Vorteil der Ernennung der Beamten gegenüber ihrer Wahl sucht Weber eingehend zu begründen. Andererseits besteht er darauf, daß die Bürokratisierung der Verwaltung ein unumkehrbarer Prozeß ist und daß sogar die Beherrschten „einen einmal bestehenden bürokratischen Herrschaftsapparat weder entbehren noch ersetzen" können (S. 578). Was die Idee der Abschaffung der Herrschaft durch die Vernichtung der Akten betrifft, so betrachtet er sie als „naiv". Dieser „naive Gedanke des Bakuninismus" vergesse, „daß unabhängig von den Akten die Eingestelltheit der *Menschen* auf die Innehaltung der gewohnten Normen und Reglements fortbesteht" (S. 578).

Wenn also die „Herrschaft" unausweichlich ist und die Beamten in Herrschaftsverhältnissen eine Rolle zu spielen haben, entsteht natürlich die Frage, ob die Beamten selbst als Herrscher, als Beherrschte oder als ein neutrales „Instrument" der Herrschaft zu betrachten sind. Webers Antwort auf diese Frage ist wiederum etwas „schwankend".

Zunächst scheint es, als ob das Beamtentum nur als ein neutrales Mittel zu betrachten wäre. So behauptet Weber, daß der bestehende Beamtenapparat „sich sehr leicht bereit findet, für jeden zu arbeiten, der sich der Herrschaft über ihn einmal zu bemächtigen gewußt hat" (S. 578). Noch direkter wird die These von der instrumentellen Rolle der Bürokratie im folgenden Satz ausgedrückt: „Und auch in dieser Hinsicht ist zu bedenken, daß die Bürokratie, rein an sich, ein Präzisionsinstrument ist, welches sehr verschiedenen anderen Herrschaftsinteressen sich zur Verfügung stellen kann" (S. 579).

Nachdem er so die Bürokratie zum Instrument degradiert hat, ändert Weber auf einmal den Ton und warnt davor, in der Bürokratie lediglich ein Machtmittel zu sehen: „Die Tatsache, daß die bürokratische Organisation das technisch höchstentwickelte Macht*mittel* in der Hand dessen ist, der über sie verfügt, besagt noch nichts darüber: welchen Nachdruck die Bürokratie als solche ihren Auffassungen innerhalb des betreffenden sozialen Gebildes zu verschaffen vermag" (S. 580). Und einige Zeilen weiter finden wir schon die Behauptung, daß die Machtstellung der entwickelten Bürokratie eine „sehr große", ja sogar eine „überragende" ist[7]. Nachdem er eingehend beschrieben hat, auf welche Weise

[7] „Stets ist die Machtstellung der vollentwickelten Bürokratie eine sehr große, unter normalen Verhältnissen eine überragende. Einerlei, ob der ‚Herr', dem sie dient, ein mit der Waffe der ‚Gesetzesinitiative', des ‚Referendums' und der Beamtenabsetzung ausgerüstetes ‚Volk', ein mit dem Recht oder der faktischen Maßgeblichkeit des ‚Mißtrauensvotums' ausgerüstetes, auf mehr aristokratischer oder mehr ‚demo-

die Bürokratie dank ihrer Sachkenntnis ihre faktische Macht gegenüber dem Parlament wie auch gegenüber dem Monarchen zu sichern weiß, und nachdem er als eine Ausnahme die Unterlegenheit der Sachkenntnis der Bürokratie gegenüber der „Sachkenntnis der *privat*wirtschaftlichen Interessenten auf dem Gebiet der ‚Wirtschaft‘“ zugestanden hat (S. 582), schildert Weber im einzelnen, wie der Herrscher, der zunehmend „Dilettant“ wird, sich „der steigenden Übermacht des Fachwissens zu erwehren und ihm gegenüber in seiner Herrenstellung zu behaupten trachtet“ (S. 582).

Ohne auf alle diese Einzelheiten einzugehen, können wir feststellen: Das Beamtentum oder die Bürokratie, was für ihn im Grunde dasselbe ist, versteht Weber als eine soziale Schicht, die der herrschenden Macht als Mittel dient. Ihre Mitglieder, die Beamten, werden vom Herrscher ausgewählt und ernannt und von ihm mit gewissen Aufgaben betraut, die sie gemäß den vom Herrscher vorgeschriebenen Regeln zu lösen haben. Es besteht aber im Beamtentum eine Tendenz, sich aus einem Mittel der Herrschaft in den Herrscher zu verwandeln, und diese Tendenz kann sich auch im hohen Maße realisieren.

Wenn wir den Gedankengang von Weber weiterführen wollen, dann müssen wir uns fragen, ob wir nicht diese beiden grundsätzlich verschiedenen Sachen, nämlich das Beamtentum, das als Mittel der Herrschaft dem Herrn dient, und das Beamtentum, das sich selbst zur Herrschaft erhoben hat, begrifflich und terminologisch unterscheiden sollten.

Wenn der Beamte ein mit einem öffentlichen Amt Betrauter ist und das Amt ein „fester, dauernder Aufgabenkreis im Dienste anderer“ (Wahrig), ist es dann nicht berechtigt, den Namen „Beamtentum“ ausschließlich für die Schicht der Beamten zu reservieren, insoweit sie eine nicht herrschende Schicht, ein Mittel oder ein Instrument der wirklichen Machthaber darstellt? Und ist es dann nicht ebenso berechtigt, den Namen „Bürokratie“ für die Schicht der Büroleute nur insofern zu reservieren, als sie eine herrschende Schicht geworden sind?

kratischer‘ Basis gewähltes Parlament oder rein rechtlich oder faktisch sich selbst ergänzendes aristokratisches Kollegium oder ein vom Volk gewählter Präsident oder ein erblicher ‚absoluter‘ oder ‚konstitutioneller‘ Monarch ist, – stets befindet er sich den im Betrieb der Verwaltung stehenden geschulten Beamten gegenüber in der Lage des ‚Dilettanten‘ gegenüber dem ‚Fachmann‘. Diese Überlegenheit des berufsmäßig Wissenden sucht jede Bürokratie noch durch das Mittel der Geheimhaltung ihrer Kenntnisse und Absichten zu steigern. Bürokratische Verwaltung ist ihrer Tendenz nach stets Verwaltung mit Ausschluß der Öffentlichkeit“ (S. 580).

Wenn wir also „Beamtentum" und „Bürokratie" streng unterscheiden und sogar einander entgegensetzen, möchten wir damit keineswegs den Zusammenhang und die Übergänge zwischen ihnen bestreiten. Das Beamtentum als Machtmittel stellt schon immer auch eine gewisse Macht dar und trägt in sich die Tendenz, sich aus einem Machtinstrument in den Machthaber zu verwandeln. Diese Tendenz des Beamtentums, sich als Bürokratie zu konstituieren, d. h. aus der Funktion des Mittels in die Rolle des Zwecks überzugehen, wurde sehr gut von Marx beschrieben (wenn auch ohne die terminologische Unterscheidung, die wir durchgeführt haben): „Da die Bürokratie der ‚Staat als Formalismus' ihrem *Wesen* nach ist, so ist sie es auch ihrem *Zweck* nach. Der wirkliche Staatszweck erscheint also der Bürokratie als ein Zweck *wider* den Staat. Der Geist der Bürokratie ist der ‚formelle Staatsgeist'. Sie macht daher den ‚formellen Staatsgeist' oder die *wirkliche* Geistlosigkeit des Staats zum kategorischen Imperativ. Die Bürokratie gilt sich selbst als der letzte Endzweck des Staats. Da die Bürokratie ihre ‚formellen' Zwecke zu ihrem Inhalt macht, so gerät sie überall in Konflikt mit den ‚reellen' Zwecken. Sie ist daher genötigt, das Formelle für den Inhalt und den Inhalt für das Formelle auszugeben. Die Staatszwecke verwandeln sich in Bürozwecke oder die Bürozwecke in Staatszwecke." [8]

Wenn wir so die Bürokratie als das zur Herrschaft gelangte Beamtentum auffassen, so könnte man wohl einwenden, daß diese Auffassung allzu unbestimmt bleibe, wenn wir nicht näher erläutern können, was unter dem „zur Herrschaft gelangten Beamtentum" zu verstehen sei. Ohne zu versuchen, diese Frage endgültig zu lösen, möchte ich vorschlagen, daß unter dem zur Herrschaft gelangten Beamtentum (d. h. Bürokratie) ein solches Beamtentum verstanden werden soll, das 1. ohne einen entscheidenden Einfluß von „unten" oder von „oben" sich selbst konstituiert und organisiert, seine Reihen erneuert und „reinigt" und seine Organisation ändert, um 2. in allen wichtigsten Gebieten des gesellschaftlichen Lebens eine bestimmende Funktion ausüben zu können, und zwar 3. nach den Regeln und Gesetzen, die es sich selbst, im Einklang mit seinen eigenen Interessen, gibt.

Der erste von den drei genannten Punkten charakterisiert die Art und Weise, wie die Bürokraten zu Bürokraten werden, eine Art und Weise, die sich von den zwei Arten des Beamter-Werdens (Ernennung

---

[8] *K. Marx, F. Engels,* Werke, Bd. 1, S. 248–249.

durch den Herrn und Wahl durch die Beherrschten) grundsätzlich unterscheidet. Im Unterschied zum Beamtentum, das entweder von „oben" oder von „unten", jedenfalls aber von außen konstituiert und organisiert wird, ist die Bürokratie eine sich selbst konstituierende und organisierende Schicht. Die Bürokraten können zwar formell auch „gewählt" werden, tatsächlich aber werden sie in die heilige Reihe der Bürokraten „aufgenommen". Die Schein„wahlen", bei denen alles schon vorentschieden ist, sind ein Instrument, dessen sich die Bürokratie sehr gern bedient. Manchmal wird es auch in der Tat dem Volk überlassen, kleinere oder mittlere (nie die höchsten) Bürokraten selbst neu-, wieder- oder abzuwählen. Daß man einzelne Wahlen dem Volk überläßt, hat aber nichts mit „Entbürokratisierung" oder „Schwächung" der bürokratischen „Herrschaft" zu tun. Im Gegenteil, die Möglichkeit, einzelne Bürokraten der Volksentscheidung auszuliefern, dient der bürokratischen Spitze als abschreckendes Mittel zum Zweck der Aufrechterhaltung der bürokratischen Disziplin und Solidarität. Wie einst die Christen den hungrigen Löwen, so werden jetzt ungehorsame Bürokraten der Wut des unzufriedenen Volks geopfert.

Der zweite Punkt fixiert die Tendenz der sich selbst reproduzierenden Bürokratie, eine regulierende Tätigkeit auf allen wesentlichen Gebieten des gesellschaftlichen Lebens auszuüben. Wenn das Beamtentum nur auf einigen Gebieten ausschlaggebend geworden ist, und besonders, wenn es die endgültige Entscheidung nicht hat, ist es noch nicht Bürokratie. Die Bürokratie ist das Beamtentum, das in allen wichtigen Fragen des gesellschaftlichen Lebens die letzte Entscheidung trifft und keine höhere Instanz über sich anerkennt. Dadurch ist allerdings noch nichts über die konkrete Form der bürokratischen Herrschaft gesagt. Die Bürokratie kann sich eindeutig terroristischer Methoden bedienen, sie kann aber auch „Demokratie spielen". Wo die stalinistische Bürokratie nicht nur Armee, Justiz und Polizei, sondern auch alle Massenmedien in ihren Händen hält, durch die sie nur ihre eigene, bürokratische „Wahrheit" verkündet, dort braucht sie sich nicht in jedem Moment der polizeilichen Maßnahmen zu bedienen (was aber nicht heißt, daß sie auf diese verzichtet). Die Bürokratie, die fest im Sattel sitzt, kann sogar „antibürokratische" Kampagnen organisieren und sich selbst als Vorkämpfer gegen den Bürokratismus deklarieren.

Um endlich zum dritten Punkt zu kommen: Wenn die Bürokratie die ganze Macht in ihren Händen hat, dann wird sie sich ihre Herrschaft nicht dadurch erschweren lassen, daß sie jemand anderem den Erlaß von

Gesetzen und Vorschriften überläßt. Die herrschende Bürokratie übernimmt nicht nur die ausführende, sondern auch die gesetzgebende Gewalt. Schamlos erläßt sie nur solche Gesetze und Vorschriften, die ihren eigenen Interessen entsprechen. So kann es geschehen, daß in einem zurückgebliebenem Land, wo die Bürokratie eben erst in die Automobile gesprungen ist, die Maßnahmen gegen den Diebstahl von Autos im Parlament heftiger und häufiger diskutiert werden als die Maßnahmen gegen die wachsende Arbeitslosigkeit und Auswanderung der Arbeiter.

Wenn wir die Bürokratie auf die hier geschilderte Weise auffassen, dann ist es klar, daß Sozialismus als eine wirklich menschliche Gesellschaft, als eine freie Gemeinschaft der freien menschlichen Persönlichkeiten mit dem Bestehen der Bürokratie unvereinbar ist. Mit anderen Worten: *der „bürokratische Sozialismus" ist im Prinzip unmöglich.*

III

Den obigen Ausführungen könnte man wohl vorwerfen, daß sie eine reine Begriffsspekulation darstellen und daher keine Bedeutung für das wirkliche Leben und für die wissenschaftliche Analyse der Wirklichkeit besitzen können. Es sei sehr leicht, den „bürokratischen Sozialismus" als eine Unmöglichkeit zu bezeichnen, und doch sei es eine Tatsache, daß alle bestehenden sozialistischen Länder stark bürokratisiert sind. So sei der „bürokratische Sozialismus" nicht eine Denkunmöglichkeit, sondern eine gesellschaftliche Realität, die zur Kenntnis genommen und untersucht, nicht einfach negiert werden sollte.

Darauf ist zu antworten, daß der „bürokratische Sozialismus" im Sinne einer Mischung von Bürokratismus und Sozialismus sicherlich eine Möglichkeit und sogar eine Realität darstellt, daß aber ein solcher Hybride, der aus unvereinbaren Elementen besteht, keineswegs eine „Unterart" des Sozialismus ist. Wenn eine solche Mischung unter „bürokratischem Sozialismus" verstanden werden sollte, dann könnte man ebensogut von einem „runden Quadrat" sprechen. Man kann die Hälfte eines Quadrats mit der Hälfte eines Kreises (dessen Durchmesser der Seite des Quadrats gleich ist) zu einer geometrischen Figur zusammenschmelzen. Die resultierende Figur ist aber weder ein Kreis noch ein Quadrat, und niemand würde sie ein „rundes Quadrat" nennen. In derselben Weise ist eine unorganische Verbindung von Bürokratismus und Sozialismus kein Sozialismus. Zudem ist eine gleichmäßige Mischung aus bürokratischen und sozialistischen Elementen (wie bei Kreis und Quadrat) wenigstens als Dauerzustand unmöglich. Entweder die einen oder die anderen müssen die Oberhand gewinnen. Im ersten Fall haben wir eine bürokratische Struktur mit untergeordneten Elementen des Sozialismus, im zweiten eine sozialistische Struktur mit Elementen von Bürokratismus. Die beiden Strukturen sind qualitativ verschieden, und sie beide mit dem Begriff des „bürokratischen Sozialismus" zu umfassen, ist eine bürokratische Mystifikation, die den wahren Charakter der bestehenden bürokratischen Strukturen verschleiern soll.

Die Wichtigkeit der sogenannten „abstrakten" Klärung der Begriffe „Sozialismus" und „Bürokratismus" liegt eben darin, daß sie es ermöglicht, den wahren Charakter vieler Gesellschaftssysteme, die sich als sozialistisch ausgeben, richtig zu durchschauen und die Bedingungen und Perspektiven der sozialistischen Entwicklung zu erforschen. Wenn wir nicht ganz klar erkennen, daß Länder mit einer Vorherrschaft bürokratischer Strukturen keine sozialistischen Länder sind, dann werden wir uns in der gegenwärtigen Welt weder „theoretisch" noch „praktisch" orientieren können.

Damit möchte ich keineswegs sozialistische Ansätze, Tendenzen oder Elemente in der gegenwärtigen Welt und speziell in den sogenannten „sozialistischen Ländern" leugnen. Die Oktoberrevolution war trotz der Entwicklung, die ihr gefolgt ist, der Beginn der sozialistischen Revolution im Weltmaßstab. Die nachfolgenden Revolutionen – von der jugoslawischen über die chinesische bis zur vietnamesischen und kubanischen – haben ihr Werk fortgesetzt. Die Entmachtung der Bourgeoisie, die Zerstörung der alten Verwaltungsorgane und die Aufhebung des Privateigentums an den Produktionsmitteln waren die richtigen ersten Schritte zum Sozialismus. Die Verstaatlichung der Produktivkräfte, der Aufbau eines immer stärkeren „sozialistischen Staates" und die Konstituierung einer Bürokratie, die auf allen Gebieten des Lebens die beherrschende Rolle spielt, waren dagegen nur verschiedene Aspekte einer nichtsozialistischen, bürokratischen Entwicklung.

Die Gründe für diese „Abweichung" vom sozialistischen Wege sind sicherlich in der Unreife der objektiven Bedingungen für den Sozialismus in den betreffenden Ländern zu suchen wie auch in den subjektiven „Schwächen" und „Fehlern" der jeweiligen Staats- und Parteiführungen (z. B. in der nichtsozialistischen Politik von Stalin und seiner Gruppe in der Sowjetunion und in der Wirkung ähnlicher Gruppen in anderen

Ländern). Theoretische Wurzeln solcher „Abweichungen" sind aber auch in den Unzulänglichkeiten der theoretischen Analysen der „Klassiker" des Marxismus zu suchen, speziell der Analysen von Lenin.

Wie bekannt, hat Marx in seiner Analyse der Pariser Kommune das Problem der Staats- und Munizipalbürokratie und ihrer Aufhebung sehr gründlich analysiert. Lenin hat in seinem „Staat und Revolution" diese Analysen wiederbelebt. Das ist sein großes Verdienst. Wenn wir aber seine Arbeiten aus den Jahren nach der Oktoberrevolution lesen, so erkennen wir, daß er sich manchmal unterhalb des schon erreichten theoretischen Niveaus bewegt. So finden wir zwar in seinen Arbeiten aus dieser Zeit fast ständig den Aufruf zum Kampf gegen den Bürokratismus; wenn wir aber den Inhalt dieser Forderung näher betrachten, dann stellt es sich heraus, daß er den Bürokratismus auf eine ungenügende Weise auffaßt. Nicht in der Herrschaft des Staatsapparats sieht er den zu bekämpfenden Bürokratismus, sondern in seinem schlechten (langsamen, nichtelastischen, nichteffizienten, primitiven) Funktionieren. „Wir werden hineingezogen in den ekelhaften bürokratischen Sumpf, wir schreiben Papierchen, reden über Dekrete, schreiben Dekrete, und in dieser Papierflut ersäuft die lebendige Arbeit." [9]

Der Bürokratismus, wie Lenin ihn sieht, hat seine „ökonomische Wurzel" in der Rückständigkeit der Ökonomie, in der „Zersplitterung", „Atomisierung" des Kleinproduzenten, seiner „Armut und Kulturlosigkeit", und auch im „mangelhaften *Umsatz* zwischen Landwirtschaft und Industrie, dem Fehlen einer Verbindung und Wechselwirkung zwischen ihnen". Nicht alles kann aber der rückständigen Ökonomie angelastet werden. Neben den „objektiven" Wurzeln hat der Bürokratismus auch „subjektive". Hier ist vor allem die persönliche Zusammensetzung des bürokratischen Apparats zu erwähnen, der noch immer weitgehend aus alten Beamten besteht, die feindlich oder wenigstens unfreundlich zur Sowjetmacht stehen und deshalb die Arbeit ohne Begeisterung verrichten, vielleicht sogar mit Absicht schlau sabotieren. „Bürokraten sind gerissene Burschen, viele unter ihnen sind Schufte, Erzgauner. Man kommt ihnen mit bloßen Händen nicht bei." [10] Andererseits spielen hier auch die Unwissenheit und Unerfahrenheit der neuen, echt kommunistischen Funktionäre eine Rolle. „Gerissene Saboteure ziehen uns mit Vorbedacht in diesen Papiersumpf hinein. Die mei-

---

[9] *W. I. Lenin,* Werke, Bd. 35, Berlin 1962, S. 513.

[10] Op. cit., S. 467–468.

sten der Volkskommissare und der anderen hohen Funktionäre ‚geraten in die Schlinge', ohne es zu wissen." [11]

Im Einklang mit einer solchen Auffassung vom Wesen und den Wurzeln des Bürokratismus steht auch Lenins Programm des Kampfes gegen den Bürokratismus. Indem er uns vor der Erwartung einer allzu schnellen Abschaffung des Bürokratismus warnt, fordert er vor allem den Kampf gegen den bürokratischen „Schlendrian", und zwar durch die Einbeziehung immer neuer lernfähiger und dem Sozialismus getreuer Kräfte proletarischer Abstammung in den Staatsapparat, wie auch durch eine bessere Organisation der Arbeit und eine strengere Kontrolle ihrer Ausführung. „Wir müssen uns, koste es, was es wolle, zur Erneuerung unseres Staatsapparates die Aufgabe stellen: erstens zu lernen, zweitens zu lernen und drittens zu lernen, und dann zu kontrollieren, ob die Wissenschaft bei uns nicht toter Buchstabe oder modische Phrase geblieben ist (und das kommt bei uns, verhehlen wir es nicht, besonders häufig vor), ob die Wissenschaft wirklich in Fleisch und Blut übergegangen, ob sie vollständig und wirklich zu einem Bestandteil des Alltags geworden ist. Kurzum, wir müssen nicht die Forderung stellen, die die Bourgeoisie Westeuropas stellt, sondern Forderungen, wie sie einem Land anstehen und geziemen, das sich zur Aufgabe macht, sich zu einem sozialistischen Land zu entwickeln. – Schlußfolgerungen aus dem Gesagten: Wir müssen die Arbeiter- und Bauerninspektion als Instrument zur Verbesserung unseres Apparats zu einer wirklich mustergültigen Einrichtung machen." [12]

Lenins Programm des Kampfes gegen den Bürokratismus kommt so manchmal einem Programm der Vervollkommnung der bürokratischen Herrschaft nahe. Andererseits fehlt bei Lenin eine gründliche Analyse der Möglichkeiten für eine wirklich sozialistische Organisation der Produktion. Zwar fehlt eine eingehende systematische Analyse dieser Möglichkeiten auch bei Marx. Doch hat Marx wenigstens die Richtung gezeigt, in welcher eine solche Analyse vorgehen sollte. So schreibt er (1872) über die Situation, die nach der Beseitigung der gesamten kapitalistischen Produktion entstehen sollte: „Nur dann werden die Klassenunterschiede und Privilegien verschwinden, zusammen mit der ökonomischen Basis, der sie entspringen, und die Gesellschaft wird in eine Assoziation freier ‚Produzenten' verwandelt werden. Von anderer Leute Arbeit zu leben wird eine Angelegenheit der Vergangenheit sein!

---

[11] Op. cit., S. 513.

[12] *W. I. Lenin,* Werke, Bd. 33, S. 476.

Dann wird es weder eine Regierung noch einen Staat geben, die im Gegensatz zur Gesellschaft selbst stehen! – Landwirtschaft, Bergbau, Industrie, mit einem Wort alle Zweige der Produktion werden allmählich auf die nutzbringendste Art organisiert werden. *Die nationale Zentralisation der Produktionsmittel* wird die natürliche Basis einer Gesellschaft werden, die sich aus Assoziationen freier und gleichgestellter, nach einem gemeinsamen und rationellen Plan bewußt tätiger Produzenten zusammensetzt. Das ist das Ziel, welchem die große ökonomische Bewegung des 19. Jahrhunderts zustrebt." [13]

Als das Ziel der großen ökonomischen Bewegung des 19. Jahrhunderts betrachtet Marx also eine Assoziation freier „Produzenten" bzw. eine Gesellschaft, die sich aus Assoziationen freier und gleichgestellter, nach einem gemeinsamen und rationellen Plan bewußt tätiger Produzenten zusammensetzt. Als die „natürliche Basis" einer so organisierten Gesellschaft bezeichnet er „die nationale Zentralisation der Produktionsmittel" und als ihre Seinsform die bewußte Tätigkeit „nach einem gemeinsamen und rationellen Plan". Der oberflächliche Leser könnte vielleicht auf den Gedanken kommen, daß Marx hier auf den Staat als das Subjekt der Zentralisierung von Produktionsmitteln und Planung rechnet. Dem ist aber keineswegs so. Marx sagt ausdrücklich: „Dann wird es weder eine Regierung noch einen Staat geben, die im Gegensatz zur Gesellschaft selbst stehen!" Freie und gleichgestellte, bewußt tätige Produzenten sind also als Organisatoren der nationalen Zentralisation der Produktionsmittel und der gemeinsamen und rationellen Planung gemeint. Die Schicht der Bürokraten ist in dieser Vision der Zukunft nicht vorgesehen: „Von anderer Leute Arbeit zu leben wird eine Angelegenheit der Vergangenheit sein!"

Den Unterschied zwischen der Verstaatlichung und der Vergesellschaftung der Produktivkräfte, den Marx im zitierten Abschnitt (wie auch an einigen anderen Stellen) klar sieht, hat er nicht näher analysiert. Ebenso hat er das Programm des Kampfes für die Verwandlung des Staatseigentums in ein wirklich gesellschaftliches Eigentum nicht zu entwickeln versucht. Bevor die sozialistische Revolution den ersten Schritt getan hatte, war es auch zu früh, sich über weitere Schritte allzu konkret zu äußern.

Eine konkrete Analyse der Wege der weiteren sozialistischen Entwicklung war eher von Lenin nach der Oktoberrevolution zu erwarten.

---

[13] *K. Marx, F. Engels,* Werke, Band 18, Berlin 1969, S. 62.

Viele wertvolle Analysen und Projekte finden wir in der Tat bei ihm. Er hat die Hauptprobleme deutlich gespürt und sie zu lösen versucht. Die Verstaatlichung der Produktionsmittel hat er nie für das Endziel des Kommunismus gehalten. Und doch hat er darin einen qualitativen Sprung vom Kapitalismus zum Sozialismus gesehen („denn aller Besitz gehört dem Staat, der Staat aber ist die Sowjetmacht, die Macht der Mehrheit der Werktätigen" [14]), wie auch die Basis für eine längere Periode der sozialistischen Entwicklung.

Nur einen in dieser Hinsicht interessanten Absatz aus Lenin möchte ich hier anführen und kurz analysieren: „Der Staat, der jahrhundertelang ein Organ zur Unterjochung und Ausplünderung des Volkes war, hat uns als Erbe den größten Haß und das Mißtrauen der Massen gegen alles Staatliche hinterlassen. Das zu überwinden, ist eine sehr schwierige Aufgabe, der nur die Sowjetmacht gewachsen ist, die aber auch von ihr längere Zeit und gewaltige Beharrlichkeit fordert. In der Frage der Rechnungsführung und Kontrolle – dieser Grundfrage für die sozialistische Revolution am Tage nach dem Sturz der Bourgeoisie – zeigt sich dieses ‚Erbe' besonders kraß. Es wird unvermeidlich eine gewisse Zeit vergehen, bis die Massen, die sich nach dem Sturz der Gutsbesitzer und der Bourgeoisie zum erstenmal frei fühlten, verstehen werden, nicht aus Büchern, sondern aus der eigenen, der *sowjetischen* Erfahrung, verstehen und *fühlen* werden, daß ohne eine allseitige staatliche Rechnungsführung und Kontrolle über die Produktion und Verteilung der Produkte die Macht der Werktätigen, die Freiheit der Werktätigen sich *nicht* behaupten kann und die Rückkehr zum Joch des Kapitalismus *unvermeidlich* ist." [15]

Nicht die Gefahren, die der „sozialistische" Staat in sich birgt, beunruhigen hier Lenin, sondern der berechtigte Haß und das Mißtrauen der Massen gegen alles Staatliche. Im Einklang damit sieht er die wichtige „schwierige Aufgabe" nicht in der Überwindung des Staates, sondern in der Überwindung des Hasses und des Mißtrauens, die ihm gegenüber bestehen. Nicht das Bewußtsein, daß sie selbst die Produktion und die Verteilung der Produkte regeln und kontrollieren können, soll bei den „Massen" entwickelt werden, sondern das „Verstehen" und „Fühlen", daß ohne eine umfassende *staatliche* Regelung der Produktion und der Verteilung die Freiheit der *Werktätigen* sich nicht behaupten kann.

[14] *W. I. Lenin,* Werke, Bd. 27, Berlin 1960, S. 245.

[15] Op. cit., S. 244.

Gegenüber der Auffassung, die in der Verstaatlichung vielleicht nicht das Endziel und doch den qualitativen Sprung und die Basis für eine lange sozialistische Entwicklung (für die sogenannte „niedere Phase") sieht, möchte ich behaupten, daß durch die Verstaatlichung der Produktionsmittel noch keine sozialistische Veränderung der Produktionsverhältnisse erreicht ist, weil durch die Abschaffung der Kapitalisten und die Verstaatlichung der Betriebe noch kein wesentlicher Wandel in der Position des Produzenten, des Arbeiters, eingetreten ist. Die Unterscheidung zwischen jenen, die arbeiten, und jenen, die über Arbeit entscheiden, zwischen den Beherrschten und den Herrschern, zwischen den Ausgebeuteten und den Ausbeutern ist durch die Verstaatlichung nicht aufgehoben. Daß hinter und über den Beamten, die die Betriebe verwalten, keine Kapitalisten mehr stehen, ist zwar wichtig für die Beamten, die dadurch Bürokraten, d. h. volle Herrscher in der Produktion geworden sind, nicht aber für die Arbeiter, die die Beherrschten geblieben sind. Der Unterschied ist aus der Arbeiterperspektive um so weniger fühlbar, weil in den entwickelten Phasen der kapitalistischen Wirtschaft, in großen kapitalistischen Betrieben der Arbeiter sowieso nicht direkt mit dem Kapitalisten, sondern mit seinen Beamten zu tun hat.

Die Verteidiger des sozialistischen Charakters des verstaatlichten Eigentums in den „sozialistischen Ländern" haben speziell darauf hingewiesen, daß in den verstaatlichten Betrieben an die Stelle der alten Beamten neue Verwalter aus den Reihen der Arbeiter getreten sind. Die Schwäche dieses Arguments ist offensichtlich. Ebenso wie der Kapitalismus seine Natur nicht ändert, wenn einige oder viele Arbeiter Kapitalisten werden, so ändert sich die Natur der bürokratischen Herrschaft keineswegs dadurch, daß mehrere Arbeiter in die Reihe der Bürokratenschicht aufsteigen.

Es ist ein großes Verdienst der jugoslawischen Marxisten und Kommunisten, eine tiefere Kritik des Bürokratismus und ein radikaleres Programm des Kampfes für den Sozialismus gegeben zu haben. Wie bekannt, wurde hier der Bürokratismus nicht als schlechtes Funktionieren des Staatsapparats aufgefaßt, sondern als die dominierende Rolle dieses Apparats im gesellschaftlichen Leben. Als Mittel für die Überwindung des Bürokratismus und die Entwicklung des echten Sozialismus wurde die Selbstverwaltung der Produzenten proklamiert und teilweise realisiert. Die Entwicklung der Selbstverwaltung begegnet heftigem Widerspruch von seiten der bürokratischen Strukturen. Die

Art und Weise, wie die Bürokratie die Entwicklung der Selbstverwaltung zu verhindern und zu manipulieren sucht, verdient eine spezielle Analyse. Hier möchte ich nur kurz auf gewisse Probleme hinweisen, die für die Zukunft der Selbstverwaltung wie auch für die Zukunft des Sozialismus entscheidend sind.

Die Selbstverwaltung muß sicherlich bei den Basisbetrieben beginnen. Man kann die Selbstverwaltung im gesellschaftlichen Maßstab nicht durchsetzen, ohne sie in die Basisbetriebe einzuführen. Andererseits kann man die Selbstverwaltung in den Betrieben nicht einfach so erreichen, daß gewisse Rechte den Arbeitern auf dem Papier geschenkt werden. Diejenigen, die mehr Papier- und Fachkenntnis haben, die erfahrenen Büro- und Fachleute, wissen auch, wie ungebildete Arbeiter manipuliert werden können. Die Hebung des allgemeinen Wissens- und Kulturniveaus der Arbeiter ist die Vorbedingung einer wirklichen Teilnahme der Arbeiter an der Verwaltung der Betriebe. Aber die bloße Schulung und Kulturausbildung der Arbeiter ist für die Verwirklichung der Selbstverwaltung in Basisbetrieben nicht genug. Die herrschende Technobürokratie wird nicht so ganz freiwillig ihre Positionen den Arbeitern einräumen. Deshalb ist die Verwirklichung der Selbstverwaltung in Betrieben nur durch den ständigen Kampf der Produzenten für die Realisation ihrer Rechte möglich.

Das ist aber noch nicht genug. Die volle Selbstverwaltung in den Betrieben ist nicht durch den begrenzten Kampf innerhalb der Betriebe erreichbar. Die Einzelbetriebe wirken innerhalb einer globalen Gesellschaft, unter bestimmten allgemeinen wirtschaftlichen, politischen und rechtlichen Bedingungen, die für alle Betriebe gleich gelten (oder wenigstens gelten sollten). So kann die Frage, wer im gesamtgesellschaftlichen Umfang über diese Schlüsselfragen entscheidet und wie er das tut, nicht als unwichtig ignoriert werden.

Wenn die Schlüsselpositionen in Händen einer Staatsbürokratie bleiben, die durch allgemeine Vorschriften das ganze wirtschaftliche und politische Leben gesetzlich und administrativ regelt, dann bleiben die Aussichten für die Verwirklichung der Selbstverwaltung in den einzelnen Betrieben sehr gering. Einerseits wird die Staatsbürokratie durch allgemeine Gesetze und Vorschriften auch die herrschende Rolle der Technobürokratie in den Betrieben zu sichern wissen, andererseits wird sie, wo nötig, auch direkt eingreifen, um die bedrohten Betriebsbürokraten zu retten. So ist die Entwicklung der Selbstverwaltung im allgemeingesellschaftlichen Maßstab eine notwendige Bedingung für die wirkliche Selbstverwaltung in einzelnen Betrieben, und sie ist nur so zu erreichen, daß die herrschende Bürokratie abgeschafft wird und die Gesellschaft sich von unten nach oben als ein Verein der sich selbst verwaltenden Einheiten konstituiert.

Wo dies nicht geschehen ist, kann von einer wirklichen Selbstverwaltung oder von einem echten Sozialismus nicht die Rede sein. Die teilweise Selbstverwaltung in Einzelbetrieben, die „demokratische" Wahl der kleineren Funktionäre, die Freiheit für die moderne Kunst und Literatur, die Tolerierung aller philosophischen Richtungen (mit der einzigen Ausnahme der marxistischen), die Pflege der nationalen Kultur, die Offenheit der Grenzen für fremde Touristen, die reiche Auswahl von bunten Textilien in den Läden und die Überfüllung der Straßen mit Autos, – das alles kann nur ein Scheinschmuck sein, mit dessen Hilfe die Bürokratie die wahre Natur ihrer Herrschaft zu verschleiern sucht.

Um ihre herrschende Position zu behalten, ist die Bürokratie zu allem bereit, auch zum Erfinden von Fabeln, wie etwa der, daß nicht sie, die Bürokratie, vom Schweiß der Arbeiter lebe, sondern die Arbeiter anderer Nationen. Für die Musik, die sie so komponiert, kann sie für gutes Geld auch entsprechende Meistersinger finden. Ob alle Intellektuellen für Geld zu kaufen sind, und ob die Arbeiter so leicht betrogen werden können, ist eine Frage, die den Rahmen dieser Arbeit überschreitet. Jedenfalls ist der schöne Name „Sozialismus" nicht genug, um die Häßlichkeit der bürokratischen Ausbeutung zu verdecken.

MARXISMUSSTUDIEN

Erste Folge

Mit einem Vorwort von E. Metzke
(Schriften der Studiengemeinschaft der Evangelischen Akademien 3)

1953. XIII, 243 Seiten. Kart. DM 12.–

Zweite Folge

Herausgegeben von Iring Fetscher
(Schriften der Evangelischen Studiengemeinschaft 5)

1957. X, 265 Seiten. Kart. DM 12.–

Dritte Folge

Herausgegeben von Iring Fetscher
(Schriften der Evangelischen Studiengemeinschaft 6)

1960. VII, 221 Seiten. Kart. DM 14.–

Vierte Folge

Herausgegeben von Iring Fetscher
(Schriften der Evangelischen Studiengemeinschaft 7)

1962. VII, 258 Seiten. Kart. DM 16.–

Fünfte Folge

Herausgegeben von Iring Fetscher
(Schriften der Evangelischen Studiengemeinschaft 8)

1968. VII, 226 Seiten. Kart. DM 16.50

Sechste Folge

Herausgegeben von Ulrich Duchrow
Weltreligionen und Marxismus vor der wissenschaftlich-technischen Welt

1969. XI, 239 Seiten. Kart. DM 14.60

J. C. B. MOHR (PAUL SIEBECK) TÜBINGEN